高职高专土建专业"互联网＋"创新规划教材

建筑工程资料管理

主　编◎孙　伟　麦　爽
副主编◎孙　朋
参　编◎杨宇蕙

内 容 简 介

本书依据建筑工程资料管理课程的教学要求，参照现行国家标准和规范，精选建筑工程典型案例编写而成，主要内容包括建筑工程资料管理相关知识、基建文件管理、监理资料管理、施工单位文件资料管理、竣工图及工程竣工文件、施工现场安全管理资料、建筑工程资料的归档组卷与移交、建筑工程资料管理软件，共 8 个项目。书中还以"互联网+"教材的思路增加了一些数字拓展资源，对相关知识进行了扩展，使读者的学习不仅仅局限于教材，还可得到更加深入的拓展。

本书可供高职高专院校土木工程、建筑工程等专业教学使用，也可作为从事建筑施工的技术人员、管理人员、建筑工程监理人员等的参考用书。

图书在版编目(CIP)数据

建筑工程资料管理/孙伟，麦爽主编．—北京：北京大学出版社，2022.1
高职高专土建专业"互联网+"创新规划教材
ISBN 978-7-301-32675-6

Ⅰ. ①建⋯ Ⅱ. ①孙⋯ ②麦⋯ Ⅲ. ①建筑工程—技术档案—档案管理—高等职业教育—教材 Ⅳ. ①G275.3

中国版本图书馆 CIP 数据核字(2021)第 218636 号

书　　名	建筑工程资料管理 JIANZHU GONGCHENG ZILIAO GUANLI
著作责任者	孙　伟　麦　爽　主编
策划编辑	杨星璐
责任编辑	伍大维
数字编辑	蒙俞材
标准书号	ISBN 978-7-301-32675-6
出版发行	北京大学出版社
地　　址	北京市海淀区成府路 205 号　100871
网　　址	http://www.pup.cn　新浪微博：@北京大学出版社
电子邮箱	编辑部 pup6@pup.cn　总编室 zpup@pup.cn
电　　话	邮购部 010-62752015　发行部 010-62750672　编辑部 010-62750667
印刷者	北京圣夫亚美印刷有限公司
经销者	新华书店
	787 毫米×1092 毫米　16 开本　20.25 印张　492 千字 2022 年 1 月第 1 版　2024 年 1 月第 3 次印刷
定　　价	57.00 元

未经许可，不得以任何方式复制或抄袭本书之部分或全部内容。
版权所有，侵权必究
举报电话：010-62752024　电子邮箱：fd@pup.cn
图书如有印装质量问题，请与出版部联系，电话：010-62756370

土建类专业是建筑行业对高等人才需求量最大的专业,也是目前建筑类高等院校中在校生人数最多的专业。改革开放以来,随着建筑业与国际市场的接轨,国外知名企业凭借技术力量雄厚、管理水平高、融资能力强等优势进入我国市场,我们面临同台竞争的严峻挑战,如何积极应战,需要多方面的努力。首先,我国的建筑产品制造过程必须逐步规范,企业应在组织机构、经营管理、信息化管理等多方面缩小差距。另外,从业人员也需要不断提高素质,因为我们现在的工程建设、技术设备对生产一线的专业技术人员、管理人员、操作人员都提出了很高的要求。

建筑工程资料是在工程建设过程中,根据相关管理规定形成的各种图纸、表格、文字、音像材料等技术文件的总称,它是工程建设及竣工交付的必备材料,也是工程进行验收、管理、使用、维护、改建和扩建的依据。工程资料的内容及数据贯穿工程始终,与工程质量有着密不可分的关系。当前建筑行业对高素质的资料管理人员需求迫切,高等院校有责任培养出符合行业需要、紧贴一线、有能力的专业技术人员和管理人员。因此高等院校都在积极推进教学改革,不断加强教材建设工作,严格落实党的二十大报告中提出的加强教材建设和管理要求。本书依据建筑工程资料现行相关标准,以就业为导向,以增强学生的职业能力和实践能力为目标,紧贴建筑行业要求。本书的编写充分考虑了对高等院校学生职业能力的培养,考虑了土建类专业的特点,可供各高等院校土木工程、建筑工程及其他相关专业学生使用,也可作为建筑类职业院校毕业生顶岗实习前的岗位培训、职业岗位技能培训和职业资格考试的参考用书。

本书由湖州职业技术学院孙伟、哈尔滨铁道职业技术学院麦爽担任主编,哈尔滨大东集团股份有限公司孙朋担任副主编,哈尔滨铁道职业技术学院杨宇蕙参与编写。本书的具体编写分工为:孙伟编写项目1、项目5、项目8,麦爽编写项目2、项目3、项目4、项目7,杨宇蕙编写项目6,孙朋负责全书数字资源的整理和统稿工作。本书在编写过程中得到了有关施工单位、设计单位及北京筑业志远软件开发有限公司等技术人员的热情帮助,在此一并表示衷心的感谢。

由于编者水平有限,加之时间仓促,书中难免存在疏漏之处,恳请各位读者批评指正,并将意见和建议反馈给我们,以便我们不断改进。

资源索引

编　者
2023年11月

目 录

项目 1　建筑工程资料管理相关知识 ……………………………………………… 001
　任务 1.1　工程项目建设程序及各阶段的工作内容 ………………………………… 003
　任务 1.2　建筑工程资料的意义与作用 ……………………………………………… 006
　任务 1.3　建筑工程资料的分类与归存 ……………………………………………… 008
　任务 1.4　建筑工程资料的编号 ……………………………………………………… 021
　任务 1.5　建筑工程资料电子文件管理 ……………………………………………… 030
　任务 1.6　建筑工程资料管理职责 …………………………………………………… 041
　项目小结 ………………………………………………………………………………… 042
　习题 ……………………………………………………………………………………… 042

项目 2　基建文件管理 ………………………………………………………………… 044
　任务 2.1　建筑工程基建文件的形成过程 …………………………………………… 046
　任务 2.2　决策立项文件 ……………………………………………………………… 047
　任务 2.3　建设用地、征地与拆迁文件 ……………………………………………… 051
　任务 2.4　勘察、测绘与设计文件 …………………………………………………… 055
　任务 2.5　工程招投标与承包合同文件 ……………………………………………… 059
　任务 2.6　工程开工文件 ……………………………………………………………… 062
　任务 2.7　商务文件 …………………………………………………………………… 064
　任务 2.8　工程竣工验收及备案文件 ………………………………………………… 066
　任务 2.9　其他文件 …………………………………………………………………… 073
　项目小结 ………………………………………………………………………………… 074
　习题 ……………………………………………………………………………………… 075

项目 3　监理资料管理 ………………………………………………………………… 076
　任务 3.1　监理单位资料形成过程 …………………………………………………… 078
　任务 3.2　监理管理资料 ……………………………………………………………… 079
　任务 3.3　进度控制资料 ……………………………………………………………… 094
　任务 3.4　质量控制资料 ……………………………………………………………… 099
　任务 3.5　投资控制资料 ……………………………………………………………… 102
　任务 3.6　合同管理及其他资料 ……………………………………………………… 107

| 项目小结 | 112 |
| 习题 | 112 |

项目 4　施工单位文件资料管理 … 115

任务 4.1	施工单位文件资料的形成过程	117
任务 4.2	施工管理资料	117
任务 4.3	施工技术资料	125
任务 4.4	施工测量记录	131
任务 4.5	施工物资资料	138
任务 4.6	施工记录	142
任务 4.7	施工试验资料	153
任务 4.8	施工质量验收记录	172
项目小结	185
习题	185

项目 5　竣工图及工程竣工文件 … 189

任务 5.1	竣工图	191
任务 5.2	工程竣工文件	192
任务 5.3	竣工图绘制	199
项目小结	201
习题	202

项目 6　施工现场安全管理资料 … 203

任务 6.1	施工现场安全管理资料的内容及要求	205
任务 6.2	施工现场安全管理资料的管理职责及体制	207
任务 6.3	施工现场安全管理资料的分类与整理	209
任务 6.4	建设单位施工现场安全管理资料	210
任务 6.5	监理单位施工现场安全管理资料	211
任务 6.6	施工单位施工现场安全管理资料	212
项目小结	226
习题	226

项目 7　建筑工程资料的归档组卷与移交 … 229

任务 7.1	工程文件的归档、归档范围和质量要求	231
任务 7.2	工程文件的组卷	232
任务 7.3	建筑工程档案的验收与移交	235
项目小结	236
习题	236

项目 8　建筑工程资料管理软件 … 238

| 任务 8.1 | 建筑工程资料管理软件简介 | 240 |
| 任务 8.2 | 建筑工程资料管理软件的使用 | 243 |

项目小结 …………………………………………………………………… 278
习题 ………………………………………………………………………… 278

附录A   建筑工程文件归档范围表 ……………………………………… 280

附录B   建设工程文件归档范围和保管期限表 ………………………… 296

参考文献   …………………………………………………………………… 313

 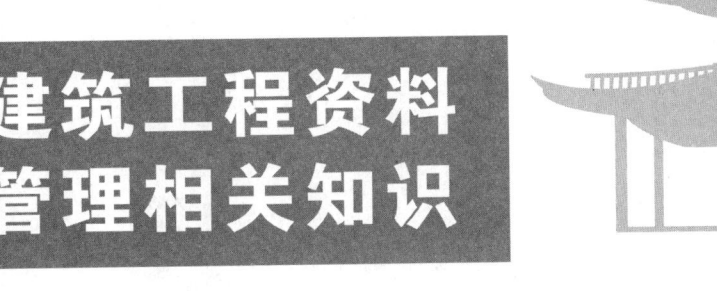

建筑工程资料管理相关知识

任务提出

多年来，在对全国各地建筑市场的检查过程中，经常会发现各地的建筑工程资料管理比较混乱，尤其是在资料的翔实性及各种表格的格式设计、内容涵盖、规格尺寸等方面，都或多或少存在这样或那样的问题。这必然在一定程度上影响城市建设档案的质量，给城市未来的改造建设，尤其是给对工程质量及安全事故的处理和对已建成的建筑物或构筑物在改扩建时的工程档案资料的检索、查询等工作带来诸多不便，而且随着党的二十大报告中打造宜居、韧性、智慧城市的提出，城市建筑物或构筑物也将进行一系列的改建或扩建，在如此复杂、繁重的工作量情况下，做好建筑工程资料管理工作将会优化工作内容，减少不必要的工作程序。

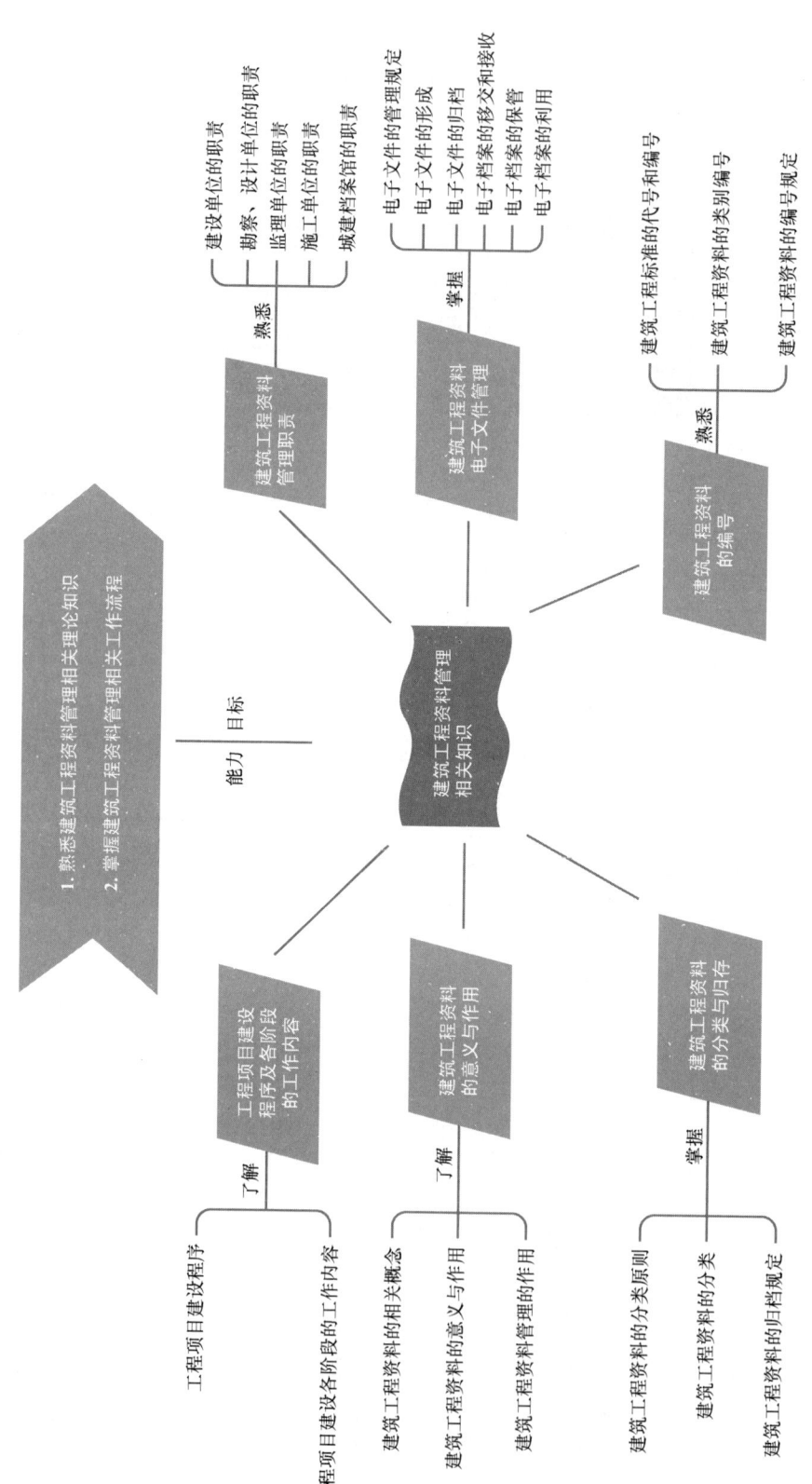

项目1思维导图

任务 1.1 工程项目建设程序及各阶段的工作内容

1.1.1 工程项目建设程序

工程项目建设程序是指一个工程项目从策划、选择、评估、决策、设计、施工到竣工验收、投入生产或交付使用的整个建设过程中，各项工作必须遵循的先后次序。这是对工程建设过程客观规律的反映，是工程项目完成科学决策和顺利进行的重要保证。世界上不同国家和国际组织在工程项目建设程序上可能存在某些差异，但是按照项目发展的内在规律，投资建设任何一个工程项目都要经过投资决策和建设实施两个时期。这两个时期又可分为若干阶段，它们之间存在严格的先后次序，可以进行合理的交叉，但不能任意颠倒。按照我国现行规定，一般大中型及限额以上工程项目建设程序，可以分为以下阶段。

（1）根据国民经济和社会发展长远规划，结合行业和地区发展规划的要求，提出项目建议书。

（2）在勘察、试验、调查研究及详细技术经济论证的基础上编制可行性研究报告。

（3）根据咨询评估情况，对工程项目进行决策。

（4）根据可行性研究报告，编制设计文件。

（5）初步设计经批准后，做好施工前的各项准备工作。

（6）组织施工，并根据施工进度做好生产准备工作。

（7）项目按批准的设计内容完成，经验收合格后正式投入生产或交付使用。

（8）生产运营一段时间（一般为1年）后，进行项目评价。

1.1.2 工程项目建设各阶段的工作内容

1. 项目建议书阶段

项目建议书是在项目周期的最初阶段，对拟建项目提出的初步设想，即经过调查、预测、分析后向国家有关部门提出建设某一项目的建议性文件。它是通过论述拟建项目的建设必要性、可行性，以及获利、获益的可能性，向国家推荐建设项目，供国家有关部门选择并确定是否进行下一步可行性研究阶段的工作。项目建议书经批准之后，项目即可列入项目建设前期工作计划，然后进行下一步可行性研究工作。

项目建议书的审批程序：按照我国的现行规定，项目建议书应根据其拟建项目的规模大小，来决定报送哪一级主管部门进行审批。对于大中型及限额以上的建设项目，其项目

建议书应先报该行业归口的主管部门，同时抄送国家发改委，并要求委托具有相应资质的工程咨询单位做出评估后才能审批；对于重大建设项目的项目建议书，应由国家发改委报国务院审批；对于小型和限额以下的建设项目，其项目建议书按建设项目的隶属关系由部门或地方发改委审批。

项目建议书阶段工作的主要内容：投资项目建设的必要性和依据，建设方案、拟建规模、建设地点的初步设想，资源情况、交通运输及其他建设条件和协作关系的初步分析，主要工艺技术方案的设想，投资估算和资金筹措的设想，项目的进度安排，经济效益和社会效益的初步估计（应含有初步的财务评价和国民经济评价的内容），相关的初步结论和建议。

2. 可行性研究阶段

所谓可行性研究，是指项目建议书被批准后，通过对项目的主要内容和配套条件（如市场需求、资源供应、建设规模、工艺路线、设备选型、环境影响、资金筹措、盈利能力等）从技术、经济、工程等方面进行调查研究和分析比较，并对项目建成后可能取得的经济效益、社会效益、环境效益进行预测和综合评价，从而确定该项目是否值得投资并提出如何进行建设的意见。它是为项目决策提供依据的一种综合性系统分析方法，同时也可为项目的实验、设计、贷款或融资、申请开工建设、实施、竣工验收、投产、移交等工作提供依据。

项目的可行性研究工作是由浅到深、由粗到细、前后衔接、反复优化的过程，前阶段的研究可为后阶段更精确的研究提出问题、创造条件。可行性研究需要对所有的商务风险、技术风险和利润风险进行准确落实，如果经研究发现某个方面有缺陷，就应通过敏感性参数的揭示，找出主要风险原因，以提高项目的可行性。如果所有方案经过反复优化，发现项目仍是不可行的，则应在研究文件中说明理由。但应指出，研究结果即使不可行，这项研究仍然是有价值的，因为这避免了资金的滥用和浪费。

可行性研究报告按隶属关系，由国务院主管部门或省、自治区、直辖市发改委审批，审批程序与项目建议书的审批程序基本相同。获批后的可行性研究报告是项目的最终决策文件，一经审查通过，拟建的项目便正式获准立项。虽然国家同意该项目进行建设，并将其列入预备项目计划，但列入预备项目计划并不等于列入年度计划，何时列入年度计划，还要根据其前期工作的进展情况、国家宏观经济政策和对财力、物力等因素进行综合平衡后决定。

可行性研究阶段工作的主要内容：从项目建设和生产经营的整个过程来分析项目的可行性，看其建设是否必要，技术方案是否可行，生产建设条件是否具备，项目建设是否经济合理，项目建成后的经济效益、社会效益、环境效益如何等。

3. 设计文件编制阶段

在建设项目获准立项之后，于施工之前要进行工程项目的设计工作，设计单位的确定一般是通过招投标的过程选择出来的。设计文件的编制，应根据工程性质执行有关行业标准的规定。在我国，民用建筑工程设计一般应分为方案设计、初步设计和施工图设计三个阶段。对于技术要求简单的民用建筑工程，经有关主管部门同意，并且在合同中约定不做初步设计的，可在方案设计审批后直接进行施工图设计。

根据我国《建设工程质量管理条例》的规定，建设单位应将施工图设计文件报当地相应建设行政主管部门或其他有关部门进行审查，批准后方可进行施工，未经审查批准的施工图设计文件不得使用；施工图设计文件一经审查批准，不得擅自进行修改。

施工图设计是在初步设计基础上进行的设计工作，是工程建设项目的具体化阶段，是组织施工的重要依据。施工图设计必须认真结合工程的实际情况，对拟建工程的建筑物外形、结构体系、建筑系统内部空间的分割情况，以及它和周围环境的协调等进行全面、系统、准确的表达，从而使工程能够顺利施工。

4. 建设准备阶段

建设工程在施工图设计审批之后，于工程开工建设前，应做好各项准备工作。

建设准备阶段工作的主要内容：组建项目法人，征地、拆迁，"三通一平"乃至"七通一平"；组织材料，订购设备；办理建设工程质量监督手续；委托工程监理；准备必要的施工图纸；组织施工招投标，择优选定施工单位；办理建筑工程施工许可证等。按规定做好以上施工准备，具备开工条件后，建设单位方可申请开工，进入施工安装阶段。

5. 施工安装阶段

建设工程具备了开工条件并取得建筑工程施工许可证后，方可开工。

施工安装阶段工作的主要内容：按照设计进行施工安装，建成工程实体。这是使工程设计意图最终实现并形成工程实体的阶段，也是最终形成工程产品质量和工程项目使用价值的重要阶段。为此，工程建设各相关单位应认真做好进度、造价、质量和安全等方面的控制工作。

6. 生产准备阶段

对于生产性建设项目，在其竣工投产前，建设单位应适时地组织专门班子或机构，有计划地做好生产准备工作及计划、组织、指挥、协调、控制等相关工作，这是由建设阶段转入生产和经营阶段的重要衔接环节。

生产准备阶段工作的主要内容：组建管理机构，制定有关制度和规定；招聘并培训生产管理人员及营销人员；组织有关人员进行设备安装、调试、工程验收；签订供货及运输协议，进行工具、器具、备品、备件等的采购等相关工作。

7. 竣工验收阶段

在具备竣工验收条件之后，建设单位即可组织勘察、设计、施工、监理等有关单位进行竣工验收。一个工程建设项目的竣工验收是全面考核其建设成果、检验其设计和施工质量的重要步骤，是由投资成果转入生产或使用的重要标志和里程碑。无论是何种工程建设项目，都必须在其竣工验收合格后，方可交付使用。竣工验收之后，按照《建设工程质量管理条例》的规定，工程进入保修阶段。

竣工验收阶段工作的主要内容：检查项目建设标准，评定质量；检查试车调试情况和生产准备情况；编写竣工验收报告。

8. 投产使用阶段

在工程竣工验收合格之后，工程便可移交给使用单位进行投产运行管理。工程建设项目由此进入投产使用阶段。

在项目的管理过程中，项目经理（管理）部需要收集、整理、传递各类信息，并及时、准确地向项目管理的各级领导汇报，以便在项目进展的全过程中迅速准确地进行各项决策。建设工程的一切活动虽然属于国民经济的特定领域（与生产领域和流通领域相对而言），却与国民经济的各个部门息息相关，影响到社会生产和人民生活的水平。一切建设项目的投资方向、工程规模、区域布置等重大问题，必须符合各个时期的经济建设方针，服从国家长远规划。国家和地区的各级主管部门对于建设项目的立项、决策、资金筹集、物资分配及涉外事宜等重要方面要实行有效的宏观控制,根据权限划分为国家、部门和地区三级管理。这些管理的内容构成了工程项目建设程序的一个组成部分。

任务 1.2　建筑工程资料的意义与作用

1.2.1　建筑工程资料的相关概念

1. 建筑工程的概念

建筑工程是为新建、改建或扩建房屋建筑物和附属构筑物设施所进行的规划、勘察、设计、施工、竣工等各项技术工作及由此完成的工程实体。

2. 建设工程文件的概念

建设工程文件是指在工程建设过程中形成的各种形式的信息记录,包括工程准备阶段文件、监理文件、施工文件、竣工图和竣工验收文件,也可简称工程文件。

3. 建设工程档案的概念

建设工程档案是指在工程建设活动中直接形成的具有归档保存价值的文字、图表、声像等各种形式的历史记录,也可简称工程档案。

4. 建设工程文件档案资料

建设工程文件档案是指由建设工程文件和建设工程档案组成的资料。

5. 建设工程文件档案资料的载体

(1) 纸质载体:以纸张为基础的载体形式。

(2) 缩微品载体:以胶片为基础,利用缩微技术对建设工程文件档案资料进行保存的载体形式。

(3) 光盘载体:以光盘为基础,利用计算机技术对建设工程文件档案资料进行存储的形式。

(4) 磁性载体:以磁性记录材料(磁带、磁盘等)为基础,对建设工程文件档案资料的电子文件、声音、图像进行存储的方式。

6. 建设工程文件归档范围

(1) 对与工程建设有关的重要活动、记载工程建设主要过程和现状、具有保存价值的各种载体的文件,均应收集齐全,整理立卷后归档。

(2) 工程文件的具体归档范围,按照现行《建设工程文件归档规范(2019 年版)》(GB/T 50328—2014)中附录 A "建设工程文件归档范围"共分五大类执行。

建设工程文件归档范围和保管期限表

1.2.2　建筑工程资料的意义与作用

收集和整理好建筑工程资料是建筑施工中的一项重要工作,是工程质量管理的组成部分。每个建筑工程竣工验收前都必须具备两个条件：一是建筑物达到验收条件，二是施工过程中的质量技术资料达到验收条件，两者缺一不可。

一个建筑物竣工后是看得见摸得着的有形物体，验收时只能在外观上加以评价，但内在的施工质量及质量管理实施情况，只能通过验收整个施工过程的有关质量技术资料，看其是否清楚、齐全，是否符合有关规范、规程的要求来检验。同时这些资料又是将来对该建筑物检查、维修、管理、使用、改建的最原始依据。对于一份排列有序、内容齐全、清楚明了的单位工程施工质量技术资料，必须在施工中根据工程实际物体，按照有关规范、规程去检测、评定，做到物体实际质量等级与资料内所记载的质量数据相符，这是物体质量的真实反映。任何一个工程的质量技术资料如不符合有关标准规定，对该工程质量将具有否决效力。所以，做好工程的质量技术资料管理工作非常重要。

1.2.3　建筑工程资料管理的作用

建筑工程资料管理是保证工程质量与安全的重要环节，是建筑工程施工管理程序化、规范化和制度化的具体体现。做好建筑工程资料管理工作，主要有以下作用。

（1）确保工程项目竣工验收顺利完成。在我国，国家立法和验收标准均对建筑工程资料提出了明确要求。《中华人民共和国建筑法》《建设工程质量管理条例》等法律、法规与《建筑工程施工质量验收统一标准》（GB 50300—2013）等规范，均把建筑工程资料放在重要位置。工程项目竣工验收包括两种对象：一是指"硬件"，即建筑物本身；二是指"软件"，即能够反映建筑物自身及形成过程并按照规范要求积累完成的完整、真实、具体的建筑工程资料（包括竣工图及有关录像资料）。在工程项目进行竣工验收时，不但要控制工程实体质量，还必须对工程的质量技术资料进行验收。未经档案验收或者验收不合格的项目，不得进行项目竣工验收。

（2）保证工程项目规范化建设。工程项目的建设、维修与保养，以及日后对建筑物的改建、扩建、拆建等工作，都离不开施工图及其相关的施工技术资料，这些建筑工程资料可以为工程的检查、管理、使用、维护、改造、扩建提供可靠依据。一个质量优良或合格的建筑工程，必须具有一份内容齐全、文字记载真实可靠的原始技术资料，如果少了这些资料，不仅会给以后的工作带来极大的盲目性和经济损失，甚至会造成事故危害。因此，参与工程建设的勘察、设计、监理和施工等单位一定要注重建筑工程资料的管理，确保工程项目规范化建设。

（3）维护企业自身利益和社会声誉。施工技术资料反映了工程项目的形成过程，是现场施工组织生产活动的真实记录，直接或间接地记录了与工程施工效益紧密相关的使用材料的品种、数量和质量，采用的技术方案和技术措施，劳动力的安排和使用，工程量的更改和变动，质量的评定等级等情况。施工技术资料是发包方与承包方进行合同结算的重要依据，也是企业维护自身利益的依据。而且施工技术资料作为接受业主和社会有关各方验收的"软件"，其质量就如同工程实体质量一样，反映了施工队伍的素质和技术水平，因此还是企业社会信誉窗口的一个十分重要的组成部分。

（4）开发利用企业资源。企业档案是企业的重要资源，其中施工技术资料是企业档案的一大来源，是形成企业资源的一个组成部分。开发利用档案资料的途径主要有两种：一种是直接利用档案资料，包括借阅、摘录、复制等；另一种是对档案资料进行加工利用，如进行汇编、索引、专题研究等。

建筑工程资料必须真实、可靠，同时要规范管理，以适应现代建筑活动。

任务1.3 建筑工程资料的分类与归存

1.3.1 建筑工程资料的分类原则

（1）建筑工程资料应按照收集、整理单位及文件资料的来源、类别、形成的先后顺序的不同进行分类。

（2）施工资料分类应根据类别和专业系统划分。

（3）施工过程中建筑工程资料的分类、整理和保存除执行《建设工程文件归档规范（2019年版）》外，尚应执行相应的国家及行业现行法律、法规、规范、标准及地方有关规定。

1.3.2 建筑工程资料的分类

工程建设一般将建筑工程资料分为以下四类。

（1）基建文件，包括工程可行性研究、立项、审批、征地、拆迁、勘察、设计、招投标、开工审批、概预算及工程竣工验收等阶段的项目建设文件与资料，由建设单位整理提供。

（2）监理资料，包括监理规划，进度控制，质量控制，投资控制，监理通知，工程总结，合同，勘察、设计、施工等实施过程的监理资料，由监理单位整理提供。

（3）施工资料，包括工程质量验收，工程质量控制，工程安全与功能检查、观感质量检查等资料，由施工单位整理提供。

（4）竣工图，由编制单位整理提供。

施工过程中建筑工程资料的详细分类可参考表1-3-1。

表1-3-1 建筑工程资料分类表

类别编号	建筑工程资料名称	表格编号（或资料来源）
A类	基建文件	
A1	决策立项文件	
A1-1	项目建议书	建设单位
A1-2	项目建议书的批复文件	建设主管部门
A1-3	可行性研究报告	工程咨询单位

续表

类别编号	建筑工程资料名称	表格编号（或资料来源）
A1-4	可行性研究报告的批复文件	有关主管部门
A1-5	关于立项的会议纪要、领导批示	组织单位
A1-6	专家对项目的有关建议文件	建设单位
A1-7	项目评估研究资料	建设单位
A2	**建设用地、征地、拆迁文件**	
A2-1	征占用地的批准文件和对使用国有土地的批准意见	政府有关部门
A2-2	规划意见书及附图	××市规划委
A2-3	建设用地规划许可证、许可证附件及附图	××市规划委
A2-4	国有土地使用证	××市国有土地管理部门
A2-5	国有土地使用权出让交易文件	交易双方
A3	**勘察、测绘、设计文件**	
A3-1	工程地质勘察报告	勘察单位
A3-2	水文地质勘察报告	勘察单位
A3-3	建筑用地钉桩通知单	××市规划委
A3-4	验线合格文件	××市规划委
A3-5	审定设计方案通知书及附图	××市规划委
A3-6	审定设计方案通知书要求征求有关人防、环保、消防、交通、园林、市政、文物、通信、保密、河湖、教育等部门的审查意见和要求取得的有关协议	有关部门
A3-7	初步设计图及说明	设计单位
A3-8	施工图设计及说明	设计单位
A3-9	设计计算书	设计单位
A3-10	消防设计审核意见	××市消防局
A3-11	施工图审查通知书	审查机构
A4	**工程招投标及承包合同文件**	
A4-1	勘察招投标文件	建设、勘察单位
A4-2	设计招投标文件	建设、设计单位
A4-3	施工招投标文件	建设、施工单位
A4-4	监理招投标文件	建设、监理单位

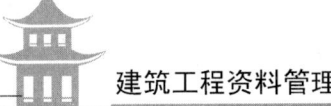

续表

类别编号	建筑工程资料名称	表格编号（或资料来源）
A4-5	勘察合同	建设、勘察单位
A4-6	设计合同	建设、设计单位
A4-7	施工合同	建设、施工单位
A4-8	监理合同	建设、监理单位
A5	**工程开工文件**	
A5-1	年度施工任务批准文件	××市住建委
A5-2	修改工程施工图通知书	××市规划委
A5-3	建设工程规划许可证、附件及附图	××市规划委
A5-4	建筑工程施工许可证	××市住建委
A5-5	工程质量监督手续	质量监督机构
A6	**商务文件**	
A6-1	工程投资估算文件	工程造价咨询单位
A6-2	工程设计概算	工程造价咨询单位
A6-3	施工图预算	工程造价咨询单位
A6-4	施工预算	施工单位
A6-5	工程结、决算	合同双方
A6-6	交付使用固定资产清单	建设单位
A6-7	建设工程概况	建设单位
A7	**工程竣工验收及备案文件**	
A7-1	建设工程竣工验收备案表	建设单位
A7-2	工程竣工验收报告	建设单位
A7-3	由规划、公安消防、环保等部门出具的认可文件或准许使用文件	主管部门
A7-4	《房屋建筑工程质量保修书》	建设与施工单位
A7-5	《住宅质量保证书》《住宅使用说明书》	建设单位
A7-6	建设工程规划验收合格文件	××市规划委
A7-7	建设工程竣工档案预验收意见	城建档案馆
A8	**其他文件**	
A8-1	合同约定由建设单位采购的材料、构配件和设备的质量证明文件及进场报验文件	建设单位
A8-2	工程竣工总结	建设单位
A8-3	工程未开工前的原貌、竣工新貌照片	建设单位
A8-4	工程开工、施工、竣工的录音录像资料	建设单位

续表

类别编号	建筑工程资料名称	表格编号（或资料来源）
B 类	监理资料	
B1	监理管理资料	
	监理规划、监理实施细则	监理单位
	监理月报	监理单位
	监理会议纪要	监理单位
	监理工作日志	监理单位
	监理工作总结（专题、阶段和竣工总结）	监理单位
B2	监理工作记录	
	工程技术文件报审表	表 B2-1（A1 监）
	施工测量放线报验表	表 B2-2（A2 监）
	施工进度计划报审表	表 B2-3（A3 监）
	工程物资进场报验表	表 B2-4（A4 监）
	工程动工报审表	表 B2-5（A5 监）
	分包单位资质报审表	表 B2-6（A6 监）
	分项/分部工程施工报验表	表 B2-7（A7 监）
	（ ）月工、料、机动态表	表 B2-8（A9 监）
	工程复工报审表	表 B2-9（A10 监）
	（ ）月工程进度款报审表	表 B2-10（A11 监）
	工程变更费用报审表	表 B2-11（A12 监）
	费用索赔申请表	表 B2-12（A13 监）
	工程款支付申请表	表 B2-13（A14 监）
	工程延期申请表	表 B2-14（A15 监）
	监理通知回复单	表 B2-15（A16 监）
	监理通知	表 B2-16（B1 监）
	监理抽检记录	表 B2-17（B2 监）
	不合格项处置记录	表 B2-18（B3 监）
	工程暂停令	表 B2-19（B4 监）
	工程延期审批表	表 B2-20（B5 监）
	费用索赔审批表	表 B2-21（B6 监）
	工程款支付证书	表 B2-22（B7 监）
	旁站监理记录	表 B2-23
	质量事故报告及处理资料	责任单位
	见证取样备案文件	监理单位

续表

类别编号	建筑工程资料名称	表格编号（或资料来源）
B3	**竣工验收资料**	
	单位工程竣工预验收报验单	表 B3-1（A8监）
	竣工移交证书	表 B3-2（B8监）
	工程质量评估报告	监理单位
B4	**其他资料**	
	工作联系单	表 B4-1（C1监）
	工程变更单	表 B4-2（C2监）
C 类	**施工资料**	
C1	**施工管理资料**	
	施工现场质量管理检查记录	表 C1-1
	企业资质证书及相关专业人员岗位证书	施工单位提供
	见证记录	监理单位提供
	施工日志	表 C1-2
C2	**施工技术资料**	
	施工组织设计及施工方案	施工单位编制
	技术交底记录	表 C2-1
	图纸会审记录	表 C2-2
	设计变更通知单	表 C2-3
	工程洽商记录	表 C2-4
C3	**施工测量记录**	
	工程定位测量记录	表 C3-1
	基槽验线记录	表 C3-2
	楼层平面放线记录	表 C3-3
	楼层标高抄测记录	表 C3-4
	建筑物垂直度、标高测量记录	表 C3-5
	沉降观测记录	测量单位提供
C4	**施工物资资料**	
	通用表格	
	材料、构配件进场检验记录	表 C4-1
	材料试验报告（通用）	表 C4-2
	设备开箱检验记录（机电通用）	表 C4-3
	设备及管道附件试验记录（机电通用）	表 C4-4

续表

类别编号	建筑工程资料名称	表格编号（或资料来源）
C4	**建筑与结构工程**	
	出厂质量证明文件	
	各种物资出厂合格证、质量保证书和商检证等	供应单位提供
	半成品钢筋出厂合格证	表 C4-5
	预制混凝土构件出厂合格证	表 C4-6
	钢构件出厂合格证	表 C4-7
	预拌混凝土出厂合格证	表 C4-8
	检测报告	
	钢材性能检测报告	供应单位提供
	水泥性能检测报告	供应单位提供
	外加剂性能检测报告	供应单位提供
	防水材料性能检测报告	供应单位提供
	砖（砌块）性能检测报告	供应单位提供
	门、窗性能检测报告（建筑外窗应有三性检测报告）	供应单位提供
	吊顶材料性能检测报告	供应单位提供
	饰面板材性能检测报告	供应单位提供
	饰面石材性能检测报告	供应单位提供
	饰面砖性能检测报告	供应单位提供
	涂料性能检测报告	供应单位提供
	玻璃性能检测报告（安全玻璃应有安全检测报告）	供应单位提供
	壁纸、墙布防火、阻燃性能检测报告	供应单位提供
	装修用黏结剂性能检测报告	供应单位提供
	防火涂料性能检测报告	供应单位提供
	隔声/隔热/阻燃/防潮材料特殊性能检测报告	供应单位提供
	钢结构用焊接材料检测报告	供应单位提供
	高强度大六角头螺栓连接副扭矩系数检测报告	供应单位提供
	扭剪型高强螺栓连接副预拉力检测报告	供应单位提供
	木结构材料检测报告（含水率、木构件、钢件）	供应单位提供
	幕墙性能检测报告（三性试验）	供应单位提供
	幕墙用硅酮结构胶检测报告	供应单位提供
	幕墙用玻璃性能检测报告	供应单位提供
	幕墙用石材性能检测报告	供应单位提供
	幕墙用金属板性能检测报告	供应单位提供
	材料污染物含量检测报告（执行 GB 50325—2020）	供应单位提供

续表

类别编号	建筑工程资料名称	表格编号（或资料来源）
C4	**复试报告**	
	钢材试验报告	表C4-9
	水泥试验报告	表C4-10
	砂试验报告	表C4-11
	碎（卵）石试验报告	表C4-12
	外加剂试验报告	表C4-13
	掺合料试验报告	表C4-14
	防水涂料试验报告	表C4-15
	防水卷材试验报告	表C4-16
	砖（砌块）试验报告	表C4-17
	轻集料试验报告	表C4-18
	预应力筋复试报告	检测单位提供
	预应力锚具、夹具和连接器复试报告	检测单位提供
	装饰装修用门窗复试报告	检测单位提供
	装饰装修用人造木板复试报告	检测单位提供
	装饰装修用花岗石复试报告	检测单位提供
	装饰装修用安全玻璃复试报告	检测单位提供
	装饰装修用外墙面砖复试报告	检测单位提供
	钢结构金相试验报告	检测单位提供
	钢结构用钢材复试报告	检测单位提供
	钢结构用焊接材料复试报告	检测单位提供
	钢结构用高强度大六角头螺栓连接副复试报告	检测单位提供
	钢结构用扭剪型高强度螺栓连接副复试报告	检测单位提供
	木结构材料复试报告	检测单位提供
	幕墙用铝塑板复试报告	检测单位提供
	幕墙用石材复试报告	检测单位提供
	幕墙用安全玻璃复试报告	检测单位提供
	幕墙用结构胶复试报告	检测单位提供
	建筑给水排水及采暖工程	
	管材产品质量证明文件	供应单位提供
	主要材料、设备等产品质量合格证及检测报告	供应单位提供
	绝热材料产品质量合格证、检测报告	供应单位提供
	给水管道材料卫生检测报告	供应单位提供
	成品补偿器预拉伸证明书	供应单位提供

续表

类别编号	建筑工程资料名称	表格编号（或资料来源）
C4	卫生洁具环保检测报告	供应单位提供
	锅炉（承压设备）焊缝无损探伤检测报告	供应单位提供
	水表、热量表计量检定证书	供应单位提供
	安全阀、减压阀调试报告及定压合格证书	分别由试验单位及供应单位提供
	主要器具和设备安装使用说明书	供应单位提供
	建筑电气工程	
	低压成套配电柜、动力、照明配电箱（盘柜）出厂合格证、生产许可证、试验记录、CCC认证及证书复印件	供应单位提供
	电力变压器、柴油发电机组、高压成套配电柜、蓄电池柜、不间断电源柜、控制柜（屏、台）出厂合格证、生产许可证和试验记录	供应单位提供
	电动机、电加热器、电动执行机构和低压开关设备合格证、生产许可证、CCC认证及证书复印件	供应单位提供
	照明灯具、开关、插座、风扇及附件出厂合格证、CCC认证及证书复印件	供应单位提供
	电线、电缆出厂合格证、生产许可证、CCC认证及证书复印件	供应单位提供
	导管、电缆桥架和线槽出厂合格证	供应单位提供
	型钢和电焊条合格证和材料质量证明书	供应单位提供
	镀锌制品（支架、横担、接地极、避雷用型钢等）和外线金具合格证和镀锌质量证明书	供应单位提供
	封闭母线、插接母线合格证、安装技术文件、CCC认证及证书复印件	供应单位提供
	裸母线、裸导线、电缆头部件及接线端子、钢制灯柱、混凝土电杆和其他混凝土制品合格证	供应单位提供
	主要设备安装技术文件	供应单位提供
	智能建筑系统工程（执行现行标准、规范）	专业施工单位提供
	通风与空调工程	
	制冷机组等主要设备和部件产品合格证、质量证明文件	供应单位提供
	阀门、疏水器、水箱、分集水器、减震器、储冷罐、集气罐、仪表、绝热材料等出厂合格证、质量证明及检测报告	供应单位提供
	板材、管材等质量证明文件	供应单位提供

续表

类别编号	建筑工程资料名称	表格编号（或资料来源）
C4	主要设备安装使用说明书	供应单位提供
	电梯工程	
	电梯设备开箱检验记录	表 C4-19
	电梯主要设备、材料及附件出厂合格证、产品说明书、安装技术文件	供应单位提供
C5	施工记录	
	通用表格	
	隐蔽工程检查记录	表 C5-1
	预检记录	表 C5-2
	施工检查记录（通用）	表 C5-3
	交接检查记录	表 C5-4
	建筑与结构工程	
	基坑支护变形监测记录	专业施工单位提供
	桩（地）基施工记录	专业施工单位提供
	地基验槽检查记录	表 C5-5
	地基处理记录	表 C5-6
	地基钎探记录（应附图）	表 C5-7
	混凝土浇灌申请书	表 C5-8
	预拌混凝土运输单	表 C5-9
	混凝土开盘鉴定	表 C5-10
	混凝土拆模申请单	表 C5-11
	混凝土搅拌测温记录	表 C5-12
	混凝土养护测温记录（应附图）	表 C5-13
	大体积混凝土养护测温记录（应附图）	表 C5-14
	构件吊装记录	表 C5-15
	焊接材料烘焙记录	表 C5-16
	地下工程防水效果检查记录	表 C5-17
	防水工程试水检查记录	表 C5-18
	通风（烟）道、垃圾道检查记录	表 C5-19
	预应力筋张拉记录（一）	表 C5-20
	预应力筋张拉记录（二）	表 C5-21

续表

类别编号	建筑工程资料名称	表格编号（或资料来源）
C5	有黏结预应力结构灌浆记录	表 C5-22
	钢结构施工记录	专业施工单位提供
	网架（索膜）施工记录	专业施工单位提供
	木结构施工记录	专业施工单位提供
	幕墙注胶检查记录	专业施工单位提供
	电梯工程	
	电梯承重梁、起重吊环埋设隐蔽工程检查记录	表 C5-23
	电梯钢丝绳头灌注隐蔽工程检查记录	表 C5-24
	电梯导轨、层门的支架、螺栓埋设隐蔽工程检查记录	表 C5-25
	电梯电气装置安装检查记录（一）～（三）	表 C5-26
	电梯机房、井道预检记录	表 C5-27
	自动扶梯、自动人行道安装与土建交接预检记录	表 C5-28
	自动扶梯、自动人行道的相邻区域检查记录	表 C5-29
	自动扶梯、自动人行道电气装置检查记录（一）（二）	表 C5-30
	自动扶梯、自动人行道整机安装质量检查记录	表 C5-31
C6	**施工试验记录**	
	通用表格	
	施工试验记录（通用）	表 C6-1
	设备单机试运转记录（机电通用）	表 C6-2
	系统试运转调试记录（机电通用）	表 C6-3
	建筑与结构工程	
	锚杆、土钉锁定力（抗拔力）试验报告	检测单位提供
	地基承载力检验报告	检测单位提供
	桩检测报告	检测单位提供
	土工击实试验报告	表 C6-4
	回填土试验报告（应附图）	表 C6-5
	钢筋机械连接型式检验报告	技术提供单位提供
	钢筋连接工艺检验（评定）报告	检测单位提供
	钢筋连接试验报告	表 C6-6
	砂浆配合比申请单、通知单	表 C6-7

续表

类别编号	建筑工程资料名称	表格编号（或资料来源）
C6	砂浆抗压强度试验报告	表 C6-8
	砌筑砂浆试块强度统计、评定记录	表 C6-9
	混凝土配合比申请单、通知单	表 C6-10
	混凝土抗压强度试验报告	表 C6-11
	混凝土试块强度统计、评定记录	表 C6-12
	混凝土抗渗试验报告	表 C6-13
	混凝土碱总量计算书	混凝土供应单位提供
	饰面砖黏结强度试验报告	表 C6-14
	后置埋件拉拔试验报告	检测单位提供
	超声波探伤报告	表 C6-15
	超声波探伤记录	表 C6-16
	钢构件射线探伤报告	表 C6-17
	磁粉探伤报告	检测单位提供
	高强度螺栓抗滑移系数检测报告	检测单位提供
	钢结构焊接工艺评定	检测单位提供
	网架节点承载力试验报告	检测单位提供
	钢结构涂料厚度检测报告	检测单位提供
	木结构胶缝试验报告	检测单位提供
	木结构构件力学性能试验报告	检测单位提供
	木结构防护剂试验报告	检测单位提供
	幕墙双组分硅酮结构胶混匀性及拉断试验报告	检测单位提供
	建筑给水排水及采暖工程	
	灌（满）水试验记录	表 C6-18
	强度严密性试验记录	表 C6-19
	通水试验记录	表 C6-20
	吹（冲）洗（脱脂）试验记录	表 C6-21
	通球试验记录	表 C6-22
	补偿器安装记录	表 C6-23
	消火栓试射记录	表 C6-24
	安全附件安装检查记录	表 C6-25

续表

类别编号	建筑工程资料名称	表格编号（或资料来源）
C6	锅炉封闭及烘炉（烘干）记录	表C6-26
	锅炉煮炉试验记录	表C6-27
	锅炉试运行记录	表C6-28
	安全阀调试记录	试验单位提供
	建筑电气工程	
	电气接地电阻测试记录	表C6-29
	电气防雷接地装置隐检与平面示意图	表C6-30
	电气绝缘电阻测试记录	表C6-31
	电气器具通电安全检查记录	表C6-32
	电气设备空载试运行记录	表C6-33
	建筑物照明通电试运行记录	表C6-34
	大型照明灯具承载试验记录	表C6-35
	高压部分试验记录	检测单位提供
	漏电开关模拟试验记录	表C6-36
	电度表检定记录	检定单位提供
	大容量电气线路结点测温记录	表C6-37
	避雷带支架拉力测试记录	表C6-38
	智能建筑工程（执行现行标准、规范）	专业施工单位提供
	通风与空调工程	
	风管漏光检测记录	表C6-39
	风管漏风检测记录	表C6-40
	现场组装除尘器、空调机漏风检测记录	表C6-41
	各房间室内风量温度测量记录	表C6-42
	管网风量平衡记录	表C6-43
	空调系统试运转调试记录	表C6-44
	空调水系统试运转调试记录	表C6-45
	制冷系统气密性试验记录	表C6-46
	净化空调系统测试记录	表C6-47
	防排烟系统联合试运行记录	表C6-48

续表

类别编号	建筑工程资料名称	表格编号（或资料来源）
C6	**电梯工程**	
	轿厢平层准确度测量记录	表 C6-49
	电梯层门安全装置检验记录	表 C6-50
	电梯电气安全装置检验记录	表 C6-51
	电梯整机功能检验记录	表 C6-52
	电梯主要功能检验记录	表 C6-53
	电梯负荷运行试验记录	表 C6-54
	电梯负荷运行试验曲线图	表 C6-55
	电梯噪声测试记录	表 C6-56
	自动扶梯、自动人行道安全装置检验记录（一）（二）	表 C6-57
	自动扶梯、自动人行道整机性能、运行试验记录	表 C6-58
C7	**施工质量验收记录**	
	结构实体混凝土强度验收记录	表 C7-1
	结构实体钢筋保护层厚度验收记录	表 C7-2
	钢筋保护层厚度试验记录	表 C7-3
	检验批质量验收记录	执行 GB 50300—2013 和专业施工质量验收规范
	分项工程质量验收记录	
	分部（子分部）工程验收记录	
C8	**工程管理与验收资料**	
	工程概况表	表 C8-1
	建设工程质量事故调（勘）查笔录	表 C8-2
	建设工程质量事故报告书	表 C8-3
	单位（子单位）工程质量竣工验收记录	施工单位编制
	单位（子单位）工程质量控制资料核查记录	施工单位编制
	单位（子单位）工程安全和功能检验资料核查及主要功能抽查记录	施工单位编制
	单位（子单位）工程观感质量检查记录	施工单位编制
	室内环境检测报告	检测单位提供
	施工总结	施工单位编制
	工程竣工报告	施工单位编制
D 类	竣工图	编制单位提供

注：本表的归档保存单位是指竣工后有关单位对建筑工程资料的归档保存，施工过程中建筑工程资料的留存应按有关程序和约定执行。

1.3.3 建筑工程资料的归档规定

（1）工程参建各方宜按《建筑工程资料管理规程》（JGJ/T 185—2009）附录 A 中表 A.2.1 规定的内容将建筑工程资料归档保存。

（2）归档保存的建筑工程资料，其保存期限应符合下列规定。

① 建筑工程资料的归档保存期限应符合国家现行有关标准的规定；当无规定时，不宜少于 5 年。

② 建设单位建筑工程资料的归档保存期限应满足工程维护、修缮、改造、加固的需要。

③ 施工单位建筑工程资料的归档保存期限应满足工程质量保修及质量追溯的需要。

任务 1.4　建筑工程资料的编号

1. 建筑工程标准的代号和编号

（1）强制性国家标准的代号为"GB"，然后加上顺序号和年号，即

$$GB\ \times\times\times\times\times—\times\times\times\times$$

（标准代号）（标准顺序号）（标准发布年号）

例：GB 50300—2013（《建筑工程施工质量验收统一标准》）。

（2）推荐性国家标准的代号为"GB/T"，其他与强制性标准相同。

例：GB/T 50323—2001（《城市建设档案著录规范》）。

（3）强制性行业标准：行业不同则代号不同。

① 城镇建设工程行业标准：CJJ ××—××××。

② 建筑工程行业标准：JGJ ××—××××。

例：JGJ 25—2010（《档案馆建筑设计规范》）。

（4）推荐性行业标准：行业标准代号后加"/T"。

① 城镇建设工程行业标准：CJJ/T ××—××××。

例：CJJ/T 117—2017（《建设电子文件与电子档案管理规范》）。

② 建筑工程行业标准：JGJ/T ××—××××。

③ 档案行业标准：DA/T ××—××××。

例：DA/T 1—2000（《档案工作基本术语》）。

（5）强制性地方标准：DB××/×××—××××。

例：DB31/199—2018（《上海市污水综合排放标准》）。

（6）推荐性地方标准：DB××/T ×××—××××。

例：DB11/T 281—2015（《北京市屋顶绿化规范》）。

2. 建筑工程资料的类别编号

我国对全部四大类建筑工程资料的编号规则如下：首先用大写的英文字母 A、B、C、D 分别表示建设单位的文件资料、监理单位的文件资料、施工单位的文件资料和竣工图类

文件资料，即分别编为 A 类、B 类、C 类、D 类；其次对这四类资料中所含的小类资料，分别按照在 A、B、C、D 类别中加 1、2、3 等顺序号来表示。如 A 类资料中所含的小类资料为 A1、A2、A3、A4、A5、A6、A7 等，B 类资料中所含的小类资料为 B1、B2、B3、B4 等。

3. 建筑工程资料的编号规定

工程准备阶段文件、工程竣工文件宜按《建筑工程资料管理规程》（JGJ/T 185—2009）附录 A 表 A.2.1 中所规定的类别和形成时间顺序来编号。

监理资料宜按《建筑工程资料管理规程》（JGJ/T 185—2009）附录 A 表 A.2.1 中所规定的类别和形成时间顺序来编号。

施工资料编号规则：施工资料编号可由分部、子分部、分类、顺序号四组代号组成，组与组之间应用横线隔开，如图 1-4-1 所示。

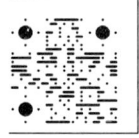
《建筑工程资料管理规程》

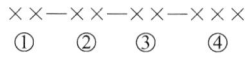

图 1-4-1 施工资料编号规则

图 1-4-1 中各部分的具体含义如下。

①为分部工程代号，可按《建筑工程资料管理规程》（JGJ/T 185—2009）附录 A 表 A.3.1 的规定执行。

②为子分部工程代号，可按《建筑工程资料管理规程》（JGJ/T 185—2009）附录 A 表 A.3.1 的规定执行。

③为资料的类别编号，可按《建筑工程资料管理规程》（JGJ/T 185—2009）附录 A 表 A.3.1 的规定执行。

④为顺序号，可根据相同表格、相同检查项目，按形成时间顺序填写。

另外，在施工资料编号时，属于单位工程整体管理内容的资料，编号中的分部、子分部工程代号可用"00"代替；同一厂家、同一品种、同一批次的施工物资用在两个分部、子分部工程中时，资料编号中的分部、子分部工程代号可按主要使用部位填写。

竣工图资料宜按《建筑工程资料管理规程》（JGJ/T 185—2009）附录 A 表 A.2.1 中规定的类别和形成时间顺序来编号。

建筑工程资料的编号应及时填写，专用表格的编号应填写在表格右上角的编号栏中，非专用表格应在资料右上角的适当位置注明资料编号。

在四大类建筑工程资料中最复杂的是施工资料，施工资料编号应填入表格右上角的编号栏中。

通常情况下，一份资料应有 7 位编号，即由分部工程代号（2 位）、资料的类别编号（2 位）和顺序号（3 位）组成，每部分之间可以用横线隔开。分部（子分部）工程代号应遵循《建筑工程施工质量验收统一标准》（GB 50300—2013）的划分原则，见表 1-4-1。

表 1-4-1 建筑工程分部工程、分项工程划分表

序号	分部工程	子分部工程	分项工程
1	地基与基础	地基	素土、灰土地基，砂和砂石地基，土工合成材料地基，粉煤灰地基，强夯地基，注浆地基，预压地基，砂石桩复合地基，高压旋喷注浆地基，水泥土搅拌桩地基，土和灰土挤密桩复合地基，水泥粉煤灰碎石桩复合地基，夯实水泥土桩复合地基

续表

序号	分部工程	子分部工程	分项工程
1	地基与基础	基础	无筋扩展基础，钢筋混凝土扩展基础，筏形与箱形基础，钢结构基础，钢管混凝土结构基础，型钢混凝土结构基础，钢筋混凝土预制桩基础，泥浆护壁成孔灌注桩基础，干作业成孔桩基础，长螺旋钻孔压灌桩基础，沉管灌注桩基础，钢桩基础，锚杆静压桩基础，岩石锚杆基础，沉井与沉箱基础
		基坑支护	灌注桩排桩围护墙，板桩围护墙，咬合桩围护墙，型钢水泥土搅拌墙，土钉墙，地下连续墙，水泥土重力式挡墙，内支撑，锚杆，与主体结构相结合的基坑支护
		地下水控制	降水与排水，回灌
		土方	土方开挖，土方回填，场地平整
		边坡	喷锚支护，挡土墙，边坡开挖
		地下防水	主体结构防水，细部构造防水，特殊施工法结构防水，排水，注浆
2	主体结构	混凝土结构	模板，钢筋，混凝土，预应力，现浇结构，装配式结构
		砌体结构	砖砌体，混凝土小型空心砌块砌体，石砌体，配筋砌体，填充墙砌体
		钢结构	钢结构焊接，紧固件连接，钢零部件加工，钢构件组装与预拼装，单层钢结构安装，多层及高层钢结构安装，钢管结构安装，预应力钢索和膜结构，压型金属板，防腐涂料涂装，防火涂料涂装
		钢管混凝土结构	构件现场拼装，构件安装，钢管焊接，构件连接，钢管内钢筋骨架，混凝土
		型钢混凝土结构	型钢焊接，紧固件连接，型钢与钢筋连接，型钢构件组装及预拼装，型钢安装，模板，混凝土
3	建筑装饰装修	铝合金结构	铝合金焊接，紧固件连接，铝合金零部件加工，铝合金构件组装，铝合金构件预拼装，铝合金框架结构安装，铝合金空间网格结构安装，铝合金面板，铝合金幕墙结构安装，防腐处理
		木结构	方木和原木结构，胶合木结构，轻型木结构，木结构防护
		建筑地面	基层铺设，整体面层铺设，板块面层铺设，木、竹面层铺设

续表

序号	分部工程	子分部工程	分项工程
3	建筑装饰装修	抹灰	一般抹灰，保温层薄抹灰，装饰抹灰，清水砌体勾缝
		外墙防水	外墙砂浆防水，涂膜防水，透气膜防水
		门窗	木门窗安装，金属门窗安装，塑料门窗安装，特种门安装，门窗玻璃安装
		吊顶	整体面层吊顶，板块面层吊顶，格栅吊顶
		轻质隔墙	板材隔墙，骨架隔墙，活动隔墙，玻璃隔墙
		饰面板	石板安装，陶瓷板安装，木板安装，金属板安装，塑料板安装
		饰面砖	外墙饰面砖粘贴，内墙饰面砖粘贴
		幕墙	玻璃幕墙安装，金属幕墙安装，石材幕墙安装，陶板幕墙安装
		涂饰	水性涂料涂饰，溶剂型涂料涂饰，美术涂饰
		裱糊与软包	裱糊，软包
		细部	橱柜制作与安装，窗帘盒和窗台板制作与安装，门窗套制作与安装，护栏和扶手制作与安装，花饰制作与安装
4	屋面	基层与保护	找坡层和找平层，隔汽层，隔离层，保护层
		保温与隔热	板状材料保温层，纤维材料保温层，喷涂硬泡聚氨酯保温层，现浇泡沫混凝土保温层，种植隔热层，架空隔热层，蓄水隔热层
		防水与密封	卷材防水层，涂膜防水层，复合防水层，接缝密封防水
		瓦面与板面	烧结瓦和混凝土瓦铺装，沥青瓦铺装，金属板铺装，玻璃采光顶铺装
		细部构造	檐口，檐沟和天沟，女儿墙和山墙，水落口，变形缝，伸出屋面管道，屋面出入口，反梁过水孔，设施基座，屋脊，屋顶窗
5	建筑给水排水及采暖	室内给水系统	给水管道及配件安装，给水设备安装，室内消火栓系统安装，消防喷淋系统安装，防腐，绝热，管道冲洗、消毒，试验与调试
		室内排水系统	排水管道及配件安装，雨水管道及配件安装，防腐，试验与调试
		室内热水系统	管道及配件安装，辅助设备安装，防腐，绝热，试验与调试
		卫生器具	卫生器具安装，卫生器具给水配件安装，卫生器具排水管道安装，试验与调试

续表

序号	分部工程	子分部工程	分项工程
5	建筑给水排水及采暖	室内供暖系统	管道及配件安装，辅助设备安装，散热器安装，低温热水地板辐射采暖系统安装，电加热供暖系统安装，燃气红外辐射供暖系统安装，热风供暖系统安装，热计量及调控装置安装，试验及调试，防腐，绝热
		室外给水管网	给水管道安装，室外消火栓安装，试验与调试
		室外排水管网	排水管道安装，排水管沟与井池，试验与调试
		室外供热管网	管道及配件安装，系统水压试验，土建结构，防腐，绝热，试验与调试
		建筑饮用水供应系统	管道及配件安装，水处理设备及控制设施安装，防腐，绝热，试验与调试
		建筑中水系统及雨水利用系统	建筑中水系统，雨水利用系统管道及配件安装，水处理设备及控制设施安装，防腐，绝热，试验与调试
		游泳池及公共浴池水系统	管道及配件系统安装，水处理设备及控制设施安装，防腐，绝热，试验与调试
		水景喷泉系统	管道系统及配件安装，防腐，绝热，试验与调试
		热源及辅助设备	锅炉安装，辅助设备及管道安装，安全附件安装，换热站安装，防腐，绝热，试验与调试
		监测与控制仪表	检测仪器及仪表安装，试验与调试
6	通风与空调	送风系统	风管与配件制作，部件制作，风管系统安装，风机与空气处理设备安装，风管与设备防腐，旋流风口、岗位送风口、织物（布）风管安装，系统调试
		排风系统	风管与配件制作，部件制作，风管系统安装，风机空气处理设备安装，风管与设备防腐，吸风罩及其他空气处理设备安装，厨房、卫生间排风系统安装，系统调试
		防排烟系统	风管与配件制作，部件制作，风管系统安装，风机与空气处理设备安装，风管与设备防腐，排烟风阀（口）、常闭正压风口、防火风管安装，系统调试
		除尘系统	风管与配件制作，部件制作，风管系统安装，风机与空气处理设备安装，风管与设备防腐，除尘器与排污设备安装，吸尘罩安装，高温风管绝热，系统调试
		舒适性空调系统	风管与配件制作，部件制作，风管系统安装，风机与空气处理设备安装，风管与设备防腐，组合式空调机组安装，消声器、静电除尘器、换热器、紫外线灭菌器等设备安装，风机盘管、变风量与定风量送风装置、射流喷口等末端设备安装，风管与设备绝热，系统调试

续表

序号	分部工程	子分部工程	分项工程
6	通风与空调	恒温恒湿空调系统	风管与配件制作，部件制作，风管系统安装，风机与空气处理设备安装，风管与设备防腐，组合式空调机组安装，电加热器、加湿器等设备安装，精密空调机组安装，风管与设备绝热，系统调试
		净化空调系统	风管与配件制作，部件制作，风管系统安装，风机与空气处理设备安装，风管与设备防腐，净化空调机组安装，消声器、静电除尘器、换热器、紫外线灭菌器等设备安装，中、高效过滤器及风机过滤器单元等末端设备清洗与安装，洁净度测试，风管与设备绝热，系统调试
		地下人防通风系统	风管与配件制作，部件制作，风管系统安装，风机与空气处理设备安装，风管与设备防腐，过滤吸收器、防爆波活门、防爆超压排气活门等专用设备安装，系统调试
		真空吸尘系统	风管与配件制作，部件制作，风管系统安装，风机与空气处理设备安装，风管与设备防腐，管道安装，快速接口安装，风机与滤尘设备安装，系统压力试验及调试
		冷凝水系统	管道系统及部件安装，水泵及附属设备安装，管道冲洗，管道、设备防腐，板式热交换器，辐射板及辐射供热、供冷地埋管，热泵机组设备安装，管道、设备绝热，系统压力试验及调试
		空调（冷、热）水系统	管道系统及部件安装，水泵及附属设备安装，管道冲洗，管道、设备防腐，冷却塔与水处理设备安装，防冻伴热设备安装，管道、设备绝热，系统压力试验及调试
		冷却水系统	管道系统及部件安装，水泵及附属设备安装，管道、设备防腐，系统灌水渗漏及排放试验，管道、设备绝热
		土壤源热泵换热系统	管道系统及部件安装，水泵及附属设备安装，管道冲洗，管道、设备防腐，埋地换热系统与管网安装，管道、设备绝热，系统压力试验及调试
		水源热泵换热系统	管道系统及部件安装，水泵及附属设备安装，管道冲洗，管道、设备防腐，地表水源换热管及管网安装，除垢设备安装，管道、设备绝热，系统压力试验及调试
		蓄能系统	管道系统及部件安装，水泵及附属设备安装，管道冲洗，管道、设备防腐，蓄水罐与蓄冰槽、罐安装，管道、设备绝热，系统压力试验及调试

续表

序号	分部工程	子分部工程	分项工程
6	通风与空调	压缩式制冷（热）设备系统	制冷机组及附属设备安装，管道、设备防腐，制冷剂管道及部件安装，制冷剂灌注，管道、设备绝热，系统压力试验及调试
		吸收式制冷设备系统	制冷机组及附属设备安装，管道、设备防腐，系统真空试验，溴化锂溶液加灌，蒸汽管道系统安装，燃气或燃油设备安装，管道、设备绝热，系统压力试验及调试
		多联机（热泵）空调系统	室外机组安装，室内机组安装，制冷剂管路连接及控制开关安装，风管安装，冷凝水管道安装，制冷剂灌注，系统压力试验及调试
		太阳能供暖空调系统	太阳能集热器安装，其他辅助能源、换热设备安装，蓄能水箱、管道及配件安装，蓄能水箱、管道及配件安装，防腐，绝热，低温热水地板辐射采暖系统安装，系统压力试验及调试
		设备自控系统	温度、压力与流量传感器安装，执行机构安装调试，防排烟系统功能测试，自动控制及系统智能控制软件调试
7	建筑电气	室外电气	变压器、箱式变电所安装，成套配电柜、控制柜（屏、台）和动力、照明配电箱（盘）及控制柜安装，梯架、支架、托盘和槽盒安装，导管敷设，电缆敷设，管内穿线和槽盒内敷线，电缆头制作、导线连接和线路绝缘测试，普通灯具安装，专用灯具安装，建筑照明通电试运行，接地装置安装
		变配电室	变压器、箱式变电所安装，成套配电柜、控制柜（屏、台）和动力、照明配电箱（盘）安装，母线槽安装，梯架、支架、托盘和槽盒安装，电缆敷设，电缆头制作、导线连接和线路绝缘测试，接地装置安装，接地干线敷设
		供电干线	电气设备试验和试运行，母线槽安装，梯架、托盘和槽盒安装，导管敷设，电缆敷设，管内穿线和槽盒内敷线，电缆头制作、导线连接和线路绝缘测试，接地干线敷设
		电气动力	成套配电柜、控制柜（屏、台）和动力、照明配电箱（盘）安装，电动机、电加热器及电动执行机构检查接线，电气设备试验和试运行，梯架、支架、托盘和槽盒安装，导管敷设，电缆敷设，管内穿线和槽盒内敷线，电缆头制作、导线连接和线路绝缘测试

续表

序号	部工程	子分部工程	分项工程
7	建筑电气	电气照明	成套配电柜、控制柜（屏、台）和动力、照明配电箱（盘）安装，梯架、支架、托盘和槽盒安装，导管敷设，管内穿线和槽盒内敷线，塑料护套线直敷布线，钢索配线，电缆头制作、导线连接和线路绝缘试验，普通灯具安装，专用灯具安装，开关、插座、风扇安装，建筑照明通电试运行
		备用和不间断电源安装	成套配电柜、控制柜（屏、台）和动力、照明配电箱（盘）安装，柴油发电机组安装，不间断电源装置及应急电源装置安装，母线槽安装，导管敷设，电缆敷设，管内穿线和槽盒内敷线，电缆头制作、导线连接和线路绝缘测试，接地装置安装
		防雷及接地	接地装置安装，防雷引下线及接闪器安装，建筑物等电位连接，浪涌保护器安装
8	建筑智能化	智能化集成系统	设备安装，软件安装，接口及系统调试，试运行
		信息接入系统	安装场地检查
		用户电话交换系统	线缆敷设，设备安装，软件安装，接口及系统调试，试运行
		信息网络系统	计算机网络设备安装，计算机网络软件安装，网络安全设备安装，网络安全软件安装，系统调试，试运行
		综合布线系统	梯架、托盘、槽盒和导管安装，线缆敷设，机柜、机架、配线架安装，信息插座安装，链路或信道测试，软件安装，系统调试，试运行
		移动通信室内信号覆盖系统	安装场地检查
		卫星通信系统	安装场地检查
		有线电视及卫星电视接收系统	梯架、托盘、槽盒和导管安装，线缆敷设，设备安装，软件安装，系统调试，试运行
		公共广播系统	梯架、托盘、槽盒和导管安装，线缆敷设，设备安装，软件安装，系统调试，试运行
		会议系统	梯架、托盘、槽盒和导管安装，线缆敷设，设备安装，软件安装，系统调试，试运行
		信息导引及发布系统	梯架、托盘、槽盒和导管安装，线缆敷设，显示设备安装，机房设备安装，软件安装，系统调试，试运行

续表

序号	分部工程	子分部工程	分项工程
8	建筑智能化	时钟系统	梯架、托盘、槽盒和导管安装,线缆敷设,设备安装,软件安装,系统调试,试运行
		信息化应用系统	梯架、托盘、槽盒和导管安装,线缆敷设,设备安装,软件安装,系统调试,试运行
		建筑设备监控系统	梯架、托盘、槽盒和导管安装,线缆敷设,传感器安装,执行器安装,控制器、箱安装,中央管理工作站和操作分站设备安装,软件安装,系统调试,试运行
		火灾自动报警系统	梯架、托盘、槽盒和导管安装,线缆敷设,探测器类设备安装,控制器类设备安装,其他设备安装,软件安装,系统调试,试运行
		安全技术防范系统	梯架、托盘、槽盒和导管安装,线缆敷设,设备安装,软件安装,系统调试,试运行
		应急响应系统	设备安装,软件安装,系统调试,试运行
		机房	供配电系统,防雷与接地系统,空气调节系统,给水排水系统,综合布线系统,监控与安全防范系统,消防系统,室内装饰装修,电磁屏蔽,系统调试,试运行
		防雷与接地	接地装置,接地线,等电位连接,屏蔽设施,电涌保护器,线缆敷设,系统调试,试运行
9	建筑节能	围护系统节能	墙体节能,幕墙节能,门窗节能,屋面节能,地面节能
		供暖空调设备及管网节能	供暖节能,通风与空调设备节能,空调与供暖系统冷热源节能,空调与供暖系统管网节能
		电气动力节能	配电节能,照明节能
		监控系统节能	监测系统节能,控制系统节能
		可再生能源	地源热泵系统节能,太阳能光热系统节能,太阳能光伏节能
10	电梯	电力驱动的曳引式或强制式电梯	设备进场验收,土建交接检验,驱动主机,导轨,门系统,轿厢,对重,安全部件,悬挂装置,随行电缆,补偿装置,电气装置,整机安装验收
		液压电梯	设备进场验收,土建交接检验,液压系统,导轨,门系统,轿厢,对重,安全部件,悬挂装置,随行电缆,电气装置,整机安装验收
		自动扶梯、自动人行道	设备进场验收,土建交接检验,整机安装验收

任务 1.5 建筑工程资料电子文件管理

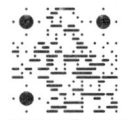

《建设电子文件与电子档案管理规范》

为规范建设电子文件的形成、归档,以及建设电子档案的管理,确保建设电子文件与电子档案的真实性、完整性、可靠性、可用性和安全性,促进建设电子文件与电子档案的安全保管与有效利用,制定了《建设电子文件与电子档案管理规范》。该规范适用于建设电子文件的形成、归档,以及建设电子档案的移交、接收、保管、利用等全过程管理。建设电子文件归档与电子档案管理除执行该规范外,尚应执行国家现行有关标准的规定。根据住建部第1519号公告,《建设电子文件与电子档案管理规范》作为行业标准,编号为CJJ/T 117—2017,自2017年10月1日起实施。

1.5.1 电子文档的管理规定

(1)电子文件形成单位应规范电子文件形成与办理工作流程,建立电子文件归档管理制度,明确电子文件和电子档案管理职责。

(2)电子文件形成单位应建立与业务系统相衔接的电子文件管理系统,实现电子文件自形成到归档、保管、利用的全过程管理。

(3)业务管理电子文件形成单位的档案部门应监督和指导本单位业务管理电子文件的形成、捕获、整理和归档,并定期向当地城建档案管理机构移交。

(4)在工程项目建设过程中,建设单位应负责工程电子文件管理的组织协调,并按下列流程开展工程电子文件的形成、归档、验收、移交等工作。

① 在建设工程招标及与勘察、设计、施工、监理等单位签订协议、合同时,对工程电子档案的移交时间、移交对象、质量等提出明确要求,所需经费应列入工程预算。

② 收集和积累工程准备阶段、竣工验收阶段形成的电子文件,并进行整理归档。

③ 组织、督促和检查勘察、设计、施工、监理、测量等各参建单位工程电子文件的形成、捕获和整理归档工作。

④ 收集和汇总勘察、设计、施工、监理、测量等各参建单位形成的工程电子档案。

⑤ 在组织工程竣工验收前,请当地城建档案管理机构对工程纸质档案和工程电子档案进行预验收。

⑥ 对列入城建档案管理机构接收范围的工程,应在国家规定的期限内,将建设工程电子档案与纸质档案同步向当地城建档案管理机构移交。

(5)在工程项目建设过程中,勘察、设计、施工、监理、测量等各参建单位应将本单位形成的工程电子文件捕获、整理和归档,并向建设单位交付。

(6)城建档案管理机构应根据建设行业信息化现状,及时提出建设电子文件归档的技术性指导意见,对电子文件的全过程管理进行指导,并加强对电子文件的前端控制。

(7) 电子文件和电子档案的形成、保管和提供利用单位应采取有效的技术手段和管理措施，确保其信息安全和保密。

1.5.2 电子文件的形成

1. 电子文件的创建与保存

(1) 形成电子文件时，应根据电子文件的内容及特征，提炼出题名。在业务系统中创建电子文件时，应自动或人工对电子文件赋予题名。

(2) 电子文件形成单位使用的有关业务系统，应具备记录电子文件处理、审批、分发等过程元数据的功能。

(3) 电子文件应以单份文件或一个复合文件为一个保存单位。

(4) 多个具有紧密联系的单份文件可组合成一个复合文件，并应符合下列规定。

① 正文与附件、转发文与被转发文、请示与批复、来文与回复文件、正文与链接文件，应分别作为2个或2个以上的单份文件保存，也可作为1个复合文件保存。

② 采用CAD技术形成的电子文件应以一个图幅为1个单份文件；多个图幅组成的电子图可作为1个或多个单份文件，也可作为1个复合文件保存。

③ 建设工程中，N天的施工日志可作为N个单份文件，也可作为1个复合文件保存；N个检测报告、试验报告、检验批质量验收记录等，可作为N份电子文件保存，也可作为1个复合文件保存。

④ 应记录重要文件的主要修改过程和办理情况，对有参考价值的不同稿本，可作为多个单份文件或1个复合文件保存。

(5) 电子文件形成单位应在其业务系统中对复合文件的每个单份文件建立关联，也可采取下列方式将复合文件联系在一起。

① 将组成复合文件的单份文件保存在同一文件夹内。

② 将组成复合文件的单份文件赋予相同的题名，并在题名后加01、02、03等阿拉伯数字加以区分。

(6) 电子文件形成后，不应被非正常修改、获取和删除。

(7) 形成电子文件的业务系统和个人应随时保存电子文件，并根据文件重要程度，定期备份电子文件。

(8) 电子文件的离线备份应存储于移动硬盘、光盘、磁带等能够脱机保存的存储媒体上。

2. 电子文件的分类

(1) 电子文件在形成、积累过程中，应根据文件内容和性质对电子文件进行分类保存。

(2) 电子文件形成单位应根据本单位机构设置、工作职能、业务范围、专业性质、工程项目等，预先设置电子文件分类方案。

(3) 电子文件分类方案应根据需要设置一级至N级类目（图1-5-1）。类目级别不宜超过9级。

(4) 电子文件分类方案的设计，应统筹考虑文件归档和电子档案管理要求，与电子档

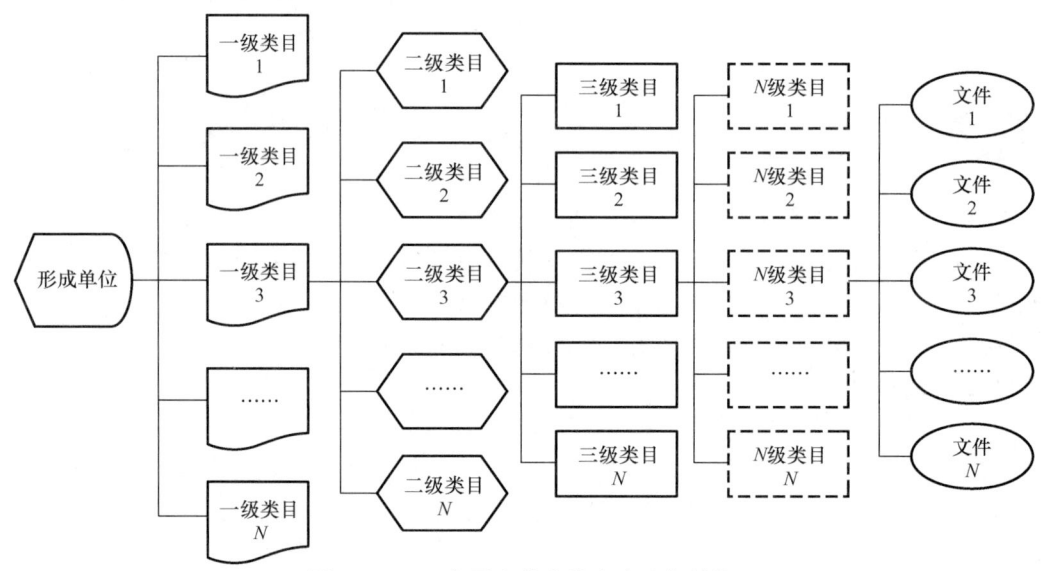

图 1-5-1　电子文件分类方案层级结构

案分类体系一体化设计，并应保持一定的稳定性、连续性。

（5）业务系统和电子文件管理系统，应支持按层级方式来组织分类方案和管理电子文件，并应支持按分类方案中的类目提供元数据描述。

1.5.3　电子文件的归档

1. 归档范围

（1）电子文件形成单位应根据业务范围和工作性质，制定本单位电子文件归档范围和保管期限。

（2）工程电子文件的归档范围应按现行国家标准《建设工程文件归档规范》（GB/T 50328—2014）执行。

（3）业务管理电子文件的归档范围应按国家现行有关规定执行。

2. 归档文件格式

（1）归档的电子文件应转换为表 1-5-1 所列的文件格式。

表 1-5-1　归档电子文件格式

文件类别	格　　式
文本（表格）文件	OFD、DOC、DOCX、XLS、XLSX、PDF/A、XML、TXT、RTF
图像文件	JPEG、TIFF
图形文件	DWG、PDF/A、SVG
视频文件	AVS、AVI、MPEG2、MPEG4
音频文件	AVS、WAV、AIF、MID、MP3
数据库文件	SQL、DDL、DBF、MDB、ORA

续表

文件类别	格　式
虚拟现实/3D图像文件	WRL、3DS、VRML、X3D、IFC、RVT、DGN
地理信息数据文件	DXF、SHP、SDB

(2) 专用软件产生的其他格式的电子文件，应转成表1-5-1规定的文件格式。

(3) 无法转换的电子文件，应记录足够的技术环境元数据，详细说明电子文件的使用环境和条件。

(4) 条件的电子文件形成单位，应同步归档原始格式的电子文件。

3. 捕获和固化

(1) 电子文件形成单位应建立电子文件管理系统，并应按现行行业标准《建设电子档案元数据标准》(CJJ/T 187—2012) 的规定，对业务系统以及其他应用软件、操作系统环境中形成的电子文件及其元数据进行捕获和登记。

(2) 电子文件的捕获范围不应小于归档范围。捕获的电子文件应转换成表1-5-1规定的文件格式。

(3) 电子文件管理系统应自动捕获电子文件的层级、标识、题名、责任者、分类、日期、数量或大小等元数据。

(4) 对归档的电子文件应进行固化处理。固化可采用可靠的电子签名技术、封装技术方式。

4. 整理

(1) 对纳入归档范围的电子文件，归档前应进行整理。整理应按下列程序进行。

① 对所有归档文件按电子文件分类方案进行分类。

② 对各级类目和电子文件，应按形成时间、业务类别、专业特征等排序，排序后在题名前加上3位阿拉伯数字用以标注序号，不足位数的用0补齐。

③ 对各级类目和电子文件编制类目目录和文件目录。类目目录应包括序号、编制单位、类目题名、类内文件份数、备注等。文件目录应包括序号、文件编号、责任者、电子文件题名、备注等。

④ 将类目目录和文件目录排放到所有类目、文件之前，并进行命名，命名规则为：000类目目录、000文件目录。

(2) 电子文件形成单位的业务系统应设置归档整理功能，并按预先设置的电子文件分类方案，对各级类目和文件的元数据进行捕获和整理。

5. 归档要求

(1) 电子文件形成单位应定期将电子文件整理后归档。

(2) 电子文件归档可采用在线归档方式或离线归档方式，并应采取措施确保归档电子文件的安全存储。

(3) 业务系统产生的电子文件应以数据库环境为依托进行归档，维持数据原始面貌；或将数据文件转换为可脱离数据库系统读取的数据表文件归档。

(4) 电子文件及其元数据应一并归档。

(5) 电子文件形成者应采用可靠的电子签名等手段保障归档电子文件的真实性。

（6）经信息技术手段加密的电子文件应在解密后再归档，压缩电子文件应与解压缩软件一并归档。

（7）电子文件格式转换后，向本单位档案管理部门移交时，应将转换前和转换后两种格式的电子文件一并归档；向城建档案管理机构移交时，可只移交转换后的电子档案。

（8）电子文件离线归档，按优先顺序，可采用移动硬盘、闪存盘、光盘、磁带等存储。

（9）归档文件存储媒体的外表应粘贴标签，标签中应包含移交单位、移交日期、存储媒体顺序号、文件内容等。

6. 检测

（1）在归档工作的下列环节，电子文件交接双方均应对电子文件进行检测，检测合格后方可归档交接。

① 电子文件形成部门在向本单位档案管理部门归档电子文件之前，以及本单位档案管理部门在接收电子文件时。

② 业务管理电子文件形成单位、工程建设单位向城建档案管理机构移交电子档案前，以及城建档案管理机构在接收电子档案时。

③ 勘察、设计、施工、监理、测量等单位向建设单位交付电子档案前，以及建设单位接收电子档案时。

（2）对电子文件的检测，应从可用性、完整性、安全性等方面展开，并应符合下列规定。

① 对电子文件可用性的检测，应重点检测离线移交的存储媒体外观是否完好无损，是否可以通过 I/O 测试；在线移交的数据包是否可以完整解包；电子文件格式是否符合表1-5-1的规定；电子档案移交目录、电子档案全文是否可以正常打开和浏览；电子档案元数据是否可以正常展现和浏览等内容。

② 对电子文件完整性的检测，应重点检测电子档案移交目录的填写内容是否完整；电子档案数量与移交目录中记录的数量是否一致；电子档案元数据是否齐全、完整等内容。

③ 对电子文件安全性的检测，应重点检测是否存在恶意程序，是否感染木马或病毒；是否存有与电子档案移交无关的数据；存储媒体出厂时间是否超过使用年限等内容。

（3）对电子文件主要技术指标的检测结果应符合下列规定。

① 电子档案移交目录应达到：必填字段100%，目录重复性0%，字段内容规范性100%，涉密关键字检查100%。

② 文本类电子文件应达到：完整性100%，可读性100%，重复文件0%。

③ 多媒体类电子文件应达到：分段随机播放可播放100%，完整性100%，可读性100%，重复文件0%。

④ 通过纸质文件数字化采集到的电子文件，应达到现行行业标准《纸质档案数字化技术规范》（DA/T 31—2017）的技术要求。

1.5.4　电子档案的移交和接收

1. 电子档案的移交

（1）业务管理电子文件形成单位应按有关规定，每1～5年定期向城建档案管理机构移交电子档案。

（2）列入城建档案管理机构接收范围的建设工程，建设单位应按规定向城建档案管理机构移交一套符合要求的工程电子档案。建设单位组织工程竣工验收前，当地城建档案管理机构应对工程电子档案进行预验收。

（3）电子档案移交方式可采用在线或离线方式进行，交接双方可根据实际情况选择确定。

（4）对扩建、改建和维修工程，建设单位应组织设计、施工、监理单位将工程中产生的电子档案向城建档案管理机构移交。

（5）移交的电子档案的存储格式和存储媒体应符合规范规定。

（6）电子档案移交之前，移交单位应确定电子档案的密级。属于国家秘密的电子档案应使用专用保密存储媒体存储，并应按国家现行有关保密规定办理移交手续。

（7）电子档案移交之前，移交单位应对准备移交的电子档案进行检测，全部合格后方可移交。

2. 电子档案的接收

（1）接收电子档案时，接收单位应对电子档案进行检测。检测内容与要求应符合规范要求。检测不合格的，应退回移交单位重新处理。

（2）接收和移交电子档案应办理交接手续，交接手续应符合下列规定。

① 移交单位应提交电子档案移交目录，电子档案移交目录见表1-5-2。

表1-5-2　电子档案移交目录

序号	文件类别	文件题名	文件编号	责任者	日　期	备　注

② 移交和接收双方应填写电子档案移交与接收证明书，电子档案移交与接收证明书见表 1-5-3，并可采用电子形式、以电子签名方式予以确认。

表 1-5-3　电子档案移交与接收证明书

电子档案基本情况	
档案内容	
移交档案数量	份（件）
移交档案数据量	G
移交媒体类型、规格、数量	
附：移交目录	
交接双方单位名称	
移交单位	接收单位
代表人： 单位盖章 年　月　日	代表人： 单位盖章 年　月　日

③ 电子档案移交与接收证明书和电子档案移交目录一式两份，一份由移交单位保存，一份由接收单位保存。

1.5.5　电子档案的保管

1. 电子档案的存储与备份

（1）电子档案保管单位应对在线存储和离线存储的电子档案进行保管；应配备符合规定的计算机机房、硬件设备、信息管理系统和网络设施，实现对电子档案的有效管理。

（2）保管电子档案存储媒体，应符合下列规定。

① 电子档案磁性存储媒体宜放入防磁柜中保存。

② 单片、单个存储媒体应装在盘、盒等包装中，包装应清洁无尘，并竖立存放，且避免挤压。

③ 环境温度应保持在 14～24℃，昼夜温度变化不超过±2℃；相对湿度应保持在 35%～45%，相对湿度昼夜变化不超过±5%。

④ 存储媒体应与有害气体隔离。

⑤ 存放地点应做到防火、防虫、防鼠、防盗、防尘、防湿、防高温、防光和防振动。

（3）电子档案保管单位应定期检查电子档案读取、处理设备。设备环境更新时应确认电子档案存储媒体与新设备的兼容性，如不兼容，应进行存储媒体转换，原存储媒体保留时间不应少于 3 年。

（4）电子档案保管单位对保存的电子档案应进行定期检查。检查应符合下列规定。

① 检查方法应包括人工抽检和机读检测。
② 对脱机保存的电子档案，应根据不同存储媒体的寿命，定期进行人工抽检。
③ 对系统中运转的在线数据，应定期进行机读检测。
④ 在定期检查过程中发现问题应及时采取补救措施。

(5) 对脱机备份的电子档案，电子档案保管单位宜根据存储媒体的寿命，定期转存电子档案。转存时应进行登记，登记内容应按表1-5-4填写。

表1-5-4 电子档案转存登记表

原存储媒体转存登记	原存储媒体类型和数量： 档案容量： 档案内容描述：	
存储媒体更新与兼容性检测登记	转存后的存储媒体类型和数量： 档案容量和内容校验： 转存后的存储媒体兼容性检测：	
填表人（签名）： 年　月　日	审核人（签名）： 年　月　日	单位（盖章）： 年　月　日

(6) 城建档案管理机构应定期备份电子档案。备份应符合下列规定。
① 应采取本地备份和异地备份并行的工作策略。
② 应同时备份保障数据恢复的管理系统与应用软件。
(7) 对电子档案内容的备份可根据实际情况选择完全备份、差异备份或增量备份。
(8) 备份方式可采用数据脱机备份或数据热备份。数据热备份所采用的网络应确保数据安全。

(9) 对于备份的数据每年应安排一次恢复演练,备份数据应可恢复。

2. 电子档案的迁移

(1) 在计算机软硬件系统升级或更新之后,存储媒体过时或电子档案编码方式、存储格式淘汰之前,电子档案保管单位应将电子档案迁移到新的系统、媒体或进行格式转换,保证其可被持续访问和利用。

(2) 电子档案迁移之前,电子档案保管单位应明确迁移的要求、策略和方法。

(3) 电子档案保管单位应在电子档案迁移之后,开展数据校验,对照检验迁移前后电子档案内容的一致性,以及电子档案信息的可用性。

(4) 电子档案保管单位应对迁移的操作人员、时间、过程和结果进行完整记录,记录应按表1-5-5填写。

表1-5-5 电子档案迁移登记表

原系统设备情况	硬件系统: 系统软件: 应用软件: 存储设备:		
目标系统设备情况	硬件系统: 系统软件: 应用软件: 存储设备:		
被迁移电子档案情况	原格式: 目标格式: 迁移数量: 迁移时间:		
迁移检测情况	硬件系统查验: 系统软件查验: 应用软件查验: 储存媒体查验: 电子档案内容查验: 电子档案形态查验:		
迁移者(签名): 年 月 日	迁移校验者(签名): 年 月 日		单位(盖章): 年 月 日

(5) 永久保管的电子档案在格式迁移后,其原始格式宜保留一定年限。

3. 电子档案的安全保护

（1）电子文件管理系统和城建档案信息管理系统的安全等级保护定级工作，应符合国家相关规定的要求。

（2）电子档案保管单位应采取下列措施满足电子档案的基本安全要求。

① 技术上应对电子档案管理系统的网络安全、设备安全、系统安全、应用安全和数据安全等进行保护。

② 管理上应制定运行维护、安全管理制度，设置安全管理岗位，落实计算机机房日常管理、系统运行安全等责任保障机制。

（3）电子档案存储媒体运行和保管的环境应符合现行国家标准《计算机场地通用规范》（GB/T 2887—2011）和《计算机场地安全要求》（GB/T 9361—2011）的规定。

（4）电子档案保管单位应根据网络设施、系统主机和信息应用，采取身份鉴别、访问控制、资源控制、安全审计、边界完整性检查、入侵防范、恶意代码防范、剩余信息保护、通信完整性、通信保密性、抗抵赖、软件容错等保护信息安全的措施。

（5）电子档案保管单位应制定电子签名管理制度，加强对电子印章的管理。

4. 电子档案的鉴定销毁

（1）电子档案保管单位对电子档案的鉴定应包括下列内容。

① 对保管期满的档案重新判断保存价值，确无继续保存价值的，列入销毁范围，仍有保存和利用价值的，列入续存范围。

② 对保密期满的电子档案进行解密。

（2）电子档案鉴定应按国家关于档案鉴定销毁的有关规定和本单位档案归档范围及保管期限表执行，并应按下列程序办理。

① 电子档案保管单位应组织成立由档案管理人员和有关职能部门组成的鉴定小组，并应成立由档案保管单位和文件形成单位负责人组成的鉴定委员会。

② 对保管期满、失去保存和利用价值的电子档案，鉴定组应提出销毁意见，并编制保管期满档案销毁清册，销毁清册应符合表1-5-6的要求。

表1-5-6 保管期满档案销毁清册

序号	文件档号	文件题名	文件编号	责任者	日期	保管到期日	销毁意见	鉴定人

③ 对保管期满、仍有保存和利用价值的电子档案，鉴定小组应重新划定保管期限，编制保管期满档案续存清册，续存清册应符合表1-5-7的要求。

表1-5-7 保管期满档案续存清册

序号	文件档号	文件题目	文件编号	责任者	日期	保管到期日	重新划定的保管期限	鉴定人

④ 鉴定小组应将电子档案鉴定工作情况写成报告，并应将保管期满档案销毁清册、保管期满档案续存清册一同提交鉴定委员会讨论。

⑤ 鉴定委员会应研究讨论，形成审查意见。

⑥ 电子档案保管单位应将鉴定委员会审查意见报上级有关主管部门批准。

(3) 对批准销毁的电子档案应在档案管理系统删除相关数据，对光盘等存储媒体应进行物理销毁，销毁清册应永久保存。

(4) 非保密建设电子档案可进行逻辑删除。属于保密范围的电子档案被销毁时，按《中华人民共和国保守国家秘密法》有关规定执行。

1.5.6 电子档案的利用

(1) 电子档案保管单位应建立检索系统，向利用者提供在线和离线等多种形式的电子档案利用和信息服务。

(2) 当利用计算机网络发布电子档案信息或在线利用电子档案时，应遵守国家相关保密规定。

(3) 在线利用系统应设置权限控制措施，实行审批和登记程序，建立可溯源的审计跟踪记录。电子档案不得超授权范围利用、复制或公布。

(4) 电子档案保管单位应建立专门的电子档案利用数据库，与长期保存的电子档案数据库分离。

(5) 脱机电子档案存储媒体和入库的电子档案存储媒体不得外借，当利用时应使用复制件；未经批准，任何单位或人员不得擅自复制、修改、转送他人。

任务 1.6　建筑工程资料管理职责

建筑工程资料应实行分级管理，由建设、监理、施工等单位项目负责人负责全过程的管理工作，包括建筑工程资料与档案的收集、积累、整理、立卷、验收与移交。工程参建各方所提供的文件和资料，必须符合国家和地方的法律法规及工程合同的相关要求与规定。对工程文件、资料进行涂改、伪造、随意抽撤、损毁、丢失的，应按有关规定给予处罚，情节严重的，还应依法追究法律责任。工程建设过程中资料的收集、整理和审核工作应有专职人员负责，并按规定取得相应的岗位资格。

1. 建设单位的职责

（1）建设单位在工程招标及与勘察、设计、施工、监理等单位签订合同、协议时，应对移交工程文件的套数、费用、质量、时间等提出明确要求。

（2）建设单位负责收集和整理工程准备阶段、竣工验收阶段形成的文件，并应进行立卷归档。

（3）建设单位负责组织、监督和检查勘察、设计、施工、监理等单位的工程文件的形成、积累和立卷归档工作。

（4）建设单位负责收集和汇总各工程建设阶段各单位立卷归档的工程档案。

（5）建设单位负责组织竣工图的绘制工作，也可将其委托给施工单位、监理单位或设计单位，并按相关文件规定承担费用。

（6）在组织工程竣工验收前，建设单位应提请城建档案管理机构对工程档案进行预验收。未取得工程档案验收许可文件的，不得组织工程竣工验收。

（7）对列入城建档案馆接受范围的工程，建设单位应在工程竣工验收后的 3 个月内向城建档案馆移交一套符合规定的工程档案。

2. 勘察、设计单位的职责

（1）勘察、设计单位应按合同和规范要求提供勘察、设计文件。

（2）对须勘察、设计单位签认的建筑工程资料，勘察、设计单位应签署意见。

（3）勘察、设计单位应参与工程竣工验收，并应出具工程质量检查报告。

3. 监理单位的职责

（1）监理单位负责监理资料的管理工作，并设专人对监理资料进行收集、整理和归档。

（2）监理单位应按照合同约定，在勘察、设计阶段，对勘察、设计文件的形成、积累、立卷和归档进行监督、检查；在施工阶段，应对施工资料的形成、积累、立卷和归档进行监督、检查，使建筑工程资料的完整性、准确性符合有关要求。

（3）对列入城建档案馆接收范围的监理资料，监理单位应在工程竣工验收后 2 个月内移交建设单位。

4. 施工单位的职责

（1）施工单位负责施工资料的管理工作，实行技术负责人负责制，逐级建立健全施工资料管理责任制。

（2）施工单位负责汇总各分包单位编制的施工资料。分包单位负责其分包范围内施工资料的收集和整理，并对施工资料的真实性、完整性和有效性负责。

（3）在工程竣工验收前，施工单位应完成工程的施工资料整理和汇总。

（4）施工单位应负责编制两套施工资料，一套移交建设单位，一套自行保存。

5. 城建档案馆的职责

（1）城建档案馆负责接收、收集、保管和利用城建档案。

（2）城建档案馆负责对城建档案的编制、整理、归档工作进行监督、检查、指导，指派专业人员对国家和各省市重点、大型工程项目的工程档案编制、整理、归档工作进行指导。

（3）在工程竣工验收前，城建档案馆应对列入其接收范围的工程档案进行预验收，并出具建设工程竣工档案预验收意见。

项目小结

工程项目建设程序是指一个工程项目从策划、选择、评估、决策、设计、施工到竣工验收、投入生产或交付使用的整个建设过程中，各项工作必须遵循的工作先后次序。

建筑工程资料管理是保证工程质量与安全的重要环节，是建筑工程施工管理程序化、规范化和制度化的具体体现。

我国对全部四大类建筑工程资料的编号用大写的英文字母A、B、C、D分别表示建设单位的文件资料、监理单位的文件资料、施工单位的文件资料和竣工图类文件资料。

建筑工程资料应实行分级管理，由建设、监理、施工等单位项目负责人负责全过程的管理工作。建筑工程资料管理工作主要包括建筑工程资料与档案的收集、积累、整理、立卷、验收与移交。

习 题

一、选择题

1. 建筑工程资料是对工程（　　）的处理，以及对工程进行检查、维修、管理、使用、改建、扩建、工程结算、决算、审计的重要技术依据。

　　A. 隐蔽工程　　　　　　　　B. 质量及安全事故
　　C. 施工质量问题　　　　　　D. 施工安全问题

2. 观感质量是指通过观察和必要的（　　）所反映的工程外在质量。

　　A. 检查　　B. 量测　　C. 抽查　　D. 监测

3. 建筑工程资料应该随着工程进度（　　）收集、整理和立卷，并按照有关规定进行移交。

　　A. 随时　　B. 及时　　C. 同步　　D. 准时

4. 凡是民用建筑、工业建筑工程，需要进行较大规模的改建、扩建或采取抗震加固措施等的，均应报送（　　）。

　　A. 归档管理　　　B. 上报存档　　　C. 工程档案　　　D. 审批档案

5. 建筑工程资料的长期保管是指工程档案的保存期限等于（　　）。

　　A. 50 年　　　　　　　　　B. 60 年

　　C. 该工程的使用寿命　　　D. 40 年

6. 建筑工程资料的短期保管是指工程档案的保存期限在（　　）以下。

　　A. 10 年　　　B. 30 年　　　C. 20 年　　　D. 40 年

7. 建设单位的文件资料采用英文的（　　）编号。

　　A. "A"　　　B. "B"　　　C. "C"　　　D. "D"

8. 施工单位的文件资料采用英文的（　　）编号。

　　A. "A"　　　B. "B"　　　C. "C"　　　D. "D"

9. 建筑工程资料案卷脊背项目的档案号、案卷题名，均由（　　）单位填写。

　　A. 建设　　　B. 施工　　　C. 档案保管　　　D. 监理

二、名词解释

1. 建筑工程资料

2. 建设工程档案

三、简答题

对建筑工程资料卷内的资料排列顺序有什么规定？

 拓展活动

试结合某工程实例，收集一份完整的建筑工程资料。

项目1
在线答题

项目 2　基建文件管理

任务提出

　　基建文件是指从建设工程项目的酝酿、立项、施工到竣工使用整个过程中直接形成的、必须进行整理立卷的、具有保存价值的文字、图纸、图像、声像等各种载体的文件材料，包括工程项目前期文件、勘察测绘文件、设计文件、施工技术文件、监理文件、设备文件、竣工验收文件等内容。基建档案是单位档案的组成部分之一，反映了建设项目管理工作的真实过程，为单位事业发展提供了依据和条件。基建工程建设是单位不断发展的一项基础工作，按照基建工程建设规律收集、整理、保存起来的齐全、完整、准确、成套系统的基建档案资料，是基建工程管理人员、技术人员在工程项目建设活动中创造的知识成果，对提高单位发展水平、加强单位基础设施建设力度、增强单位整体档案管理工作合理化与规范化发挥着重要的作用。

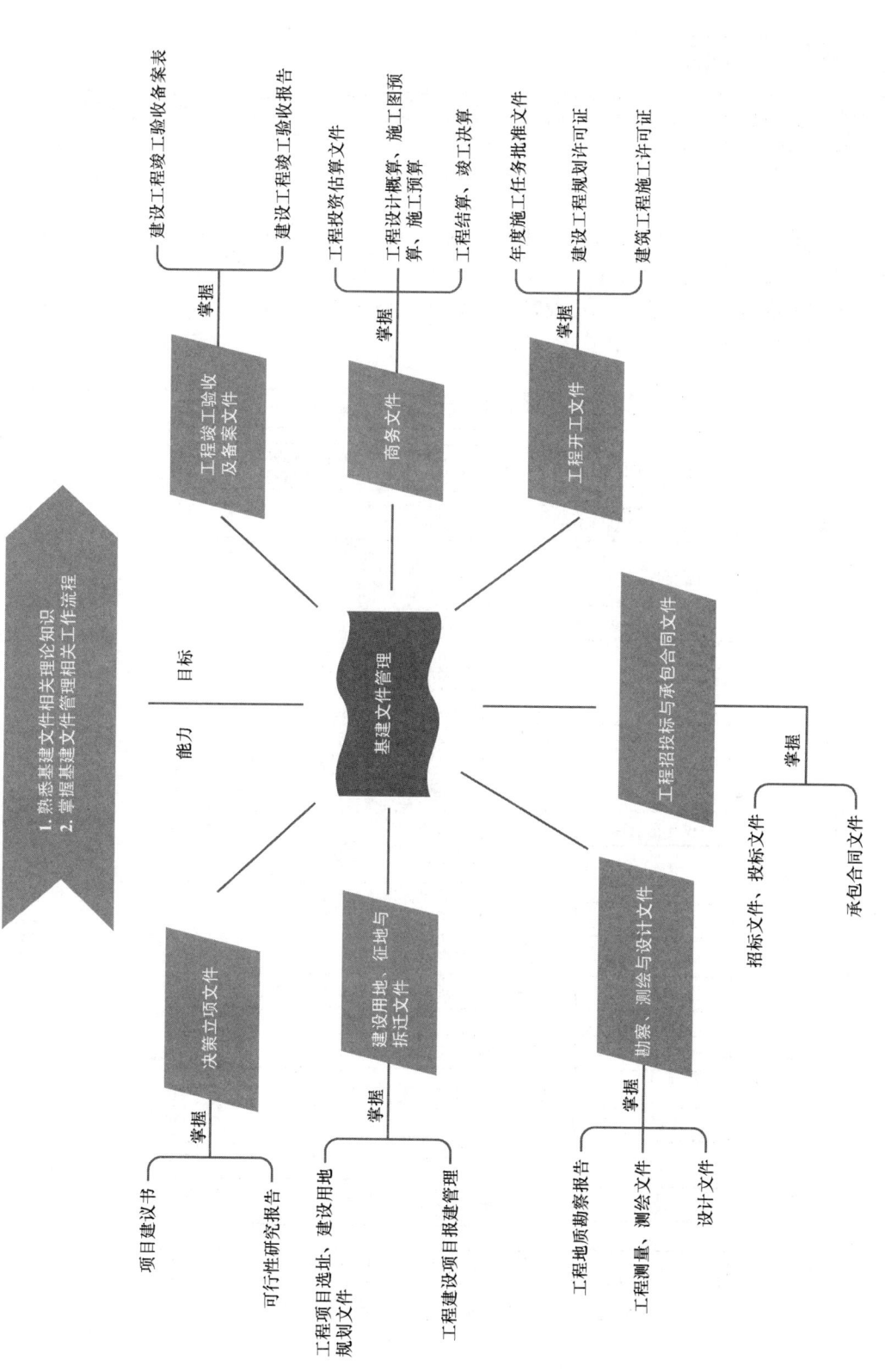

项目2思维导图

任务 2.1　建筑工程基建文件的形成过程

对新建、扩建、改建的建设项目，建设单位必须按照基本建设程序开展工作，其基建文件必须按有关行政主管部门规定的要求进行申报、审批，并保证开工和竣工手续的文件完整、齐全；工程竣工后，建设单位应负责工程竣工备案工作。建筑工程基建文件的形成过程如图 2-1-1 所示。

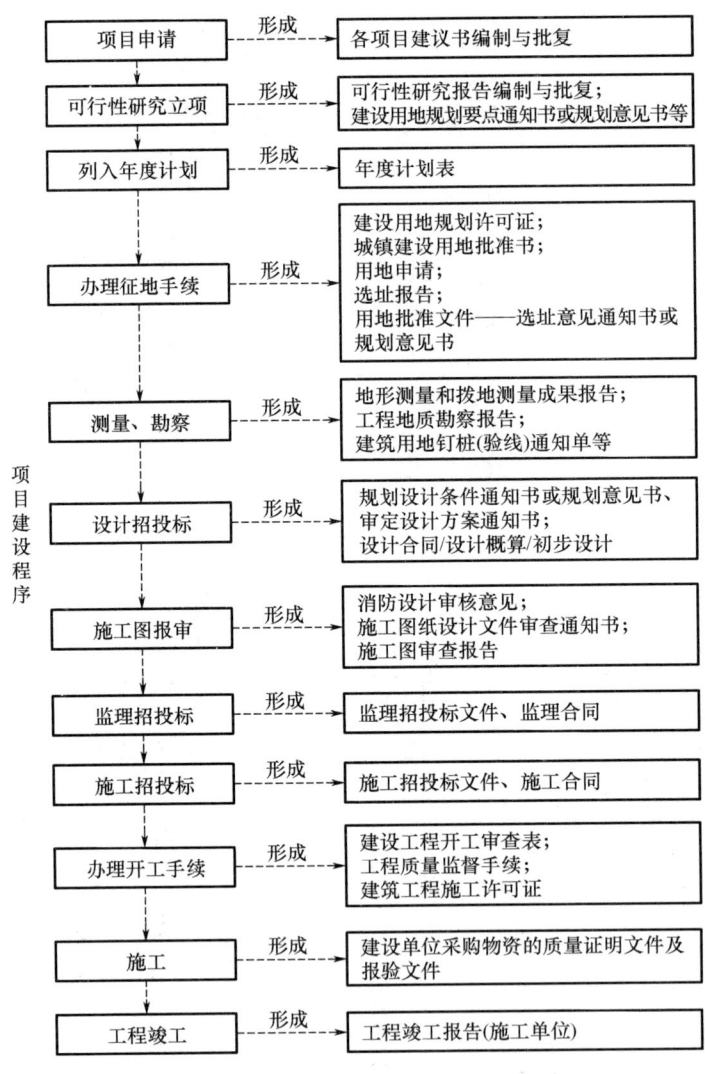

图 2-1-1　建筑工程基建文件的形成过程

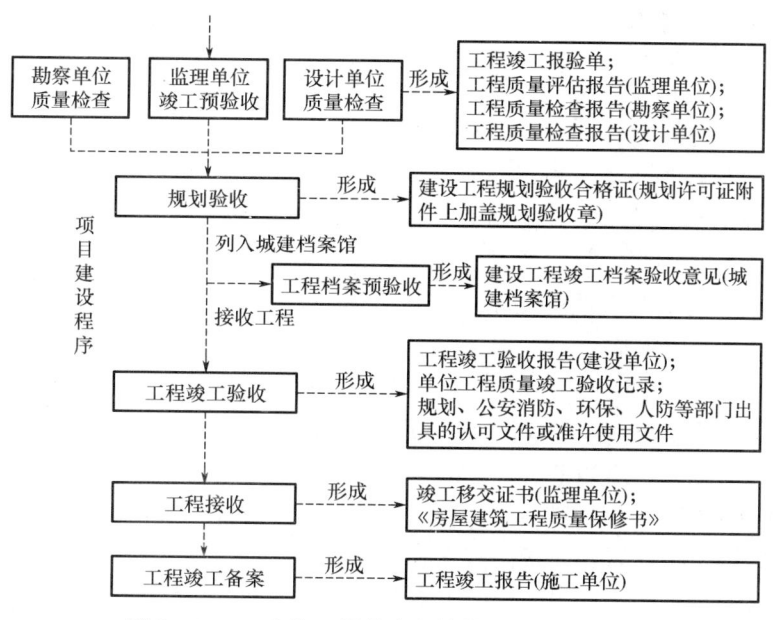

图 2-1-1 建筑工程基建文件的形成过程（续）

任务 2.2 决策立项文件

1. 项目建议书

项目建议书（又称立项申请）是项目建设筹建单位向国家提出申请建设某一具体建设项目的建议文件，是投资决策对拟建项目的大体设想，用于提出拟建项目的目的、必要性和依据。

项目建议书作为国家选择建设项目、制订基本建设计划和管理部门确定是否进行下一步可行性研究工作的依据，一般是由政府部门、全国性专业公司、现有企事业单位或新组成的项目法人提出并申报，由其上级部门或国家有关主管部门批复。

（1）项目建议书的作用。

① 项目建议书是国家选择建设项目的依据，项目建议书批准后即可立项。

② 项目建议书是进行下一阶段可行性研究的依据。

③ 涉及利用外资的项目，只有在批准立项后方可对外开展工作。

④ 项目建议书是选择建设地点、联系配套条件、签订意向协议的依据。

（2）项目建议书的内容。

① 拟建项目的目的、必要性和依据。

② 对产品方案、拟建条件、建设地点的初步设想。

③ 对资源情况、建设条件、协作关系的初步分析。

④ 对投资估算和资金筹措的设想。

⑤ 对经济效益、投资效益的初步估计。

⑥拟建项目的进度安排。

(3) 项目建议书的审查要点。

① 拟建项目是否符合国家的建设方针和长期规划。

② 产品是否符合市场需要，论证是否充分。

③ 建设地点是否符合城市规划。

④ 经济效益的估算是否合理，是否与资金投入相一致。

⑤ 对遗漏和论证不足之处，要求咨询单位进行补充、修改。

2. 项目建议书的报批和批复文件

(1) 项目建议书的报批。

经审查合格的项目建议书，应报送上级有关主管部门审批。国家有关文件规定如下。

① 大型和重大建设项目，委托有资质的工程咨询、设计单位初评后，经省、自治区、直辖市、行业归口主管部门初审后，应由国家发改委审核后报国务院审批。

② 中小型建设项目，由国务院主管部门或省、自治区、直辖市的发改委审批，纳入部门和地区的前期工作计划，并报国家发改委备案。

项目建议书的报批程序如图2-2-1所示。

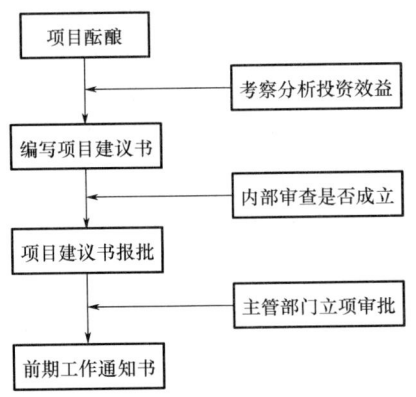

图2-2-1 项目建议书的报批程序

(2) 项目建议书的批复文件。

项目建议书的批复文件是指由上级部门或国家有关主管部门对项目建议书的批准或否决文件，以此文件直接归存。

工程建设项目，要有国家各级有关计划发展部门的投资计划文件；商品房开发项目，要有商品房建设计划预备项目立项文件；外资企业建设项目，要有政府外经部门的投资计划文件。

3. 可行性研究报告

可行性研究报告是由项目法人通过招标或委托等方式，确定有资质的和相应等级的设计或咨询单位承担，对项目建议书从技术和经济角度进行全面分析与论证，由此得出的最佳实施方案。项目法人应全力配合，共同进行这项工作。完成可行性研究报告是项目建设程序中十分重要的阶段，必须达到规定要求，以便为组织审查、咨询金融等单位评估提供政策、技术、经济、科学的依据，为投资决策提供科学依据。

(1) 可行性研究的目的。

① 根据国民经济发展和地区规划，结合自然和资源条件，对拟建项目在技术、经济上进行全面考查、论证，通过多种方案比较，提出评价意见，为编制可行性研究报告提供可靠依据。

② 使拟建项目获得尽可能好的效益。

③ 分析论证拟建项目经济上是否合理、技术上是否先进、条件上是否可行、经营上是否盈利、成果是否实用，使决策更加科学。

(2) 可行性研究报告的内容。

① 拟建项目提出的背景和依据，投资的必要性和经济意义。

② 建设规模、产品方案、市场需求预测和确定的依据。

③ 技术工艺、建设标准、主要设备。

④ 资源、原材料、燃料供应及公用设施配合条件。

⑤ 建设地点、占地面积、布置方案、选址意见。

⑥ 项目构成、设计方案、公用辅助配套工程。

⑦ 环境影响及抗震要求。

⑧ 企业组织、劳动定员和人员培训。

⑨ 建设工期和施工进度。

⑩ 投资估算和资金筹措方式。

⑪ 经济效益和社会效益。

(3) 可行性研究报告的编制。

可行性研究报告是根据可行性研究成果编制的综合报告，是根据国家国民经济发展的长远规划和地区布局的要求，按照建设项目隶属关系，由主管部门组织计划、经济、设计等部门，在可行性研究的基础上选择经济效益最好的方案的文件。

建设项目可行性研究报告的主要内容有以下方面。

① 概述。

② 需求预测和拟建规模。

③ 资源、原材料、辅助材料、燃料及公用设施落实情况。

④ 建设条件和建设方案。

⑤ 设计方案。

⑥ 环境保护。

⑦ 生产组织、劳动定员和人员培训。

⑧ 实施进度的建议。

⑨ 投资估算和资金筹措。

⑩ 经济效益及社会效益评价。

(4) 可行性研究工作程序。

从接到建设项目前期工作通知书到建设项目正式立项，可行性研究工作程序如图 2-2-2 所示。

4. 可行性研究报告的批复文件

(1) 审批权限。

建设单位编制完成可行性研究报告后，向有关主管发改委或行业主管部门申报和审

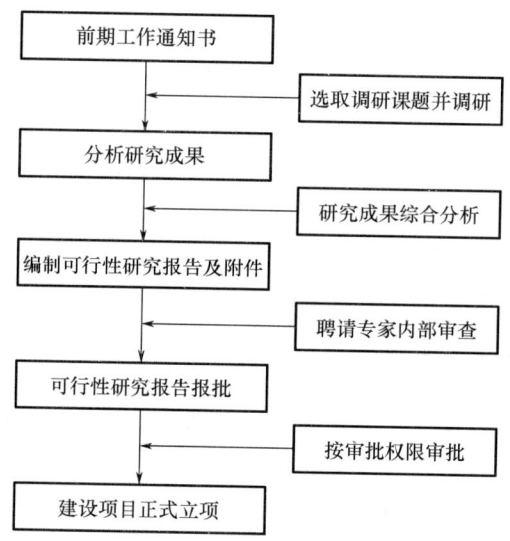

图 2-2-2 可行性研究工作程序

批。大中型项目报国家发改委审批，或由国家发改委委托有关单位审批；重大项目或特大项目报国务院审批；小型项目按隶属关系，由各主管部门、各省、自治区、直辖市审批。

（2）审批后文件的效力。

正式立项的建设项目应当按审批意见严肃执行，任何部门、单位或个人都不得随意修改和变更，如因建设条件变化、建设内容变化或建设投资变化，确实需要变更或调整可行性研究报告的指标和内容的，则要经过原批准单位同意，并正式办理变更手续。

5. 关于立项的会议纪要和领导批示

这类文件是指在立项过程中产生的会议纪要及领导批示的文件资料，一般由建设单位或其上级主管单位形成，应按实际形成的文件资料直接归存。

6. 专家对项目的有关建议文件

这类文件是指在立项过程中，由建设单位组织形成的专家建议资料。

7. 项目评估研究资料

项目评估研究资料是指对可行性研究报告的客观性、全面性、准确性进行评价与选择，并出具的评估报告，通过批准后审批立项，颁发批准文件。

项目评估研究资料的基本内容如下。

（1）项目建设的必要性。

（2）建设规模和产品方案。

（3）工艺、技术和设备的先进性、适用性和可靠性。

（4）厂址（地址或路线规划方案）。

（5）建设工程的方案和标准。

（6）外部协作配备项目和配合条件。

（7）环境保护。

（8）投资结算及投资来源。

（9）财务评价。

(10) 国民经济评价。
(11) 不确定性分析。
(12) 社会效益评价。
(13) 项目总评估。

任务 2.3　建设用地、征地与拆迁文件

1. 工程项目选址申请

征占用地的批准文件、对使用国有土地的批准意见分别由当地政府和国土资源、房屋土地管理部门批准形成。

在城市规划区域内进行建设的建设项目，申请人应根据申请条件、依据，向城市规划管理部门提出选址申请，填写建设项目规划审批及其他事项申报表。

工程项目选址申请时一般还需提交如下申报材料。

(1) 新征（占）用地建设项目。

① 建设单位出具的申报委托书和填写完整并加盖单位印章的建设项目规划审批及其他事项申报表（表 2-3-1）。

② 市计划主管部门对项目建议书的批复文件原件一份。

③ 建设单位新征（占）用地申请文件、选址要求及拟建项目情况说明各一份。

④ 拟建项目设计方案图样（含主要经济技术指标）一份。

⑤ 在基本比例图样上，用铅笔画出新征（占）用地范围或位置的地形图一份。

⑥ 依法需要进行环境影响评价的建设项目，需持经相应环保部门批准的环境影响评价文件。

⑦ 普测或钉桩成果。

⑧ 其他法律、法规、规章规定的相关要求。

(2) 自有用地建设项目。

① 建设单位出具的申报委托书和填写完整并加盖单位印章的建设项目规划审批及其他事项申报表（表 2-3-1）。

② 建设用地规划许可证或国有土地使用证、房产证等其他证明土地权属的文件的复印件一份。

③ 建设单位对拟建项目情况的说明一份；建设项目拟加层的，需附设计部门出具的建筑结构基础证明文件。

④ 拟建项目设计方案图样（含主要经济技术指标）一份。

⑤ 在基本比例尺图样上，用铅笔画出新征（占）用地范围或位置的地形图一份。

⑥ 依法需要进行环境影响评价的建设项目，需持经相应环保部门批准的环境影响评价文件。

⑦ 普测或钉桩成果。
⑧ 其他法律、法规、规章规定的相关要求。

建设项目规划审批及其他事项申报表见表2-3-1。

表 2-3-1　建设项目规划审批及其他事项申报表

项目代码			（首次申报时，由规划行政主管部门填写）			
建设单位（个人）	郑重承诺：对提交的申报材料实质内容的真实性负责并依法承担相应法律责任（盖章）			组织机构代码		
				邮政编码		
	通讯地址			区（县）		
	委托代理人（或产权人）			身份证号码		
	电话			手机		
设计单位	郑重承诺：对设计文件和图纸表述内容的真实性、准确性、合法性负责，并依法承担相应法律责任（盖章）			资质等级		级
				资质证号		
	项目负责人		电话	注册建筑师证号		
申报或征询类别	行政许可事项	规划意见书（选址）	□ 新征（占）用地项目			
		建设用地规划许可证	□ 新征（占）用地项目　　　□ 自有用地项目 □ 临时建设用地规划许可证			
		建设工程规划许可证	□ 新征（占）用地项目　　　□ 自有用地项目 □ 城镇居民建房　　　□ 村民建房 □ 临时建设工程规划许可证　　　□ 外装修工程			
		变更	□ 变更建设用地规划许可证附件 □ 变更建设工程规划许可证附件　　　□ 规划意见复函			
		延续	□ 建设用地规划许可证　　　□ 建设工程规划许可证 □ 临时建设用地规划许可证　　　□ 临时建设工程规划许可证 □ 城镇居民建房　　□ 村民建房　　□ 外装修工程			
		其他事项	□ 规划意见书（条件） □ 控规调整 □ 规划验线 □ 规划验收 （□ 规划意见函复）	备注：申报自有用地《规划意见书（条件）》的建设项目，如涉及新增用地，你单位是（　）否（　）同意将《规划意见书（条件）》转为《规划意见书（选址）》。如同意将《规划意见书（条件）》转为《规划意见书（选址）》，须在取得规划意见时，补交建设单位申报委托书1份			
建设项目基本情况	项目性质			图幅号		
	建设位置			区（县）		
	建设规模	用地面积	m²	建筑面积	m²	其他
	上阶段审批文号					
	原规划许可证件文号					

2. 选址规划意见通知书

建设单位的工程项目选址申请经城市规划管理部门审查，符合有关法规标准的，城市规划管理部门应及时收取申请人申请材料，并填写两份选址规划意见通知书，将一份选址规划意见通知书加盖收件专用印章后交申请人；将申请材料和另一份选址规划意见通知书装袋，填写移交单，转交有关管理部门。

选址规划意见通知书由城市规划主管部门下发，并有附图。

3. 建设用地规划许可证

城市规划管理部门根据城市总体规划的要求和建设项目的性质、内容及选址定点时初步确定的用地范围界限，提出规划设计条件，核发建设用地规划许可证。建设用地规划许可证是确定建设用地位置、面积、界限的法定凭证。

（1）提出规划用地申请。建设单位持有按国家基本建设程序批准的建设项目立项的有关证明文件，可向城市规划管理部门提出规划用地申请，填写建设用地规划许可证申报表并准备好有关文件。

建设用地规划许可证申报表主要内容为建设单位、申报单位、工程名称、建设内容、地址、规模等概况。需要准备好的有关文件主要有计划主管部门批准的征用土地计划、土地管理部门的拆迁安置意见、地形图和城市规划管理部门的选址规划意见通知书，以及要求取得的有关协议、意向书等文件和图样。

填写的建设用地规划许可证申报表要加盖建设单位及申报单位公章。经审查符合申报要求的规划用地申请，建设单位或申报单位可领取建设用地规划许可证立案表，作为取件凭证。

（2）办理建设用地规划许可证。城市规划管理部门根据城市总体规划的要求和建设项目的性质、内容，以及选址定点时初步确定的用地范围界线，提出规划设计条件，核发建设用地规划许可证。办理建设用地规划许可证时应当注意以下几点。

① 征用农村集体土地时，由城市规划行政主管部门提出选址规划意见通知书，待批准后，方可办理建设用地规划许可证；使用国有土地时，由城市规划行政主管部门提出选址意见通知书，待批准后方可办理建设用地规划许可证。

② 国有土地管理部门提出拆迁安置意见后，正式确定使用国有土地的范围和数量，并待城市规划行政主管部门审定设计方案后，方可办理建设用地规划许可证。

③ 建设用地规划许可证规定的用地性质、位置和界线，未经原审批单位同意，任何单位和个人不得擅自变更。

4. 国有土地使用证

征用土地应严格按照国家规定的基本建设程序和审批权限由国有土地管理部门办理，其程序如下。

（1）提出建设用地申请。
（2）协商征地数量和补偿安置方案。
（3）划拨土地。
（4）核发国有土地使用证。

凡利用国有土地进行商业、旅游、娱乐、写字楼、商品住宅等经营性开发的项目用地，均需通过土地交易市场购得国有土地使用权，并办理相关手续。获得国有土地使用证的工作流程如图 2-3-1 所示。

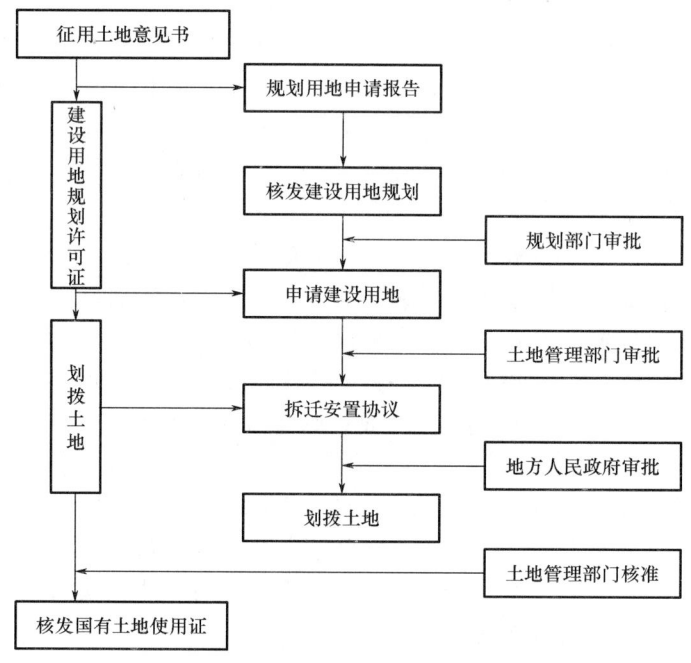

图 2-3-1 获得国有土地使用证的工作流程

5. 工程建设项目报建管理

新开工的建设工程项目，建设单位向建设行政主管部门和工程规划部门申请开工许可时，需办理下列工程项目报建资料：建设工程用地批准书或土地许可证，建设工程规划许可证，建设单位银行资信证明，工程立项批准文件，工程地质勘察报告，工程施工设计图样，工程勘察、设计合同，工程建设项目报建书，施工企业投标能力评估报告。

（1）工程建设项目报建资料的报建程序。

① 建设单位到建设行政主管部门或其授权机构领取工程建设项目报建表，表格样式见表 2-3-2。

表 2-3-2 工程建设项目报建表

报建　　　年第　　号

建设单位		单位性质	
工程名称		工程监理单位	
工程地址		建设用地批准文件	
投资总额		当年投资	
资金来源构成		政府投资　％；自筹　％；贷款　％；外资　％	
批准资料	立项文件名称		
	文号		
	投资许可证文号		

续表

工程规模			
计划开工日期	年 月 日	计划竣工日期	年 月 日
发包方式			
银行资信证明			
工程筹建情况：	建设行政主管部门批准意见： 批复单位（公章） 年 月 日		

报建单位：（盖章）
法定代表人：　　　　经办人：　　　　电话：　　　　邮编：
填报日期：　年　月　日
注：本表一式三份，批复后，审批单位、建设单位、工程所在地建设行政主管部门各执一份。

② 按工程建设项目报建表的内容及要求认真填写。

③ 向建设行政主管部门或其授权机构报送工程建设项目报建表，并按要求进行招标准备。

工程建设项目的投资和建设规模有变化时，建设单位应及时到建设行政主管部门或其授权机构进行补充登记；筹建负责人变更时，应重新登记。

（2）工程建设项目报建管理内容。

工程建设项目报建实行分级管理，分管的权限由各地自行规定。建设行政主管部门在下列方面对工程建设项目报建实施管理。

① 贯彻实施有关的方针政策。

② 管理监督工程项目的报建登记。

③ 对报建的工程建设项目进行核实、分类、汇总。

④ 向上级主管机关提供综合的工程建设项目报建情况。

⑤ 查处隐瞒不报违章建设的行为。

凡未报建的工程建设项目，不得办理招标手续和发放建筑工程施工许可证，设计、施工单位不得承接该项工程的设计和施工任务。

任务 2.4　勘察、测绘与设计文件

1. 工程地质勘察报告

（1）勘察工作的内容和方法。

① 勘察工作的内容。工程建设的勘察工作主要包括自然条件的调查、工程勘察、水

文勘察、地震调查等内容。

②勘察的方法。常用的勘察方法有野外调查、测绘、钻探、槽探、井探、物探、现场试验、室内试验和长期观测等。对于城市基本建设勘察来说，一般多采用槽探、井探、物探、室内试验等。

（2）工程地质勘察。

对于一个建设项目，为查明建筑物的地质条件而进行的综合性的地质勘察工作称为工程地质勘察。

城市工程地质勘察一般分为以下四个阶段。

①选址勘察阶段。选址勘察阶段是工程地质勘察的第一阶段，任务是对拟选场地的稳定性和适宜性做出评价。

②初步勘察阶段。初步勘察阶段是工程地质勘察的第二阶段，任务是对建设场地内建设地段的稳定性做出评价。

③详细勘察阶段。详细勘察阶段是工程地质勘察的第三阶段，任务是对建筑地基做出工程地质评价，并为地基基础设计、地基处理与加固、不同地质现象的防治工作提供工程地质资料。

④施工勘察阶段。施工勘察阶段是工程地质勘察的第四阶段，任务是对工程地质条件复杂或有特殊施工要求的建筑物地基进行进一步的勘察工作。

（3）工程地质勘察报告。

工程地质勘察报告的内容分为文字和图表两部分。

文字部分的内容包括前言、地形、地貌、地层结构、含水层构造、不良地质现象、土的最大冻结深度、地震基本烈度、预测环境工程地质的变化和不良影响、工程地质建议等；图表部分的内容包括工程地质分区图、平面图、剖面图、勘探点平面位置图、钻孔柱状图，以及不良地质现象的平剖面图、物探剖面图和地层的物理力学性质、试验成果资料等。

2. 工程测量文件

工程测量是工程建设中各种测量工作的总称。工程设计阶段的工程测量，按工作程序和作业性质主要有地形测量和拨地测量。

（1）地形测量。工程建设的地形测量指建设用地范围内的地形测量，包括建设用地的地貌、水文、植被、建筑物和居民点。

（2）拨地测量。征用的建设用地，要进行位置测量、形状测量和确定四至，一般称为拨地测量。拨地测量一般采用解析实钉法。拨地测量报告的内容为拨地条件、成果表、工作说明、略图、条件坐标、内外作业计算记录手簿等资料，并将拨地资料和定线成果展绘在1∶1000或1∶500的地形图上，建立图档。

测量成果报告是征用土地的依据性文件，也是工程设计的基础资料。

3. 建设用地钉桩（验线）通知单

规划行政主管部门在核发建设工程规划许可证时，应当向建设单位一并发放建设用地钉桩（验线）通知单，见表2-4-1。

表 2-4-1　建设用地钉桩（验线）通知单

工程名称			许可证号	
建设单位			涉及图幅号	
施工单位			钉桩时间	
建设项目钉线情况说明				
附图：				
现场签名	建设单位代表	施工单位代表	规划院代表	规划局代表

建设单位在施工前应当向规划行政主管部门提交填写完整的建设用地钉桩（验线）通知单，规划行政主管部门应当在收到验线申请后 3 个工作日内组织验线。经验线合格的，方可施工。

4. 规划设计条件通知书

（1）建设单位申报规划设计条件。

建设项目立项后，建设单位应向规划行政管理部门申报规划设计条件，并准备好如下的相关文件和图纸。

① 计划部门批准的可行性研究报告。

② 建设单位对拟建项目的说明。

③ 拟建方案示意图。

④ 地形图和用地范围。

⑤ 其他。

（2）规划行政管理部门签发规划设计条件通知书。

规划设计条件通知书的主要内容如下。

① 用地情况。

② 用地使用性质。

③ 用地使用强度。

④ 建设设计要求。

⑤ 城市设计要求。

⑥ 市政要求。

⑦ 配套要求。

⑧ 其他。

⑨ 遵守事项。

5. 设计文件

委托设计是指建设项目主管部门对有设计能力的设计单位或经过招投标的中标单位提

规划设计条件通知书范例

出项目设计的委托书,由建设单位和设计单位签订设计合同。

一般建设项目实行两阶段设计,即初步设计和施工图设计。

对于技术比较复杂或有特殊要求的建设项目,以及采用新工艺、新技术的重大项目,又缺乏设计经验的,通常采用三阶段设计,即初步设计、技术设计和施工图设计。

(1) 初步设计图纸及说明。

初步设计图纸主要包括总平面图、建筑图、结构图、给水排水图、建筑电气图、采暖通风与空气调节图、热能动力图、概算等。初步设计说明由设计总说明和各专业的初步设计说明书组成。

设计总说明一般应包括以下内容。

① 工程设计的主要依据。

② 工程设计的规模和设计范围。

③ 设计的指导思想和设计特点。

④ 总指标。

⑤ 需提请在设计审批时解决或确定的主要问题。

(2) 技术设计。

技术设计是对初步设计的补充和深化。

技术设计编制的目的如下。

① 对设计方案中比较复杂的技术问题和有关科学试验新开发的项目,以及外援项目、有特殊要求的建设项目,需通过更详细的设计和计算,对相关的工艺流程、建筑结构、工程技术问题等需进一步阐明其可靠性和合理性。

② 核实建设规模,检查设备选型。

(3) 施工图设计图纸及说明。

施工图设计图纸主要包括总平面图、建筑图、结构图、给水排水图、建筑电气图、采暖通风与空气调节图、热能动力图、预算等。在图纸目录中先列新绘制图纸,后列选用的标准图、通用图或重复利用图。施工图说明由设计总说明和各专业的施工图设计说明书组成。一般工程的设计说明可分别写在有关的图纸上。

各专业的施工图设计说明书的内容详见《建筑工程设计文件编制深度规定》。

(4) 消防设计审核意见。

消防设计审核意见是由消防局审批而形成的技术资料文件。

(5) 施工图设计文件审查通知书。

施工图审查分技术性审查和程序性审查。施工图审查是建设工程勘察设计质量监督管理的重要环节,是基本建设必不可少的程序;是为了加强工程项目设计质量的监督和管理,保护国家和人民生命财产安全,保证建设工程设计质量而实施的行政管理。

建设单位向施工图审查机构报审材料齐备后,由建设行政主管部门向建设单位发出审查通知书,并委托具有相应资质的施工图审查机构进行审查。审查合格后,施工图应标注有施工图审查批准号,施工图审查批准书是进行施工招投标、办理建筑工程施工许可证的必备条件之一。

施工图审查内容如下。

① 建筑物的稳定性和安全性。

② 建筑物是否符合消防、节能、环保、抗震、卫生、人防等有关强制性标准和规范。

③ 施工图是否达到规定的设计深度要求。
④ 建筑物是否损害公众利益。

任务 2.5　工程招投标与承包合同文件

1. 招投标程序

（1）招标准备阶段。此阶段主要工作包括选择招标方式、办理招标备案手续、组织招标班子和编制招标有关文件。

（2）招投标阶段。此阶段工作是发布招标公告，资格预审，确定投标单位名单，分发招标文件、图纸和技术资料，组织现场踏勘和招标文件答疑，接受投标文件，建立评标组织，制定评标、决标的办法。

（3）决标阶段。此阶段工作是召开开标会议，审查投标书，组织评标，公开标底，决标前谈判，决定中标单位，发布中标通知书，签订施工承包合同。

2. 招标相关文件

（1）招标公告文件。

依法必须进行公开招标的工程项目，应当由招标人在国家或者地方指定的报刊、信息网络或其他媒介上发布招标公告，并同时在中国工程建设网和建筑业信息网上发布招标公告；实行邀请招标的，应向 3 个以上符合资质条件的投标人发送投标邀请书。

招标公告主要介绍招标工程项目的基本情况和招标单位的情况，以及投标单位购买资格预审文件办法等有关事宜。

（2）资格预审文件。

资格预审文件由资格预审须知和资格预审申请表两部分组成。资格预审须知是明确参加投标单位应知事项和申请人应具备的资历及有关证明文件，由投标人填写的资格预审申请表是按照招标单位对投标申请人的要求条件而编写的。

（3）招标文件。

招标文件是投标人编写投标书和报价的依据，文件中的各项内容应尽可能完整、详细，明确而具体，要最大限度地减少误解和可能产生的争议。

（4）招标合同示范文本。

《建设工程施工合同（示范文本）》（GF—2017—0201）推荐的招标文件组成结构包括如下内容。

施工招标文件范例

第一卷　投标须知、合同条件及合同格式
　　　　第一章　投标须知
　　　　第二章　合同通用条件
　　　　第三章　合同专用条件
　　　　第四章　合同格式

第二卷　技术规范
　　　第五章　技术规范
第三卷　投标文件
　　　第六章　投标书及投标书附录
　　　第七章　工程量清单与报价单
　　　第八章　辅助资料表
　　　第九章　资格审查表（有资格预审的不再采用）
第四卷　图纸
　　　第十章　图纸

3．标底

工程施工招投标通常要编制标底，一般由招标单位委托工程造价单位编制。编制标底应根据图纸和有关资料确定工程量，标底价格要考虑成本、利润和税金，而且要与市场实际相一致，还要考虑人工、材料、机械价格等变动因素和不可预见因素的影响，既有利于竞争，又有利于保证工程质量。

标底须报请主管部门审定，审定后应密封保存，严格保密，不得泄露，直至开标。

4．投标文件

（1）投标单位应向招标单位提供的文件材料。

① 企业的营业执照和资质证书。

② 企业简历。

③ 自有资金情况和财务状况。

④ 全体职工人数、人员技术等级、自有设备。

⑤ 近3年承建的主要工程和质量。

⑥ 现有主要施工任务。

（2）编制投标文件。

投标单位应根据招标文件的要求认真编制投标书，投标书编制完成后应在规定的期限内密封送达招标单位。

5．开标、评标和中标

（1）开标。

① 开标由招标人主持，邀请所有的投标人参加。

② 开标时投标文件应当众检查，并应有公证机关公证。

（2）评标。

① 评标由招标人依法组建的评标委员会负责，在严格保密的情况下进行。

② 评标委员会应当客观公正地履行职责，遵守职业道德，对所提的评审意见承担个人责任。

（3）中标。

中标单位确定后，招标单位向中标单位发出通知书，然后由招标单位与中标的施工单位签订施工合同。

6．施工合同

建设工程施工合同是建设单位（招标单位）与施工单位根据有关法律、法规，遵循平等、自愿、公平和诚实信用的原则，签订完成某一建设工程施工任务，明确相互权利、义务关系的有法律效力的协议。

(1) 协议书。

合同协议书是施工合同的总纲性法律文件，经双方当事人签字盖章后合同即成立。标准化的协议书需要填写的主要内容包括工程概况、工程承包范围、合同工期、质量标准、合同价款、组成合同的文件及合同的生效时间等。

(2) 通用条款。

通用条款包括词语定义及合同文件，双方的一般权利和义务，施工组织设计和工期，质量与检验，安全施工，合同价款与支付，材料设备与供应，工程变更，竣工验收与结算，违约、索赔和争议，其他。

(3) 专用条款。

专用条款是结合具体工程实际，经协商达成一致意见的条款，是对通用条款的具体化、补充或修改。其内容由合同当事人根据建设工程项目的具体特点和实际要求细化。

(4) 附件。

《建设工程施工合同（示范文本）》（GF—2017—0201）中有 3 个附件，即承包人承揽工程项目一览表、发包人供应材料设备一览表和《房屋建筑工程质量保修书》。

7. 监理招投标文件

(1) 监理招标文件内容。

① 投标须知。

② 合同条件。

③ 业主提供的现场办公条件（包括交通、通信、住宿、办公用房等）。

④ 对监理单位的要求（包括现场监理人员、检测手段、工程技术难点等方面）。

⑤ 有关技术规定。

⑥ 必要的设计文件、图纸、有关资料。

⑦ 其他事宜。

(2) 监理投标文件内容。

① 投标人的资质（包括资质等级、批准的监理业务范围、主管部门或股东单位、人员综合情况等）。

② 监理大纲的合理性。

③ 拟派项目的主要监理人员（总监理工程师和主要专业监理工程师）。

④ 人员派驻计划和监理人员的素质（学历证书、职称证书、上岗证书等）。

⑤ 监理单位提供用于工程的检测设备和仪器，或委托有关单位检测的协议。

⑥ 近几年监理单位的业绩和奖惩情况。

⑦ 监理费报价和费用的组成。

⑧ 招标文件要求的其他情况。

8. 建设工程委托监理合同

建设工程委托监理合同是委托人与监理人就委托的工程项目管理内容签订的明确相互权利、义务关系的有法律效力的协议。它是总的纲领性法律文件，是一个总的协议，经双方当事人签字盖章后合同即成立。

(1) 建设工程委托监理合同主要内容。

合同中需要明确和填写的主要内容包括：工程概况，委托人向监理人支付报酬的期限和方式，合同签订、生效、完成的时间，双方愿意履行约定的各项义务的表示。

(2) 建设工程委托监理合同标准条件。

合同标准条件内容包括：合同文件，双方的责任、权利和义务，合同生效、变更与终止，监理报酬，争议的解决，其他。

(3) 建设工程委托监理合同专用条件。

由于合同标准条件适用于各行各业建设项目的建设工程监理，对于具体的建设工程项目监理，某些条款内容已不具有适用性，需要在签订建设工程委托监理合同时，根据建设工程项目的具体情况和实际要求，对标准条件中的某些条款进行补充和修正。

任务 2.6　工程开工文件

1. 年度施工任务批准文件

年度施工任务即年度计划，是国家和地方人民政府根据国家政策和建设任务制订和安排的。建设单位就本单位拟（已）建建设项目进展和准备情况编写本单位的年度计划，向计划主管部门申报，经计划主管部门综合平衡，待批准后列入国家和地方的基本年度计划。

建设项目年度计划的申报工作由建设单位办理。根据已经具备的建设条件，将正式年度计划报告向计划行政主管部门申报，要求本项目列入年度计划。已被列入年度计划的工程开工项目，才允许其开工建设。

年度计划的内容主要有以下两个部分。

(1) 文字部分。

① 编制年度计划的具体依据、指导思想、建设部署。

② 工程建设的主要目标、内容、进度要求。

③ 关键项目的进度、总体形象进度。

④ 资金投入情况。

⑤ 材料设备、施工力量等条件的落实情况。

⑥ 存在的主要问题及解决措施，要求有关部门解决的重大技术问题等。

(2) 表格部分。

① 建设项目年度基本建设计划项目表。

② 项目进度表、年度总进度表、单项工程进度表。

③ 施工进度网络计划表。

2. 建设工程开工证

建设工程开工证是各项建设开工前所必须具备的文件，建设项目经审查完全具备开工条件后，由具有审批权限的建设行政主管部门核发建设工程开工证；军队工程项目，由军队系统基本建设行政主管部门直接进行审核并核发建设工程开工证。建设工程开工证须遵守的相关事项如下。

① 该证是本市行政区域内各类房屋建设工程开工的合法依据，无该证开工的建设工程均属违法建设。

② 该证内容未经发证机关批准不得擅自更改。

③ 建设单位有义务向有权检查部门出示该证。

④ 该证自签发之日起一年内未开工的即视为无效。

3. 修改工程施工图纸通知书

该通知书是由市、县规划委员会对施工图纸审查后，要求必做修改变动而颁发的文件。

4. 建设工程规划许可证

该许可证是由市、县规划委员会对施工方案与施工图纸审查后，确定该工程符合本市整体规划而办理的证书。

建设工程规划许可证应包括附图和附件，它们是建设工程规划许可证的配套证件，具有同等法律效力；按不同工程的不同要求，由发证单位根据法律、法规和实际情况制定其内容。建设工程规划许可证由市、县规划行政主管部门核发，见表2-6-1。

表2-6-1　建设工程规划许可证

建设单位	
建设项目名称	
建设位置	
建设规模	
附图及附件名称	

5. 建筑工程施工许可证

建设单位在工程开工前，按照国家有关规定向工程所在地、县以上人民政府建设行政主管部门出具已经办理该工程的用地批准手续；在城市规划区内的工程，已取得建设工程规划许可证；需要拆迁的，其拆迁进度符合施工要求；已经确定建筑施工企业；有满足施工需要的施工图纸及技术资料；有保证工程质量和安全的具体措施；建设资金已经落实；满足法律、行政法规规定的其他要求。具备以上条件的，可申请办理建筑工程施工许可证，并以当地建设行政主管部门颁发的建筑工程施工许可证（表2-6-2）归存。

表2-6-2　建筑工程施工许可证

建设单位			
建设项目			
建设地点			
建筑面积		合同价格	
设计单位			
施工单位			
监理单位			
合同开工日期		合同竣工日期	

续表

备注	

6. 工程质量监督手续

工程质量监督手续由建设单位在领取建筑工程施工许可证前向当地建设行政主管部门委托的工程质量监督部门申报监督备案登记。

建设工程竣工质量验收监督的实施要求如下。

（1）监督实施范围凡在省行政区域内，投资额在 20 万元或建筑面积在 500m^2 及其以上的土木建筑、建筑工程、设备安装、管线敷设、装饰装修及市政设施等工程的竣工验收，必须由各级质量监督机构对其实施监督。

（2）实施监督过程中，发现有违反国家有关建设工程质量管理规定行为或工程质量达不到合格要求的，质量监督机构有权责令建设单位进行整改。

建设单位接到整改通知书后，必须立即进行整改，并将整改情况书面通报工程质量监督机构。

（3）建设单位在质量监督机构监督下进行的工程竣工验收通过后，5 日内未收到工程质量监督机构签发的重新组织验收通知书，即可进入验收备案程序。

（4）工程质量监督机构在工程竣工验收通过后并收到建设单位的竣工报告 15 个工作日内，向负责竣工验收备案部门提交建设工程质量监督报告。

任务 2.7　商务文件

商务文件由工程投资估算文件，工程设计概算，施工图预算，施工预算，工程结算、竣工决算，交付使用固定资产清单，建设工程概况等构成。

1. 工程投资估算文件

这类文件是指由建设单位委托工程设计单位、咨询单位或勘察设计单位编制的工程投资估算资料，以此文件直接归存。工程投资估算具体包括建筑安装工程费、设备及工器具购置费、工程建设其他费用、预备费等，是主要依据相应建设项目投资估算招标额，参照以往类似工程的造价资料编制的。它对初步设计的概算和工程造价起控制作用。

(1) 建筑安装工程费：指建设单位为从事该项目建筑安装工程所支付的全部生产费用，包括直接用于单位工程的人工、材料、机械使用费，其他直接费，分摊到各单位工程中去的管理费及利税。

(2) 设备及工器具购置费：指建设单位按照建设项目设计文件要求而购置或自备的设备及工器具所需的全部费用，包括需要安装与不需要安装设备及未构成固定资产的各种工具、器具、仪器、生产家具的购置费用。

(3) 工程建设其他费用：指除上述工程费用以外的，根据有关规定在固定资产投资中支付，并列入建设项目总概算或单项工程综合概算的费用。

(4) 预备费：指在初步设计和概算中难以预料的工程费用，其中包括实行按施工图概算加系数包干的概算包干费用。

2. 工程设计概算

工程设计概算是指由建设单位委托工程设计单位编制的设计概算资料，以此文件直接归存。工程设计概算一般包括建筑安装工程费、设备及工器具购置费、工程建设其他费用、预备费等，由建设单位委托工程造价咨询单位编制。工程设计概算经批准后是确定建设项目总造价、编制固定资产投资计划、签订建设项目承包合同的依据，也是控制建设项目基本建设拨款，考核设计经济合理性的依据。

3. 施工图预算

在工程项目招投标阶段，施工图预算一般根据施工图设计确定的工程量编制。招标单位（或委托单位）编制的施工图预算是确定标底的依据，投标单位编制的施工图预算是确定报价的依据，标底、报价是评标、决标的重要依据。施工图预算经审定后，是确定工程预算造价、签订工程承包合同、实行建筑安装工程造价包干的依据，作为由建设单位委托承接工程的施工总包单位编制的预算资料，以此文件直接归存。

4. 施工预算

施工预算是以承接工程的施工单位提出的经有资质的造价审查单位核准的工程预算，它由施工单位形成。

5. 工程结算、竣工决算

工程结算是建筑安装企业完成工程任务后向建设单位办理的工程款最终数额的计算。对于包干范围以外的设计变更，国家规定的材料、设备价格调整，不可抗拒的灾害损失等，在工程结算时应根据双方签认的资料据实结算价款。

竣工决算则是建设单位在建设项目竣工后向国家报告建设成果和财务状况的总结性文件，是核定新增固定资产价值的依据，由建设单位根据实际形成的固定资产编制的清单形成。

6. 交付使用固定资产清单

交付使用固定资产清单是由建设单位对固定资产进行统计而编制的清单资料。

7. 建设工程概况

建设工程概况指工程竣工验收合格后由建设单位组织编报的被验收工程的一般情况、工程构造特征、机电系统（即建筑设备安装工程系统）简要描述，以及各参建单位记录的工程概况。建设工程概况表见表 2-7-1。

表 2-7-1 建设工程概况表

一般情况	工程名称		建设单位	
	建设用途		设计单位	
	建设地点		监理单位	
	总建设面积		施工单位	
	开工日期	年 月 日	竣工日期	年 月 日
	结构类型		基础类型	
	层数（地上/地下）		建筑檐高	
	地上面积		地下室面积	
	人防等级		抗震等级	
构造特征	地基与基础			
	柱、内外墙			
	梁板楼盖			
	外墙装饰			
	楼地面装饰			
	屋面防水			
	内墙装饰			
	防火装备			
机电系统简要描述				
建设单位：（章）			制表：	

注：建设工程概况表以本表格式或当地建设行政主管部门授权部门下发的表式归存。

任务 2.8 工程竣工验收及备案文件

竣工验收备案管理工作，一般由市、区（县）两级住建委委托市、区（县）两级质量监督机构，按现行的工程质量监督范围，具体负责房屋建筑工程和市政基础设施工程的竣工验收备案工作。

建设单位办理工程竣工验收备案应当提交下列条件。

（1）建设工程竣工验收备案表。

（2）建设工程竣工验收报告。其中应当包括工程开工及竣工日期，建筑工程施工许可证号，施工图及设计文件审查意见，建设、勘察、设计、监理、施工单位分别签署的质量合格文件及验收人员签署的竣工验收原始文件，有关工程质量的检测资料及备案管理部门认为需要提供的有关资料。

（3）法律、行政法规规定应当由规划、公安消防、环保等部门出具的认可文件或准许使用文件。

（4）《房屋建筑工程质量保修书》，商品住宅工程还应同时提供该房地产开发企业签署的《住宅质量保证书》和《住宅使用说明书》。

（5）建设工程规划验收合格文件。

（6）建设工程竣工档案预验收意见。

（7）有关法规、规章规定必须提供的其他文件。

1. 建设工程竣工验收备案表

建设工程竣工验收备案表由建设单位在建设工程竣工验收合格后负责填报，具体内容与格式见表 2-8-1。

表 2-8-1　建设工程竣工验收备案表

建设单位名称			
备案日期			
工程名称			
工程地点			
建筑面积及工程规模			
结构类型			
工程用途			
开工日期			
竣工验收日期			
施工许可证号			
施工图审查机构			
勘察单位名称		资质等级	
设计单位名称		资质等级	
施工单位名称		资质等级	
监理单位名称		资质等级	
工程质量监督机构名称			
竣工验收意见	勘察单位意见	单位（项目）负责人： （公章） 年 月 日	
	设计单位意见	单位（项目）负责人： （公章） 年 月 日	
	施工单位意见	单位（项目）负责人： （公章） 年 月 日	

续表

竣工验收意见	监理单位意见	单位（项目）负责人： （公章） 年　月　日
	建设单位意见	单位（项目）负责人： （公章） 年　月　日
备案机关签收文件意见		签收人： （签收专用章） 年　月　日
备案机关处理意见： 备案机关经办人：　　　　　　　　　　　　　　　　　　　　　　（备案机关公章） 备案机关负责人：　　　　　　　　　　　　　　　　　　　　　　年　月　日		

2. 建设工程竣工验收报告

（1）建设工程竣工验收报告的基本内容如下。

① 工程概况：工程名称、工程地址、主要工程量；建设、勘察、设计、监理、施工单位名称；建设工程规划许可证号、建筑工程施工许可证号、质量监督注册登记号；开工及竣工日期。

② 对勘察、设计、监理、施工单位的评价意见；合同内容执行情况。

③ 工程竣工验收时间；验收程序、内容、组织形式（单位、参加人）；验收组对工程竣工验收的意见。

④ 建设单位对工程质量的总体评价。

建设工程竣工验收报告资料表格式见表2-8-2～表2-8-5。

（2）填报说明。

① 建设工程竣工验收报告由建设单位负责填写。

② 建设工程竣工验收报告一式四份，一律用钢笔书写，字迹要清晰工整。建设单位、施工单位、城建档案管理部门、建设行政主管部门或其他有关专业工程主管部门各存一份。

③ 建设工程竣工验收报告内容必须真实可靠，如发现虚假情况，不予备案。

④ 建设工程竣工验收报告须经建设单位、勘察单位、设计单位、施工图审查机构、监理单位、施工单位法定代表人或其委托代理人签字，并加盖单位公章后方为有效。

表 2-8-2　竣工项目审查

工程名称		工程地址			
建设单位		结构形式			
勘察单位		层数		栋数	
设计单位		工程规模			
施工图审查机构		开工日期		年　月　日	
监理单位		竣工日期		年　月　日	
施工单位		建筑工程施工许可证号		总造价	
审查项目及内容			审查情况		
一、完成设计项目情况 　1. 基础、主体、室内外装饰工程 　2. 给排水工程、燃气工程、消防工程 　3. 建筑电气安装工程 　4. 通风与空调工程 　5. 电梯、电扶梯安装工程 　6. 室外工程					
二、完成合同约定情况 　1. 总包合同约定 　2. 分包合同约定 　3. 专业承包合同约定					
三、技术档案和施工管理资料 　1. 建设前期、施工图设计审查等技术档案 　2. 监理技术档案和管理资料 　3. 施工技术档案和管理资料					
四、试验报告 　1. 主要建筑材料 　2. 构配件 　3. 设备					
五、质量合格文件 　1. 勘察单位 　2. 设计单位 　3. 施工图审查机构 　4. 监理单位 　5. 施工单位					

续表

六、工程质量保修书 　　1. 总、分包单位 　　2. 专业承包单位	
审查结论 　　　　　　　　　　　　　　　　建设单位工程负责人： 　　　　　　　　　　　　　　　　　　　　　　年　月　日	

表 2-8-3　工程质量评定表一

分部工程评定	质量保证资料	观感质量评定
共　　分部 其中符合要求　　分部 地基与基础分部质量情况 主体分部质量情况 装饰分部质量情况 安装主要分部质量情况	共核查　　项 其中符合要求　　项 经鉴定符合要求　　项	好 一般 差

单位工程评定等级：

　　　　　　　　　　　　　　　　建设单位负责人：　　（公章）
　　　　　　　　　　　　　　　　　　　年　月　日

存在问题：

表 2-8-4　工程质量评定表二

各专业工程名称	评定等级	质量保证资料	观感质量评定
道路工程			
桥梁工程			
给排水工程		共核查　　项 其中符合要求　　项 经鉴定符合要求　　项	好 一般 差
电力工程			
电信工程			
路灯工程			
灯光工程			
燃气工程			
单位工程评定等级：			
			（公章） 建设单位负责人：　　年　月　日
存在问题：			
执行标准	道路工程		
	桥梁工程		
	给排水工程		
	电力、电信工程		
	路灯、灯光工程		
	燃气工程		

表 2-8-5 竣工验收情况

一、验收机构			
1. 领导层			
主任			
副主任			
成员			
2. 各专业组			
验收专业组	组　长		组　员
建筑工程			
给排水、燃气工程			
建筑电气安装工程			
通风与空调工程			
室外工程			
二、验收组织程序 　1. 建设单位主持验收会议 　2. 施工单位介绍施工情况 　3. 监理单位介绍监理情况 　4. 各验收专业组核查质保资料，并到现场检查 　5. 各验收专业组总结发言，建设单位做好记录			
竣工验收结论：			

建设单位法人： 项目负责人： （章） 年　月　日	设计单位法人： 设计负责人： （章） 年　月　日	施工图审查 机构法人： 审查负责人： （章） 年　月　日	监理单位法人： 总监理工程师： （章） 年　月　日	施工单位法人： 技术负责人： （章） 年　月　日

注：建设单位、监理单位、设计单位、施工单位及施工图审查机构等的专业人员，均必须参加相应的验收专业组。

3. 由规划、公安消防、环保等部门出具的认可文件或准许使用文件

建设单位在建设工程竣工验收合格后 15 日内，应向建设工程所在地县级以上建设行政主管部门进行备案，提供规划部门出具的工程规划验收认可文件，公安消防部门出具的建设工程消防验收意见书，环保部门出具的建设工程档案验收认可文件和法律、法规、规章规定的其他文件。此类文件由验收单位和建设单位形成。

4. 《房屋建筑工程质量保修书》

施工单位须向建设单位签署一份《房屋建筑工程质量保修书》，具体内容由建设单位与施工单位商定。

5. 《住宅质量保证书》和《住宅使用说明书》

对于商品住宅，建设单位应提供《住宅质量保证书》和《住宅使用说明书》。

6. 建设工程规划验收合格文件

由规划行政主管部门组织验收，验收合格后，在建设工程规划许可证附件上加盖规划验收合格章。

7. 建设工程竣工档案预验收意见

城建档案馆对建设工程竣工档案预验收签署的意见应归类存档。

任务 2.9　其他文件

1. 物资质量证明文件

按合同约定由建设单位采购的材料、构配件和设备等物资的汇总表、进场物理性能检测报告、力学性能检验报告、工艺性能检验报告及产品质量证明书，应由建设单位收集、整理并移交施工单位汇总。

2. 工程竣工总结

工程竣工总结是工程竣工后，由建设单位编制的一份综合性报告，用来简要介绍工程建设的全过程。

凡组织国家或市级工程竣工验收会的工程，可将验收会上的工程竣工报告作为工程竣工总结；其他工程，建设单位可根据以下几个方面编写工程竣工总结。

（1）概述。

① 工程立项的依据和建设目的。

② 工程概况，包括工程位置、规模、数量、概算（包括征用土地、拆迁、补偿费）、结算、决算等。

③ 工程设计、工程监理、工程施工招投标情况。

（2）设计、施工情况。

① 设计情况，如设计单位、设计内容、工程设计特点及建筑新材料。

② 施工情况，如开工及竣工日期，施工管理、技术、质量等方面。

③ 质量事故及处理情况。

④ 建筑红线内市政公用工程施工情况（包括给排水、电力、通信、热力、燃气等）及道路、绿化施工情况。

（3）工程质量及经验教训，包括工程质量鉴定意见和评价，工程遗留问题及处理意见。

（4）其他需要说明的问题。

3. 工程未开工前的原貌及竣工新貌照片

由建设单位收集、提供的工程未开工前的原貌和竣工后的新貌照片，按新貌、原貌档案整理归类存档。

4. 工程开工、施工、竣工的音像资料

由建设单位收集、提供的工程开工、施工、竣工过程中的录音、录像、照片等资料，按声像、缩微、电子档案整理归类存档。

项目小结

基建文件管理涉及项目建设的全过程。

其中决策立项文件，包括项目建议书，项目建议书的报批和批复文件，可行性研究报告，可行性研究报告的批复文件，关于立项的会议纪要和领导批示，专家对项目的有关建议文件及项目评估研究资料等。

建设用地、征地与拆迁文件，包括工程项目选址申请、选址规划意见通知书、建设用地规划许可证、国有土地使用证及工程建设项目报建管理等。

勘察、测绘与设计文件，包括工程地质勘察报告，工程测量、测绘文件，建设用地钉桩（验线）通知单，规划设计条件通知书，设计文件等。

工程招投标与承包合同文件，包括招投标文件、合同文件等。

工程开工文件，包括年度施工任务批准文件、建设工程开工证、修改工程施工图纸通知书、建设工程规划许可证、建筑工程施工许可证及工程质量监督手续等。

商务文件，包括工程投资估算文件，工程设计概算，施工图预算，施工预算，工程结算、竣工决算，交付使用固定资产清单及建设工程概况等。

工程竣工验收及备案文件，包括建设工程竣工验收备案表，工程竣工验收报告，由规划、公安消防、环保等部门出具的认可文件或准许使用文件，《房屋建筑工程质量保修书》，《住宅质量保证书》和《住宅使用说明书》，建设工程规划验收合格文件，建设工程竣工档案预验收意见等。

其他文件，包括物资质量证明文件，工程竣工总结，工程未开工前的原貌及竣工新貌照片，工程开工、施工、竣工的音像资料等。

习　题

一、选择题

1. 工程开工前，（　　）应与城建档案馆签订建设工程竣工档案责任书。
   A. 建设单位　　　B. 施工单位　　　C. 监理单位　　　D. 设计单位

2. 总包单位负责汇总各分包单位编制的施工资料，分包单位负责其分包范围内施工资料的收集、整理、汇总，并对其提供资料的真实性、完整性及有效性（　　）。
   A. 认真管理　　　B. 检查　　　C. 核查　　　D. 负责

3. 工程竣工验收后（　　）个月内，建设单位将符合规范、标准规定的工程档案原件，移交给城建档案馆。
   A. 1　　　B. 2　　　C. 3　　　D. 4

4. 建设工程规划许可证资料，是建设单位到规划部门办理，应由（　　）提供。
   A. 建设单位　　　B. 规划部门　　　C. 发改委　　　D. 国土资源部门

5. 发展改革部门批准的项目立项文件，由（　　）负责收集、提供。
   A. 建设单位　　　B. 施工单位　　　C. 监理单位　　　D. 设计单位

6. 工程竣工验收后，工程档案须经城建档案馆（　　），不合格的应由城建档案馆责成建设单位重新进行编制，符合要求后重新报送，直到符合要求为止。
   A. 鉴定　　　B. 验收　　　C. 检查　　　D. 评审

7. 凡列入城建档案馆接收范围的工程，竣工验收后（　　）个月内，建设单位都应将符合规定的工程档案移交给城建档案馆，并办理移交手续。
   A. 1　　　B. 3　　　C. 2　　　D. 6

8. 工程竣工验收前，各参建单位的（　　）应对本单位形成的建筑工程资料进行竣工审查。
   A. 技术负责人　　　B. 质量负责人　　　C. 项目负责人　　　D. 资料员

9. 建设单位应当自建设工程竣工验收合格之日起（　　）日内，将建设工程竣工验收报告和规划、公安、消防、环保等部门出具的认可文件或准许使用文件报建设行政管理部门或者其他有关部门备案。
   A. 10　　　B. 15　　　C. 20　　　D. 25

10. 验收工作是建筑工程在（　　）单位自行质量检查评定的基础上进行的。
    A. 建设　　　B. 监理　　　C. 施工　　　D. 设计

二、名词解释

1. 初步设计图纸
2. 技术设计
3. 可行性研究报告

三、简答题

1. 简述工程建设项目报建管理内容。
2. 简述建设单位办理工程竣工验收备案所需条件。

项目2 在线答题

知识拓展

试联系一家房地产公司，借阅一套项目立项、准备阶段的资料。

项目 3 监理资料管理

任务提出

监理单位是工程质量的责任主体之一,而监理资料是工作的原始记录,是评定监理工作、界定监理责任的证据,其重要性不言自明。监理资料是在工程监理过程中逐步形成的,而整个工程监理过程环节繁杂、专业各异,不论是总监理工程师还是专职资料员,仅依靠个人的力量是无法做好这项工作的。根据监理资料产生于监理过程的特点,我国制定了"谁监理,谁验收,谁收集"的监理资料管理原则。因此监理机构内部必须明确分工及划分监理工作范围,建立内部责任制。监理工作的范围清楚了,监理资料的责任也就明确了。

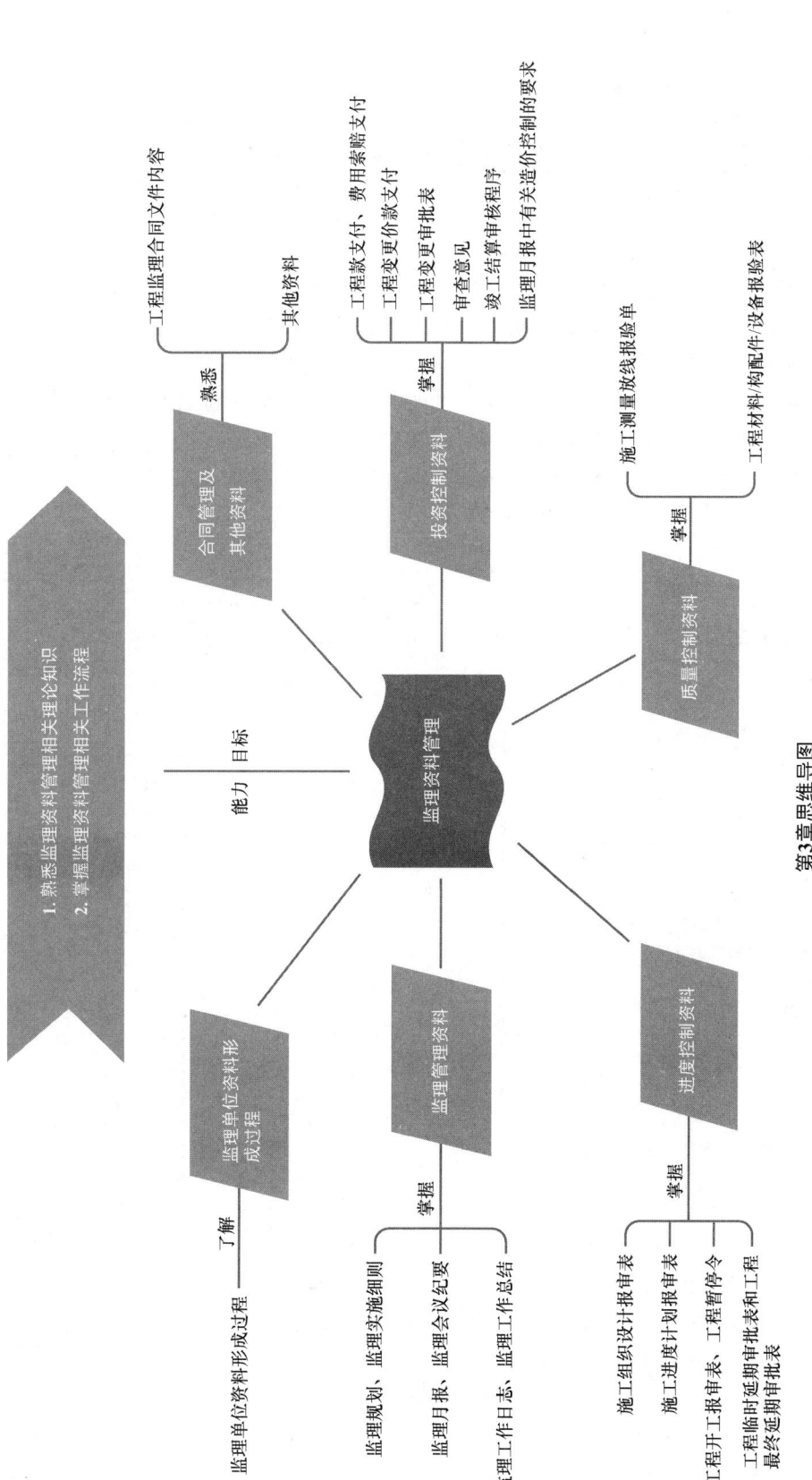

第3章思维导图

任务 3.1 监理单位资料形成过程

监理单位资料管理是指监理工程师受建设单位的委托，在其进行监理工作期间，对工程建设实施过程中所形成的与监理相关的文档进行收集积累、加工整理、组卷归档、检索利用等一系列工作。

监理单位资料是工程建设监理信息的主要载体之一，其管理工作主要内容包括监理单位文件资料的收发、登录、分类存放、借阅和更改。

监理单位资料形成过程如图 3-1-1 所示。

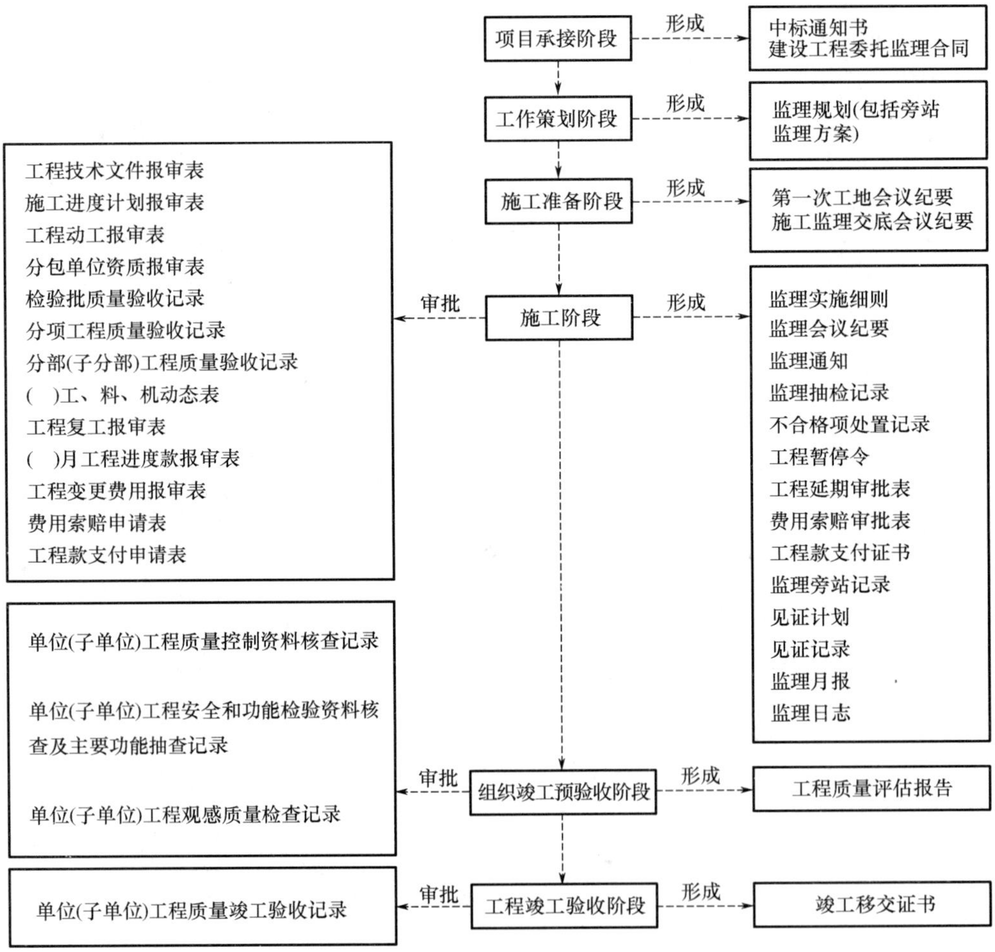

图 3-1-1 监理单位资料形成过程

任务 3.2 监理管理资料

3.2.1 监理规划

监理规划是监理单位接受业主委托并签订建设工程委托监理合同（以下简称"监理合同"）之后，依据相关法律、法规、技术标准、项目审批文件、设计文件等，在总监理工程师的主持下，根据监理合同，在监理大纲的基础上，结合工程的具体情况进行编制，并经监理单位技术负责人批准，用来指导项目监理机构全面开展工作的指导性文件。监理规划是编制监理实施细则的重要依据，也是建设监理主管机构对监理单位监督管理和业主确认监理单位履行合同的主要依据，对指导项目监理机构全面开展监理工作有着重要的指导作用。

1. 监理规划的编制程序

监理规划的编制，应首先明确项目监理机构的工作目标，然后针对项目的实际情况，确定具体的工作制度、程序、方法和措施。所完成的监理规划应具有可操作性，其编制过程应符合下列规定。

（1）监理规划应在签订监理合同及收到设计文件后开始编制，完成后必须经监理单位技术负责人审核批准，并应在召开第一次工地会议前报送建设单位。

（2）监理规划应由总监理工程师主持，由专业监理工程师参加编制。

2. 监理规划的编制依据

（1）建设工程的相关法律、法规及项目审批文件。

（2）与建设工程项目有关的标准、设计文件、技术资料。

（3）监理大纲、监理合同文件及与建设工程项目相关的合同文件。

3. 监理规划应包括的主要内容

（1）工程概况。

（2）监理工作的范围、内容、目标。

（3）监理工作依据。

（4）监理组织形式、人员配备及进退场计划、监理人员岗位职责。

（5）监理工作制度。

（6）工程质量控制。

（7）工程造价控制。

（8）工程进度控制。

（9）安全生产管理的监理工作。

（10）合同与信息管理。

（11）组织协调。

（12）监理工作设施。

4. 监理规划的编写要点

(1) 标题：包括制发单位、事由和文种类别（计划）三要素。其中"事由"要写明时限和范围，如"国民经济十年发展规划"。

(2) 正文：一般由工程分析、计划内容、对策措施等部分组成。工程分析应简要说明编制计划的依据、目的、目标等；计划内容是正文的主体，应具体写明各个方面的计划目标及其实施步骤；对策措施是监理的原则、方法、程序等。

(3) 编制日期：在正文之后写明，以总监理工程师审核、签字认可的时间为准。

(4) 封面：由总监理工程师及编制人员、监理单位技术负责人签字，并加盖监理单位公章。监理规划的封面形式如图3-2-1所示。封面之后要尽可能列一个目录，以便于查找和阅读使用。

```
                    (工程名称)
                   监 理 规 划

              编制：
              (总监等编制人员签名)_____

              审核：
              (部门技术负责人签名)_____

              审批：
              (企业技术负责人签名)_____


              ×××建设开发监理有限公司
                   (盖法人章)
              (   )年(   )月(   )日
```

图3-2-1　监理规划的封面形式

5. 注意事项

(1) 集思广益，可适当参考其他项目的监理规划。应熟悉本工程的施工图纸和设计要点，进行调查研究，一切从实际出发①，不要闭门造车。

(2) 内容要全面、准确、概括，不用太细、太具体。详细的、具体的指标和程序等，一般在监理实施细则中表述。

(3) 语言要平实、通顺，结构要完整、简洁。

(4) 编制人要为若干个审批人预留出审核时间，以保证在第一次工地会议之前的监理交底会议上印发。

---

① 引自党的二十大报告二、开辟马克思主义中国化时代化新境界。

3.2.2 监理实施细则

对中型及以上或专业性较强的工程项目,项目监理机构应编制监理实施细则。监理实施细则依据监理规划由专业监理工程师编制完成,并经总监理工程师批准,是针对工程项目中某一专业或某一方面监理工作的操作性文件。

1. 监理实施细则的编制依据

监理实施细则应根据下列资料编制。
(1) 监理规划。
(2) 工程建设标准、工程设计文件。
(3) 施工组织设计、专项施工方案。

2. 监理实施细则的编制原则

(1) 对专业性较强、危险性较大的分部分项工程,项目监理机构应在相应工程施工开始前编制监理实施细则。

(2) 对采用新工艺、新材料、新技术或特殊结构的工程项目,当对其施工工艺或某些部位的施工质量或施工安全经验不足,成功的期望值不易确定时,可编制监理实施细则。

(3) 对于工程项目施工中的一般常规施工项目,是否需要编制监理实施细则,可由总监理工程师与专业监理工程师商定。监理单位也可采取编制通用的监理实施细则标准文本汇编的办法。

(4) 监理实施细则是专门针对工程施工中一个个具体的专业技术问题编制的,涉及建筑与结构工程、建筑电气工程、建筑给水排水工程、建筑装饰装修工程等。

3. 监理实施细则的编制程序

(1) 监理实施细则应根据已批准的监理规划的总要求分阶段编制,在相应工程施工前编制完成,用以指导对该相应的专业工程(或专门的分项工程、工序)监理工作的具体操作,确定监理工作应达到的标准。

(2) 在编制监理实施细则之前,专业监理工程师应熟悉设计图纸及其说明文件,查阅工程监理、施工质量验收规范等有关文件,方能编制出有针对性、有指导意义的监理实施细则。

(3) 在实施建设工程监理过程中,监理实施细则可根据实际情况进行补充、修改,并应经总监理工程师批准后实施。

(4) 监理实施细则编制完成后,一般由总监理工程师批准后报送所属监理单位技术管理部门备案,关系重大的还应报请监理单位技术负责人审批。

(5) 监理实施细则属于项目监理机构的内部管理文件,一般可不报送建设单位,也不发给承包单位项目经理部。

4. 监理实施细则的主要内容

(1) 专业工程的特点。
(2) 监理工作的流程。
(3) 监理工作的控制要点及目标值。
(4) 监理工作的方法及措施。

监理实施细则填写范例见表 3-2-1。

表 3-2-1 监理实施细则填写范例

序号	监理实施细则	备注
1	监理实施细则的编制原则	
2	土方工程施工质量监理实施细则	
3	土层锚杆及土钉墙支护工程施工质量监理实施细则	
4	深基坑降水工程施工质量监理实施细则	
5	泥浆护壁成孔灌注桩工程施工质量监理实施细则	
6	地下连续墙工程施工质量监理实施细则	
7	地下防水混凝土工程施工质量监理实施细则	
8	地下卷材防水工程施工质量监理实施细则	
9	地下涂料防水工程施工质量监理实施细则	
10	混凝土结构工程施工质量监理实施细则	
11	钢结构工程施工质量监理实施细则	
12	木结构工程施工质量监理实施细则	
13	建筑地面工程施工质量监理实施细则	
14	建筑装饰装修工程施工质量监理实施细则	
15	屋面工程施工质量监理实施细则	
16	建筑给水排水及采暖工程施工质量监理实施细则	
17	建筑电气工程施工质量监理实施细则	
18	智能建筑工程施工质量监理实施细则	
19	通风与空调工程施工质量监理实施细则	
20	电梯工程施工质量监理实施细则	

3.2.3 监理月报

监理月报是项目监理机构每月向建设单位提交的建设工程监理工作及建设工程实施情况等的分析总结报告，由总监理工程师组织编制并签认后，由项目监理部门按时将其报于建设单位和本监理单位，使建设单位能够及时了解工程的进展情况，掌握工程的进度、质量、造价及项目目标完成情况。编制监理月报的基本要求是全面、客观、及时，并具有前瞻性和评判性。

定期报送监理月报是总监理工程师向建设单位汇报监理工作的渠道之一。总监理工程师通过监理月报，可向建设单位汇报下列影响。

（1）月工程施工进度情况（与承包合同规定的进度做比较）。

（2）月工程款支付情况。

（3）月工程质量情况。

（4）工程实施中的主要困难与问题，如施工中的重大差错，重大索赔事件，材料、设备供应困难，组织、协调方面的困难，异常天气的影响等。

（5）对工程建设的发展态势和风险进行预测。

1. 监理月报的作用

（1）监理月报是上级监理机构了解下级监理机构开展监理工作情况的依据。定期报送监理月报，是合同段驻地监理工程师向总监理工程师、总监理工程师办公室（以下简称"总监办"）汇报基层的、现场的监理工作的渠道之一，是总监理工程师、总监办了解下级监理机构开展监理工作情况的依据。

（2）监理月报是总监工程师及总监办向建设单位报告每月监理工作的有效手段。监理月报中提供的信息，往往是建设单位了解工程并对重大问题进行决策的主要依据，因而监理月报对建设单位的宏观调控有较强的导向性。

（3）监理月报是监理单位了解前方现场监理工作开展情况的依据。一般来说，工程监理单位为加强各个工地的监理工作管理，都要求派驻现场的监理机构负责人每月向监理单位报送其工程监理月报，这是监理单位了解分散在全国各地的工程监理项目现场监理情况的有效手段。

随着时代的发展，有的监理单位要求派驻现场的监理机构负责人报送电子版监理月报，将每期的监理月报通过电子邮件的形式报送总监办和有关领导等。

2. 监理月报的编制内容

（1）本月工程实施情况：包括本期在施部位及施工项目，工程实际完成情况与总进度计划比较，本月实际完成情况与计划进度比较，本月工、料、机动态表，对进度完成情况的分析（含停工、复工情况），本月采取的措施及效果，本月在施部位工程照片等。

（2）本月监理工作情况：包括主要施工部位、施工试验项目的旁站和平行检测情况，构配件与设备的采购、供应、进场及质量情况，对供应厂家资质的考察情况，工程量审批情况，工程款审批及支付情况，工程变更情况（主要内容、数量等），工程延期情况（次数、数量、原因、审批情况），分项工程验收情况（部位、承包单位自评、监理单位签认、一次验收合格率等），分部工程验收情况等。

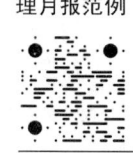

建设工程监理月报范例

（3）本月施工中存在的问题及处理情况：包括工程质量问题，工程质量情况分析，本月采取的措施及效果，下月监理工作的重点等。

（4）简要叙述下月监理工作的主要倾向，以及对质量、进度、安全监控的重点采取了哪些预防措施。

3.2.4 监理会议纪要

工程施工过程中，总监理工程师应定期主持召开工地会议，会议形成的纪要文件应由项目监理机构负责起草，并经与会各方代表会签。总监理工程师或专业监理工程师应根据需要及时组织专题会议，解决施工过程中的各种专项问题。

1. 第一次工地会议的内容及要求

第一次工地会议对顺利实施工程建设监理起着重要的作用，总监工程师应在做好充分准备的基础上，在正式开会之前以书面形式将会议议程有关事项及应准备的内容通知业主和承包商，使各方都做好充分的参会准备。

（1）会议的时间与主持单位。

第一次工地会议是建设工程尚未全面展开前，于中标通知书发出后、工程项目开工前监理人员应参加的会议。该会议应在项目总监理工程师下达开工令之前举行，通过该会议认为具备了开工条件时，可发出开工令。第一次工地会议由建设单位主持召开，总监理工程师、专业监理工程师参加，总承包单位的授权代表也可邀请分包单位、指定分包商参加，必要时还可邀请有关设计单位人员参加。

（2）会议的参加人员。

① 建设单位授权派驻现场代表及有关职能人员。

② 承包单位项目经理部经理及有关职能人员，分包单位主要负责人。

③ 监理单位项目监理部全体监理人员。

（3）会议程序。

① 与会人员介绍及项目组织情况说明。业主、监理工程师及承包商各自介绍与会人员的姓名、职务，并出示有关函件；各方说明各自的组织机构情况，并提交组织机构图表。

② 对承包商施工准备情况的检查。在承包商介绍完施工准备情况后，监理工程师对照开工前准备工作的内容提出质疑和建议，对于影响开工的有关问题与业主协商解决办法。

③ 业主介绍开工条件。检查业主的开工条件。

④ 检查业主对合同的履行情况。如业主提供的材料、设备是否已经落实等。

⑤ 明确监理工作程序。总监理工程师向业主和承包商介绍监理工作的各项程序和各项规章制度。

⑥ 与会者对上述情况进行讨论和补充。

项目监理机构对会议内容整理成纪要文件，具体包括：参加会议人员名单，承包商、业主和监理工程师对开工准备工作所知的详情，与会者讨论时发表的意见及补充说明，监理工程师的结论意见等。

（4）会议的主要内容。

① 建设单位、承包单位和监理单位分别介绍各自派驻现场的组织机构、人员及其分工。建设单位介绍派驻工地的代表名单及业主的组织机构；承包单位介绍工地组织机构图表，参与工程的主要人员名单及各种技术工作和劳动力进场计划表；监理单位介绍现场监理组织的机构框图，以及各专业监理工程师、监理人员名单和职责范围。

② 建设单位根据监理合同宣布对总监理工程师的授权。

③ 建设单位介绍开工准备情况，如工程占地、临时用地、临时道路、拆迁及其他与工程开工有关的条件，建筑工程施工许可证、执照的办理情况，资金筹集情况，施工图纸及其交底情况等。

④ 承包单位介绍施工情况，包括用于工程的材料、机械的来源及落实情况；供材计划清单；各种临时设施的准备情况，临时工程建设计划；试验室的建立或委托试验室的资质、地点等情况；工程保险的办理情况；有关已办手续的副本；现场的自然条件、图纸、水准基点及主要控制点的测量复核情况；为监理工程师提供的设备准备情况；施工组织总

设计及施工进度计划；与开工有关的其他事项。

⑤ 建设单位和总监理工程师对施工准备情况提出的意见和要求。

⑥ 总监理工程师介绍监理规划的主要内容、监理工作的例行程序及有关表达说明。

⑦ 研究确定各方在施工过程中参加工地例会的主要人员，召开工地例会的周期、时间、地点及主要议题。

⑧ 第一次工地会议纪要应由项目监理机构负责起草，并经与会各方代表会签。

第一次工地会议纪要填写范例见表3-2-2。

表3-2-2 第一次工地会议纪要填写范例

第一次工地会议纪要		编号	
工程名称		签发	
会议时间		会议地点	
会议主持人		会议记录人	
出席人员	建设单位、监理单位、施工单位管理人员		
会议主要内容如下： 1. 建设单位、施工单位和监理单位分别介绍各自现场组织机构、人员及其分工。 （1）建设单位。 （2）施工单位。 （3）监理单位。 2. 建设单位介绍工程开工准备情况。 3. 施工单位介绍施工准备情况。 4. 建设单位代表和总监理工程师对施工准备情况提出意见和要求。 5. 总监理工程师介绍监理规划的主要内容。 （1）监理部的组织机构设置：按照业主的要求，根据本工程施工进度计划，配备监理人员6人组成××项目监理部。×××（国家注册监理工程师）担任总监理工程师职务，主持全面工作；×××、×××（省级注册监理工程师）担任土建专业监理工程师，负责本专业监理工作；×××（省级注册监理工程师）担任水电专业监理工程师，负责本专业监理工作；×××担任土建监理员；×××担任资料员，负责监理部内业资料的搜集、整理工作。 （2）质量控制要求：①施工技术交底制度；②原材料、构配件、设备的报验认可制度；③单位工程、分部工程、分项工程、检验批、隐蔽工程和重要或关键工序的质量报验认可制度；④重要分项、分部工程须共同检验合格后才准予进入下一道工序施工的制度；⑤对不同的施工单位或同一施工单位不同施工班组施工的上下道工序实行工序交接验收制度，由上下道工序的施工单位（班组）、业主、监理四方共同验收，验收合格后才允许进入下道工序施工；⑥建立施工试验制度。 （3）进度控制要求：①总进度计划的审批，各施工单位根据合同工期目标的要求，编制总进度计划，提交监理审查，报业主批准实施，施工单位必须严格按照总进度计划实施；②施工单位在批准的总进度计划基础上，编制月进度计划（附网络图），提交现场监理工程师审查，总监理工程师审定，总监理工程师应组织监理工程师和承包商对月进度实施情况进行分析、对比，发生偏差应及时采取相应措施。特别是对施工单位的劳动力数量、材料配备、机械设备要有较详细的计划和要求，确保月进度计划的实施。			

续表

(4) 投资控制要求：严格控制合同总价外的项目的签证，凡必须发生的合同外项目要求承包商先报批，报批时要附有费用、工期的计算资料，经监理业主批准后才可实施，获批准后的实际经济签证，由现场监理工程师→计量工程师→总监理工程师→报业主批准。

(5) 安全管理的一般规定：①各施工单位要成立安全管理班子，配备专职安全员，项目经理是安全管理第一责任人，安全员是安全管理直接责任人，负责项目的安全管理工作；②施工单位应严格遵照国家有关部门和行业颁布的有关规程组织施工，严格遵守安全生产制度；③施工单位都要健全安全管理体系、建立安全制度，从技术组织和管理上采取有力措施，加强监督检查，解决和消除不安全因素、防止事故发生；④施工单位专职安全员，对现场安全进行旁站或巡回安全监督检查。

(6) 工程技术资料应及时报送监理进行签认、整理、分类，各种表格采用住建部及××省统一的有关表格，要填写规范、真实可靠。

(7) 监理部提出几点要求和做出几条规定：①各施工单位、监理单位、建设单位就工程中的有关问题均应按程序申报处理，其申报处理的程序为：施工单位→监理单位→建设单位（其他相关单位）。②要求施工单位在整个工程施工活动中，严格按照国家有关规范、规程和设计要求组织施工，杜绝一切不合格工程和工程质量事故，创安全生产、文明施工现场，实现四大控制目标。③要求施工单位将监理工作基本程序和操作方法认真贯彻到各个班组、各个操作人员，以便做好监理单位的配合工作。④要求监理人员在监理过程的一切活动中，一定要做到严格监理、热情服务，严格按照国家的规范、规程、设计文件、施工合同条款和建设单位的有关指令去操作、控制、实施，要认认真真、扎扎实实地为建设单位当好参谋、做好服务，热情地同施工单位研究、切磋有关技术难点和疑点问题，多提合理化建议，保证质量，确保安全，加快进度，节省造价，这就是监理工作要达到的目的。

(8) 各施工单位应做好会前的资料准备工作（包括进度计划和有关问题的书面报告），并将有关资料在会前提交监理部，监理部统计各参会单位提交资料的到位情况和资料上存在的有关问题，以便将有关情况及时在会上通报。

最后决定每周五下午开一次工地例会，以后如果工期紧张，例会将根据具体施工情况、质量情况再选择时间召开。

2. 监理例会的内容及要求

监理例会是由项目总监理工程师组织主持的例行工作会议。

(1) 监理例会会前的准备工作。

会议准备工作是开好经常性监理例会的重要环节，参会者务必提前做好准备。

① 监理工程师应准备以下资料：上次监理例会的记录，承包商对监理程序执行情况的分析资料，施工进度的分析资料，工程质量情况及有关技术文件的资料，合同履行情况的分析资料，其他相关资料。

② 承包商应准备以下资料：工程进度图表；气象观测资料；试验数据资料，观测数据；人员及设备清单；现场材料的种类、数量及质量；有关事项说明资料，如进度和质量分析、安全问题分析、技术方案问题、财务支付问题及其他需要说明的问题。

(2) 监理例会应参加的人员。

① 项目总监理工程师及专业监理工程师、有关驻地监理员。

② 建设单位派驻工地代表。

③ 承包单位项目经理（副经理）、技术负责人及有关专业人员，施工过程中有关的分包商。

④ 根据会议议题的需要，邀请设计单位及其他有关单位人员参加。

监理例会应定期召开，宜每周召开一次。在开会前由监理工程师通知有关人员参加，主要人员不得缺席。

（3）监理例会的会议程序。

① 确认上次监理例会记录。对上次监理例会的记录若有争议，就按双方同意的上次监理例会的记录内容进行协调。

② 工程进度情况。审核主要工程部分的进度情况、影响进度的主要问题，对所采取的措施进行分析。

③ 工程进度的预测。介绍下期的进度计划、主要措施。

④ 承包单位投入人力的情况。提供现场工作人员清单。

⑤ 机械设备到场情况。提供现场施工机械设备清单。

⑥ 材料进场情况。提供进场材料清单，讨论现场材料的质量及其适用性。

⑦ 有关技术事宜。讨论相关的技术问题。

⑧ 财务事宜。讨论有关计量与支付的任何问题。

⑨ 行政管理事宜。如工地试验情况、各单位间的协调、与公共设施部门的关系、监理工作程序、安全状况等。

⑩ 合同事宜。如未决定的工程变更问题、延期和索赔问题、工程保险等。

⑪ 其他方面的问题。

⑫ 下次监理例会的时间、地点、主要内容等。

（4）监理例会应包括的主要内容。

① 检查上次监理例会议定事项的落实情况，分析未完事项原因。

② 工程进度情况。

③ 确定下一阶段工程进度目标，研究承包单位人力、设备的投入情况和实现目标的措施，了解材料、构配件和设备的供应情况、存在的质量问题及改进要求。

④ 工程质量和技术方面的有关问题。

⑤ 设计变更、洽商的主要问题。

⑥ 工程款的核定及财务支付中的有关问题。

⑦ 违约、工期、费用索赔的意向及处理情况。

监理例会会议纪要填写范例见表3-2-3。

表3-2-3 监理例会会议纪要填写范例

监理例会会议纪要		编号	
工程名称		签发	
会议时间		会议地点	
会议主持人		会议记录人	
出席人员	建设单位、监理单位、施工单位管理人员		

续表

会议主要内容如下。 本次监理例会对前一阶段施工工作进行了总结,就施工过程中存在的问题和应注意的事项进行了讨论,其具体内容如下。 (1) 主体施工将近结束,安全工作基本到位,在收尾工程施工阶段,要求各级管理人员协手共进抓安全;再次加强质量管理工作,圆满完成本年度的工程计划。 (2) 在监理巡查过程中发现二次结构存在的主要问题:局部填充墙体垂直度不符合要求,构造柱顶植筋宽度与柱宽度偏差较大。 (3) 屋面封顶工作即将开始,技术上要进一步抓紧,预留洞口等部位已与施工单位核对,特别是有变化的部位,要求技术人员加强对工人的指导,发现错误及时更正,确保工程能保质保量顺利完工。 (4) 消防工程施工人员已进场,要求施工单位对工人进行安全教育培训,进入施工期间与各工序协调融洽;消防部门资质人员上岗证书、消防施工方案、消防施工进度计划等报监理办公室,否则不允许开工。 (5) 下月进度计划和基础工程施工方案应尽快拟定好。在拟订进度计划时,施工方应按照总进度安排,将延误的工期尽快赶回来,保证总进度计划目标的实现。 (6) 在本月施工过程中,施工方个别人员有不文明的行为,施工单位应严肃处理,杜绝类似事情的发生。同时,在今后施工过程中,施工单位应约束施工人员不乱丢垃圾、乱倒水;在没有事情的情况下,施工人员不得进入家属区院内。安全标志、文明标语应尽快做好。 (7) 在下一阶段施工过程中,施工单位应加强成品保护,做好基坑围护工作,注意施工用电安全。

3. 监理专题会议的内容及要求

(1) 监理专题会议纪要的要求。

① 为解决合同实施中的专项问题,总监理工程师可根据需要召开监理专题会议。

② 监理专题会议由总监理工程师授权的专业监理工程师主持,合同各方与会议专题有关的负责人及专业人员应参加会议。

③ 项目监理部应做好会议记录,并整理会议纪要。

④ 监理专题会议纪要应由与会各方代表会签,再发至合同有关各方,并应有签收手续。

(2) 其他事项。

① 了解上次监理专题会议决议的落实情况和存在的问题;准备会议资料,确定有关事项的处理原则。

② 与各有关方通报情况、交换意见,督促做好准备。

③ 检查分析工程项目进度计划完成情况,提出下一阶段的进度目标及其落实措施。

④ 检查分析工程项目质量状况,针对存在的质量问题提出改进措施。

⑤ 检查工程量核定及工程款支付情况。

⑥ 解决需要协调的有关事项。

⑦ 其他有关事宜,包括对上次监理专题会议存在问题的解决和纪要的执行检查,工程进展情况,对下月(或下周)的进度预测,施工质量、加工订货、材料的质量与供应情况、质量改进措施,有关技术问题,索赔及工程款支付情况,需要协调的有关事宜,诸事项分别由何人何时执行等内容。

项目监理部应及时收集汇总有关情况,为召开会议做好准备。

监理专题会议纪要填写范例见表 3-2-4。

表 3-2-4 监理专题会议纪要填写范例

监理专题会议纪要		编号	××
工程名称		签发	
会议时间		会议地点	
会议主持人		会议记录人	
出席人员			
会议议题：关于业务用房基础混凝土浇筑质量问题 会议主要内容如下。 6月14日19时30分在现场召开了关于业务用房基础混凝土浇筑质量问题会议，由监理单位、施工单位及各施工班组参加，会议就基础混凝土浇筑存在的质量问题和处理方案进行了讨论，内容如下。 (1) 基础框架柱混凝土浇筑不到位，需凿毛清理表面后重新浇筑。 (2) 构造柱钢筋未绑扎箍筋固定，导致截面尺寸不符合要求，严重部位需重新植筋。 (3) 基础混凝土浇筑时未将支撑模板的木条取出。 (4) 框架柱钢筋上口未绑扎箍筋固定，浇筑后钢筋位移，需进行校正。 结论如下。 对于以上质量问题望施工单位加强对各施工班组的管理和协调工作，做好施工前的技术交底准备工作，严格控制工程质量，对于存在缺陷的部位限期2日内整改完毕报我监理部复查，如再发生类似质量问题则进行严厉处罚。			

3.2.5 监理工作日志

总监理工程师应指定一名监理工程师负责记录工程项目监理工作日志，各个专业工程师应负责本专业监理工作的实施并做监理日记，监理员应做好监理日记和有关监理记录。

1. 监理工作日志的要求

监理工作日志是监理资料中重要的组成部分，是监理服务工作量和价值的体现，是工程实施过程中最真实的工作证据。监理工作日志从项目监理部的监理工作开始起至监理工作结束止，记载内容应保持连续和完整。监理工作日志应统一格式，每册封面应标明工程名称、册号、记录时间段，以及建设单位、设计单位、施工单位、监理单位名称，并由总监理工程师签字。监理工作日志必须及时记录、整理，应做到记录内容齐全、详细、准确，真实反映当日的工程具体情况，技术用语规范，文字简练明了。

2. 监理工作日志的编制内容

工程施工阶段的监理工作日志，要求工程监理人员记录当日的天气情况、监理活动的工程现场部位、质量检测试验情况、施工单位提出的工程问题及其监理答复和解决情况、上级的通知或指示情况、监理过程中发现的问题及要求处理的情况、对前几天提出问题的复查情况、重点部位和关键部位的旁站和巡视记录、安全文明施工的监理情况、参加会议的记录、当日监理的体会与思考等。

一篇标准的、规范的监理工作日志，应该记录的主要内容至少包括下列八大方面中的部分内容，只是监理岗位职责的不同而有所侧重。

（1）每日天气情况的记录：主要包括当日天气的阴晴，气温的最低、最高值；当日雨、雪、雾、冰雹及其大小，开始的、持续的影响时间；当日风力、沙尘的大小及其影响时间；当日自然灾害情况，如台风、洪水、海啸、雷击、泥石流、地震等。

（2）每日工程质量监理的记录：主要包括当日批准开工和持续施工的分项工程的质量自检情况及其监理旁站、巡视情况；当日工程测量放样复核、试验检测、与工程质量监控有关的"监理工作提示"下达情况；当日督促施工单位工序检查、分项工程报验认可及其质量评定情况；当日中间交工证书的审查、验收、签认情况，尤其是隐蔽工程；当日发现的质量缺陷及其处理记录，是否发出暂停指令或复工令，返工、加固、修补的情况如何等；当日发生的工程质量事故和工程安全事故的报告、处理情况等。

（3）每日施工安全监理的记录：主要包括当日施工单位安全生产责任制、安全操作规程的执行情况；当日施工单位的安全生产专职管理人员的到岗情况和现场监督情况；当日施工各分项工程是否按照规范操作，是否在施工现场入口处、基坑边沿、高空作业处、爆破作业处等设置了安全警示标志；当日施工单位的消防安全操作情况；当日分包单位的安全生产管理情况；当日发生安全事故的处理情况。

（4）当日施工环境保护监理的记录：主要包括当日施工单位对施工人员环保教育的情况；当日新设的施工场地是否达到环评报告书的要求；当日施工引起的粉尘、废水、泥浆、生活污水、垃圾的处置情况；当日野生动植物的保护情况，是否有破坏草原植被的情况，是否有毁林、乱采砂石、乱砍滥伐、乱占耕地等行为；当日强噪声、强振动作业施工是否避开了夜间，对强噪声、强振动施工机械采取的减噪、减振措施情况；当日取土场的使用，取土完工后对该取土场采取的排水防护及植被恢复情况；当日施工单位在河道内是否弃置堆放阻碍行洪的物体，是否有破坏河道的其他活动；当日施工中发现地下文物古迹的处置情况；当日施工机械设备的各类废油料及润滑油的分类回收情况，固体废弃物的处理情况；当日材料存储场地设置的环境合理性，原材料、混合料运输车辆是否加盖了篷布以减少撒落等。

（5）每日工程费用监理的记录：主要包括当日完成的分项工程质量验收合格后的工程计量及其审查签认情况；当日进场的永久性工程材料的质量、数量、存储及发票复印记录；当日指令按计日工完成的变更及附加工程情况；当日签发工程变更指令、索赔费用审批表情况；当日是否发生合同纠纷、合同争端及其原因和处理情况；当日签发工程支付证书、分包支付表的情况等。

（6）每日工程进度监理的记录：主要包括当日开工或持续施工的分项工程的名称、地点、部位；当日完成的分项工程的工程量及其累计值和占总量的多少；当日施工单位投入的工、料、机数量，以及停滞、发生故障的时间与数量情况；当日批复的旬、月工程进度计划及调整计划情况，指令加快进度或者暂停施工的情况；当日发生的影响工程进度的特殊事件，如停水、停电、征地拆迁、资金短缺、机械设备维修、气候异常等。

（7）每日工程合同其他事项的管理记录：主要包括当日工程变更的受理、审查、协商及签发工程变更指令情况；当日工程延期的受理、评估、协商及签发索赔时间审批表情况；当日工程费用索赔的受理、审查、协商及签发索赔费用审批表情况；当日发生的合同争端与仲裁情况；当日施工单位发生的违约事件；当日发生的劳务协议、工程分包、指定分包和合同转让事件的审查、报批情况；当日工程保险、发生的风险事件及其调查、评估、协商和签认情况等。

（8）每日审批文件、下达指令、召开会议和验收活动及体会思考的记录：主要包括当日监理组织机构审批文件、下达指令、召开内部监理会议及工作安排情况；当日召开的工地会议、监理例会情况及会议纪要签发情况；当日参加业主、总监办及其他部门召集的会议情况及其传达落实情况；当日业主、质检站、设计单位、监理总公司的领导和专家视察工地及检查回访情况；当日有关问题的处理体会，第二天及今后一阶段时间的工程监理规划和可能发生问题的预防措施与思考等。

监理工作日志填写范例见表3-2-5。

表3-2-5　监理工作日志填写范例

日期		天气		温度		记录人	
施工单位完成的主要工作（注明部位、分项、分部工程名称）：							
材料进场及抽检情况、材料试验结果反馈及处理（注明材料名称、产地、数量、合格证号）： （注：报告编号可待报告后补填）							
监理工作： 1. 施工巡查、质量验收、旁站监理情况及发现问题的处理。 2. 对施工单位提出问题的答复（含进度款报告的收到及批转时间）。							

续表

| 日期 | | 天气 | | 温度 | | 记录人 | |

会议、洽商及与设计单位联系：

昨日待处理事宜的处理和明日待办事项、备忘（包括停水、停电记录）：

3. 监理工作日志填写说明

（1）填写依据：《建设工程监理规范》（GB/T 50319—2013）。

（2）填写要点：项目监理机构可按单位工程（或专业），就日期、天气、气温情况，当日施工部位及施工单位投入资源情况、施工物资进场验收、施工材料、构配件、试块、试件见证取样及使用情况，工程质量的验收情况（包括参加人员及问题处理结果）、平行检验、旁站监理、巡视检查情况，各种停工、变更、索赔的原因及时间，工程进度、施工安全情况等内容进行真实记录。

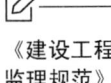

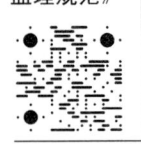

《建设工程监理规范》

监理工作日志应语言简练，内容具有连续性和可追溯性，总监理工程师应定期阅签。

（3）相关要求（略）。

4. 监理工作日志的重要性

（1）填写该日志是规范监理行为的需要。

（2）为公平、公正地处理工程索赔、工程变更、工程质量事故及违约事件提供现场真实资料。

（3）通过检查监理工作日志，可以评估监理工作的到位情况、履约情况及监理工程师们的"监理工作质量"等。

5. 监理日记与监理工作日志的区别

监理日记是监理工作人员个人的工作日记，每个监理工作人员都有义务记录；而监理工作日志是整个现场监理组织机构的、集体的监理日志，不是每个监理工作人员都有权力去记录，而是由驻地监理工程师（总监理工程师）指定专业监理人员负责汇总和记录。

6. 监理工作日志的编写原则

（1）应反映监理活动的具体内容及其深度、广度，体现出时间、地点、有关的人，以及事情的起因、经过和结果，必须条理清晰。

（2）记录内容要全面，必须体现监理行业的特点、技术要求和岗位职责履行情况，做到言简意赅、重点突出，使用专业术语和规范数据。

（3）问题的发现和处理，必须有始有终、前后闭合。

（4）必须体现监理职业的正直性和对他人的公正性要求。

（5）必须坚持及时送审、签认、封存制度。

（6）可以结合党和国家的时事，上级管理机构（如住建委、监理协会等）及本监理单位的时事，在监理工作日志中做一些记录，以体现监理人员既重视技术又重视政治的一面。

（7）监理工作日志中工程名称、监理合同编号、监理单位名称、监理人员姓名必须如实填写，不得简写、缩写，字迹要工整，填写通用的名称及编号要求保持一致。

（8）建设项目基本情况应按照工程实际填写，需要强调的是工期应该以月为单位，这个必须统一。

3.2.6 监理工作总结

1. 监理工作总结的编制要求

（1）施工阶段监理工作结束时，项目监理机构应向建设单位提交监理工作总结。

（2）监理工作总结应由总监理工程师负责组织，项目监理机构全体人员编制，最后由总监理工程师审核签字。

（3）监理工作总结应在约定的时间内编制完成，并按约定的份数交建设单位，同时按监理单位内部的规定要求，交监理单位档案资料管理部门作为归档的监理资料之一。

2. 监理工作总结的基本内容

（1）工程概况。关于工程概况，以最后一期的监理月报中的内容做适当调整即可。

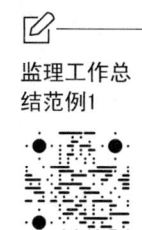

监理工作总结范例1

（2）监理组织机构。关于监理机构、监理人员及投入的监理设施，在每月的监理月报中都有反映。为了反映随施工进展投入的人力、物力变化情况，应在最后的监理工作总结中选择有代表性的几个阶段，如地基与基础、主体结构（混凝土结构、钢结构等特殊的结构类型）、幕墙工程、安装工程、装饰工程等阶段，将项目监理机构人员配置的数量和专业的变化情况等写入监理工作总结中。

（3）监理合同履行情况。关于监理合同履行情况，主要应反映两个方面：一是项目监理机构人员配置的数量是否符合监理合同的要求，人员的职称结构（人员的素质）是否按投标时的承诺或按监理合同要求配置;二是在监理服务过程中是否真正起到了监控作用,关键是否真的控制好了造价、质量、进度,使工程在达到质量目标的前提下,如期竣工交付使用。

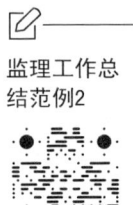
监理工作总结范例2

(4)监理工作成效。关于监理工作成效,除在施工过程中一般性地监督承包单位履行合同承诺,监控工程质量、进度、造价外,还应在关键的施工工艺、施工方案的审批过程中及工程技术等问题的研讨中发挥监理工程师的专业特长,大胆地提出建议来改进施工工艺、施工做法等,既能保证工程质量,又能加快施工进度和达到降低造价的效果。

(5)监理工作中发现的问题及处理情况。关于施工中出现的质量问题及进度、造价控制中的问题,项目监理机构首先要求每位监理工程师有发现问题的能力,并在现场巡视时敢于发现问题,并提出解决问题的整改意见(具体如何整改由承包单位自己实施)。如不整改或整改不力,监理工程师有权签发"监理工程师通知单",采取较强硬的手段加以解决;如再不解决,在向总监理工程师汇报后认为必要时可以签发局部"暂停"施工的指令,以迫使承包单位进行整改。

当工程出现问题时,监理工程师不能隐瞒事实真相,应如实向总监理工程师汇报,然后再向建设单位汇报,还应要求承包单位查明原因,并提出处理的方法,该返工的必须返工,该补强的必须补强。具体采取哪一种方法,要看问题的性质等研究决定,有的应争得设计单位同意或直接由设计单位提出处理意见加以解决。

以上问题都应实事求是地总结,从经验中吸取教训。

(6)说明和建议。对本月监理工作情况做总体上的说明,并提出有利于建设工程顺利施工与监理合同合理履行的建议;对特大工程或特殊性工程进行录像和拍照,一般工程应拍摄全景图或特殊部位监理人员的工作照片等。

任务 3.3 进度控制资料

1. 施工组织设计报审表

(1)施工组织设计报审表是由项目部发起,报给监理单位及建设单位审批,对施工组织设计内容合理性及实施性进行认证用的表,见表3-3-1。

表3-3-1 施工组织设计报审表

工程名称	××省××市××工程	施工单位	××省××建筑工程有限公司
编制单位	现报上××省××市××工程施工组织设计/施工方案文件,请予以审查	主编	
		编制人	
	××省××建筑工程有限公司/专业分包施工单位(盖章)	技术负责人	

续表

审核单位	总承包单位审核意见：				
	总承包单位（盖章）	审核人		审批人	
审查单位	监理审核意见： 监理审查结论：□ 同意实施　□ 修改后报　□ 重新编制				
	监理单位（盖章）	专业监理工程师		日期：××年××月××日	
		总监理工程师		日期：××年××月××日	

施工组织设计报审表填写内容示例：经审查，该施工组织设计由项目经理主持编制、经施工单位项目技术负责人审批并签字；该施工组织设计具备一定的针对性、可行性，符合现行规范、标准。同意按此施工组织设计执行，并作为监理依据之一。总监理工程师负责审批、签字，并承担相应的责任。

（2）专业监理工程师应对以下方面进行重点审核。

① 进度安排是否符合工程项目建设总进度计划中总目标和分目标的要求，是否符合工程竣工日期的规定。

② 施工总进度计划中项目是否有遗漏，施工顺序的安排是否符合施工工艺的要求。

③ 总承包单位在施工进度计划中提出的应由建设单位保证的施工条件（资金、施工图纸、施工场地、采供的物资设备等）的供应时间和数量是否准确、合理，是否有造成建设单位违约而导致工程延期和费用索赔的可能性存在。

④ 总包、分包单位分别编制的各单项工程施工进度计划之间是否协调，专业分工与计划衔接是否明确、合理。

⑤ 工程的工期是否进行了合理的优化。

2．施工进度计划报审表

（1）施工进度计划报审表是项目监理机构对承包单位所报送的工程施工进度计划（或调整计划）的审批答复表。

（2）施工进度计划报审表应由承包单位填写编制说明和计划，由项目经理签字；监理工程师审核签字，对工程施工进度计划的审查结果填写"同意""不同意"或"应补充"的意见。

施工进度计划报审表见表3-3-2。

表3-3-2　施工进度计划报审表

工程名称：　　　　　　　　　　　　　　　　　　编号：

致：××省××市××工程监理项目部 　　现报上××省××市××工程施工进度计划，请审查。 　　附件：××省××市××工程施工进度计划 　　　　　　　　　　　　　　　　　　　施工项目部（章）：_____ 　　　　　　　　　　　　　　　　　　　项目经理：_____ 　　　　　　　　　　　　　　　　　　　日期：_____
专业监理工程师审查意见： 　　　　　　　　　　　　　　　　　　　专业监理工程师：_____ 　　　　　　　　　　　　　　　　　　　日期：_____
总监理工程师审批意见： 　　　　　　　　　　　　　　　　　　　监理项目部（章）：_____ 　　　　　　　　　　　　　　　　　　　总监理工程师：_____ 　　　　　　　　　　　　　　　　　　　日期：_____

注：本表一式三份，由施工项目部填报，业主项目部、监理项目部各一份，施工项目部存一份。

3. 工程开工报审表

工程满足开工条件后，承包单位报项目监理机构复核和批复开工时间。如整个项目一次开工，则只填报一次；如工程项目中含有多个单位工程且开工时间不同，则每个单位工程都应填报一次。

工程名称是指相应的建设项目或单位工程名称，应与施工图的工程名称一致。

承包单位应按表中内容逐一落实，自查符合要求后，将施工现场质量管理检查记录及其要求的有关证件，建筑工程施工许可证，现场专职管理人员资格证、上岗证，现场管理人员、机具、施工人员进场情况，工程主要材料落实情况等资料，作为附件同时报送。

总监理工程师应指定专业监理工程师对承包单位的准备情况进行检查，除检查所报内容外，还应对施工现场临时设施是否满足开工要求、地下障碍物是否清除或查清楚、测量控制桩是否经项目监理机构审查确认等进行检查，并逐项记录检查结果，报项目总监理工程师审核；总监理工程师确认具备开工条件时签署同意开工的审核意见，并报告建设单位，否则应简要指出不符合开工条件要求之处。

总监理工程师签发工程开工报审表后报建设单位备案,如监理合同中写明需建设单位批准,则经项目总监理工程师审核后报建设单位,由建设单位批准。工期自批准开工之日起计算。

工程开工报审表填写范例见表 3-3-3。

表 3-3-3　工程开工报审表填写范例

工程名称：××省××市××工程　　　　　　　　　编号：001

致：××省××市××工程（建设单位） 　　××市××工程建设监理有限公司（监理单位） 　　我方承担的××省××市××工程,已完成相关准备工作,具备了开工条件,特此申请于××年××月××日开工,请审批。 　　附件： 　　一、开工报告 　　二、证明文件 　　　　　　　　　　　　　　　　　施工单位（章）：_____ 　　　　　　　　　　　　　　　　　　　项目经理：_____ 　　　　　　　　　　　　　　　　　　　　　日期：_____
审核意见：   　　　　　　　　　　　　　　　　项目监理机构（章）：_____ 　　　　　　　　　　　　　　　　　总监理工程师：_____ 　　　　　　　　　　　　　　　　　　　　日期：_____
审批意见：   　　　　　　　　　　　　　　　　　建设单位（章）：_____ 　　　　　　　　　　　　　　　　　　项目负责人：_____ 　　　　　　　　　　　　　　　　　　　　日期：_____

注：本表一式四份,由建设单位审批后,施工单位、建设单位各执一份,监理单位两份（其中城建档案馆一份）。

4. 工程暂停令

工程暂停令是监理单位根据施工中出现必须实行暂时停工处理情况时,向承包单位下达的指令。当项目监理机构发现承包单位在施工过程中严重违反承包合同,或有严重质量问题,或存在重大安全隐患,继续施工将造成更大的或不可挽回的损害时,应果断下达工程暂停令。

工程暂停令应由项目监理机构填写下达工程暂停令的理由（原因）和要求承包单位在接到工程暂停令后完成的各项工作等相关内容。工程暂停令应加盖项目监理机构印章,并由总监理工程师签字。

项目监理机构在下达工程暂停令时,应有充分的理由,并考虑由于停工可能带来的索赔事件。项目监理机构在下达工程暂停令前应向建设单位说明情况,取得一致意见。

工程暂停令填写范例见表 3-3-4。

表 3-3-4 工程暂停令填写范例

致：××省××市××建筑工程有限公司（承包单位）

由于你方施工的××工程未能按照安全文明施工强制性标准的法律、法规进行施工的原因，现通知你方必须于××年××月××日××时起，对本工程的_____部位（工序）实施暂停施工，并按下述要求做好各项工作。

1. 未按规定设置安全生产管理机构、配备专职安全管理人员
2. 项目经理、安全员等安全生产管理人员未在现场监督工程的施工
3. 材料堆放：建筑材料、构件、料具未堆放整齐
4. 现场防火：没有消防措施、制度，或灭火器材配置不足
5. 保健急救：没有保健医药箱
6. 安全标志：未在施工现场的危险部位设置明显的安全警示标志
7. 立杆基础：立杆基础未用混凝土做垫层，不平、不实，无排水措施
8. 脚手架架体与建筑结构拉结：脚手架架体与建筑结构拉结数量不足，拉结不坚固、不规范
9. 剪刀撑：未按规定设置剪刀撑，剪刀撑未沿脚手架高度连续设置
10. 安全网：网间不严密，或未满挂及破旧
11. 脚手板：脚手板未满铺，脚手板材质不符合要求
12. 施工用电不符合"三级配电两级保护"及"一机、一闸、一漏、一箱"的要求
13. 物料提升机未检测就投入使用
14. 物料提升机楼层卸料平台防护门未设置
15. 物料提升机吊篮无安全门
16. 楼梯口防护不符合要求（材质用毛杆）
17. 阳台、楼板、屋面临边无防护；临边防护不严、不符合要求
18. 未办理平安卡

抄送：建设单位

项目监理机构（章）：_____
总监理工程师：_____
日期：_____

5. 工程临时延期审批表和工程最终延期审批表

工程临时延期审批是在承包单位提出工程临时延期申请表后，经项目监理机构详细地研究评审，考虑对工程工期的影响后，批准承包单位有效延期。工程最终延期审批是在影响工期事件结束，承包单位提出最后一个工程临时延期申请表批准后，经项目监理机构详细地研究评审影响工期事件全过程对总工期的影响后，批准承包单位有效延期。工程临时（最终）延期审批表填表说明如下。

(1) 总监理工程师在签认工程延期前应与建设单位、承包单位协商，与费用索赔一并考虑处理。

(2) 表中"根据施工合同条款××条的规定，我方对你方提出的××××工程延期申请"，分别填写处理本次延长工期所依据的施工合同条目和承包单位申请延长工期的原因。

(3) 工程最终延期审批表中"（第××号）"，填写承包单位提出的最后一个工程临时

延期申请表编号。

（4）审批意见。在影响工期事件结束，承包单位提出最后一个工程临时延期申请表批准后，工程师应指定专业监理工程师复查工程延期及临时延期审批的全部情况，详细地研究评审对工程总工期的影响程度、应由建设单位承担的责任和承包单位采取缩小延期事件影响的复查结果，提出同意工期延长的日历天数或不同意延长工期的意见，报总监理工程师审批；若不符合施工合同约定的工期延长条款或经计算不影响最终工期，项目监理机构总监理工程师在不同意延长工期选项前的"□"内打"√"，需延长工期时则在暂时同意延长工期选项前的"□"内打"√"。

工程临时（最终）延期审批表见表 3-3-5。

表 3-3-5　工程临时（最终）延期审批表

工程名称：　　　　　　　　　　　　　　　　　　　编号：

```
┌─────────────────────────────────────────────────────────────┐
│ 致：                                                        │
│    根据施工合同条款_____条的规定，我方对你方提出的_____ │
│ 工程延期申请（第____号）要求延长工期____日历天的要求，经过审核评估： │
│ □ 暂时同意工期延长_____日历天，使竣工日期（包括已指令延长的工期）从原来的 │
│ _____年___月___日延迟到_____年___月___日，请你方执行。     │
│ □ 不同意延长工期，请按约定竣工日期组织施工。                │
│                                                             │
│ 说明：                                                      │
│                                                             │
│                                                             │
│                                                             │
│                                                             │
│                                     项目监理机构（章）：_____ │
│                                     总监理工程师：_____  │
│                                     日期：_____          │
└─────────────────────────────────────────────────────────────┘
```

任务 3.4　质量控制资料

监理质量控制资料包括：施工测量放线报验单，工程材料/构配件/设备报验表，（检验批、分项）工程报验审核表，（分部、单位）工程报验审核表，（隐蔽、中间验收）工程报验审核表，（安全和功能检验、设备运转调试）工程报验审核表，不合格项处置记录，工程质量事故处理有关资料，监理抽检文件，工程质量保修前期工作报审表，解除工程质量缺陷责任书，有关工程奖惩文件资料，检测部门检测信息反馈处理记录等。下面主要介绍施工测量放线报验单和工程材料/构配件/设备报验表。

1. 施工测量放线报验单

承包单位施工测量放线完毕，自检合格后报项目监理机构复核确认。测量放线的专职测量人员资格及测量设备应是经项目监理机构确认的。施工测量放线报验单见表3-4-1，填写说明如下。

表3-4-1 施工测量放线报验单

工程名称：××省××市××工程　　　　　　　　　　编号：

致：××工程建设监理有限公司（监理单位）
根据合同要求，我们已完成<u>××省××市××工程</u>的施工放线，工作清单如下，请予查验。
附件：测量及放线资料
施工单位：_____ 负责人：_____ 日期：_____

工程或部位名称	放线内容	备注

专业监理工程师审查意见： 查验合格　　　　　　　□ 纠正差错后合格　　　　□ 纠正差错后再报　　　　□
专业监理工程师：　　　　　　　　　　　　　　　　日期：　年　月　日

注：本表一式两份，监理单位、施工单位各一份。

（1）工程或部位的名称：填写工程定位测量工程的名称。

（2）放线内容：填写测量放线工作内容的名称，如轴线测量、标高测量等。

（3）备注：填写施工测量放线使用测绘仪器的名称、型号、编号。

（4）专业监理工程师审查意见：专业监理工程师根据对测量放线资料的审查和现场实际复测情况签署意见，符合要求在"查验合格"后的"□"内打"√"，不符合要求在"纠正差错后再报"后的"□"内打"√"，并应简要指出不符合之处。

2. 工程材料/构配件/设备报验表

承包单位对拟进场的主要工程材料、构配件、设备，在检验合格后报项目监理机构进行进场验收。对未经监理人负责验收或验收不合格的工程材料、构配件、设备，监理人员应拒绝签认，承包单位不得在工程上使用，并应限期将不合格的材料、构配件、设备撤出现场。工程材料/设备/构配件报验表见表3-4-2，其填写说明如下。

（1）拟用于部位：指工程材料/构配件/设备拟用于工程的具体部位。

（2）工程材料/构配件/设备质量证明资料：指生产单位提供的证明工程材料/构配件/设备质量合格的资料，如合格证、性能检测报告等。凡无国家或省正式标准的新材料、新产品、新设备，应有省级及以上有关部门的鉴定文件；凡进口的材料、产品、设备，应有商检的证明文件。如无出厂合格证原件，存抄件或原件复印件亦可；但抄件或原件复印件要注明原件存放单位、抄件人和有抄件、复印件单位签名并盖公章。

（3）自检结果：指所购工程材料/构配件/设备的承包单位，对所购工程材料/构配件/设备按相关规定进行自检及复试的结果。对采购的主要设备须开箱检查，监理人员应进行见证，并在其"主要设备进行开箱检查记录"上面签字。检验报告一般应提供原件。

（4）监理工程师审查意见：对报验单所附的工程材料/构配件/设备、质量证明资料及自检结果认真核对，在符合要求的基础上，对进场工程材料/构配件/设备进行实物核对及观感质量验收，查验是否与合同、质量证明文件（合格证）及自检结果相符，是否存在质量缺陷等问题，并将相关的检查情况记录在监理日记中。根据检查结果，如符合要求，则将"不符合设计规范要求"及"不同意使用"用横线划掉，反之则将"符合设计规范要求"及"同意使用"划掉，并指出不符合要求之处。

表3-4-2　工程材料/设备/构配件报验表

工程名称：××省××市××超市工程　　　　　　　　　　编号：

致：××工程建设监理有限公司 我方于＿＿＿＿年＿＿＿＿月＿＿＿＿日进场的材料/构配件/设备数据如下（见附件）。 现将质量证明文件及自检结果报上，拟用于下述部位。 请予以审核。 附件：1. 清单（名称、产地、规格、数量） 　　　2. 质量证明文件（合格证） 　　　3. 自检结果 　　　　　　　　　　　　　　　　　　　　施工单位（章）：＿＿＿＿＿＿＿＿ 　　　　　　　　　　　　　　　　　　　　项目经理：＿＿＿＿＿＿＿＿ 　　　　　　　　　　　　　　　　　　　　日期：＿＿＿＿＿＿＿＿
审查意见： □符合设计规范要求　　　□不符合设计规范要求 □同意使用　　　　　　　□不同意使用 　　　　　　　　　　　　　　　　　　　项目监理机构（章）：＿＿＿＿＿＿＿＿ 　　　　　　　　　　　　　　　　　　　总/专业监理工程师：＿＿＿＿＿＿＿＿ 　　　　　　　　　　　　　　　　　　　日期：＿＿＿＿＿＿＿＿

建筑工程资料管理

任务 3.5 投资控制资料

1. 工程款支付

（1）承包单位统计经专业监理工程师质量验收合格的工程量，按施工合同的约定填报工程量清单和工程款支付申请表。工程款支付申请表填写范例见表 3-5-1。

（2）专业监理工程师进行现场计量，按施工合同的约定审核工程量清单和工程款支付申请表，报总监理工程师审定。

（3）总监理工程师签署工程款支付证书，并报建设单位。工程款支付证书填写范例见表 3-5-2。

表 3-5-1　工程款支付申请表填写范例

工程名称：××省××市××工程　　　　　　　　　　　　编号：

致：××市××工程建设监理有限公司（监理单位） 　　我方已完成了 <u>生化池及二沉池地基开挖、回填石屑、水泥土搅拌桩</u> 的施工工作，按施工合同的规定，建设单位应在××年××月××日前支付该项工程款共（大写）_____（小写：¥_____元），现报上××工程款支付申请表，请予以审查并开具工程款支付证书。 　　附： 　　1. 工程量清单； 　　2. 计算方法。 　　　　　　　　　　　　　　　　　　　　　　　承包单位（章）：_____ 　　　　　　　　　　　　　　　　　　　　　　　项目经理：_____ 　　　　　　　　　　　　　　　　　　　　　　　日　期：_____

注：本表由施工单位填报，建设单位、监理单位、施工单位各存一份。填写说明如下：

① 承包单位根据施工合同中工程款支付约定，向项目监理机构申请开具工程款支付申请表。

② 申请支付工程款金额包括合同内工程款、工程变更增减费用、经批准的索赔费用，扣除应扣保留金及施工合同中约定的其他费用。

③ 表中"我方已完成了_____工作"应填写经专业监理工程师验收合格的工程；定期支付进度款的，填写本支付期内经专业监理工程师验收合格工程的工作。

④ 工程量清单（限于本次付款申请中经专业监理工程师验收合格工程的工程量），是指统计报表及专业监理工程师签认的相应工程计量报审表。

⑤ 计算方法，是指以专业监理工程师签认的工程量按施工合同约定采用的有关定额（或其他计价方法的单价）的工程价款计算。

⑥ 根据施工合同约定，由建设单位支付工程预付款的，也采用此表向监理机构申请支付。

⑦ 工程款申请中如有其他和付款有关的证明文件和资料，应附有相关证明资料。

表 3-5-2　工程款支付证书填写范例

工程名称：××省××市××工程　　　　　　　　　　编号：

致：＿＿＿＿＿＿＿＿＿＿＿＿＿（建设单位）

　　根据施工合同的规定，经审核承包单位的付款申请和报表，并扣除有关款项，同意本期支付工程款共（大写）壹拾叁万贰仟伍佰陆拾元（小写：￥132560.00元）。请按合同规定及时付款。

其中：
1. 承包单位申请款为：132560.00元
2. 经审核承包单位应得款为：132560.00元
3. 本期应扣款为：0元
4. 本期应付款为：132560.00元

附件：
　　承包单位的工程付款申请表及附件；
　　项目监理机构审查记录。

　　　　　　　　　　　　　　　　　　　　项目监理机构：＿＿＿＿＿＿＿＿＿＿
　　　　　　　　　　　　　　　　　　　　总监理工程师：＿＿＿＿＿＿＿＿＿＿
　　　　　　　　　　　　　　　　　　　　日　　　　期：＿＿＿＿＿＿＿＿＿＿
　　　　　　　　　　　　　　　　　　　　××省工程建设监理协会监制

注：本表由监理单位签发，建设单位、监理单位、施工单位各存一份。
　　① 工程款支付证书是由项目监理机构收到承包单位的工程款支付申请表，根据施工合同和有关规定审查复核后签发的应向承包单位支付工程款的证明文件。
　　② 建设单位，指建筑施工合同中的发包人。
　　③ 承包单位申请款，指承包单位向监理机构申报的工程款支付申请表中所申请的工程款额。
　　④ 经审核承包单位应得款，指经专业监理工程师对承包单位向监理机构填报工程款支付中涉及审核后核定的工程款额，包括合同内工程款、工程变更增减费用、经批准的索赔费用等。
　　⑤ 本期应扣款，指施工合同约定本期应扣除的预付款、保留金及其他应扣除的工程款的总和。
　　⑥ 本期应付款，指经审核承包单位应得款额减本期应扣款额的金额。
　　⑦ 承包单位的工程付款申请表及附件，指承包单位向监理机构申报的工程款支付申请表及其附件。
　　⑧ 项目监理机构审查记录，指总监理工程师指定专业监理工程师，对承包单位向监理机构申报的工程款支付申请表及其附件的审查记录。

2. 费用索赔支付

（1）监理单位处理费用索赔的依据。
① 国家有关的法律、法规和工程项目所在地的地方法规。
② 本工程的施工合同文件。
③ 国家、部门和地方有关的标准、规范和定额。
④ 施工合同履行过程中与索赔事件有关的凭证。

（2）监理单位处理费用索赔的原则。
当施工单位提出费用索赔的理由同时满足以下条件时，项目监理机构方可受理。

① 索赔事件造成施工单位的直接经济损失。
② 索赔事件是由于非施工单位责任发生的。
③ 施工单位已按照施工合同的规定期限和程序提出费用索赔申请表（表3-5-3）并附有索赔凭证材料。

表3-5-3　费用索赔申请表

工程名称：××省××市××工程　　　　　　　　　　编号：

```
致：××市××工程建设监理有限公司（监理单位）
    根据施工合同条款____条的规定，由于_____的原因，我方要求索赔金额
（大写_____），请予以批准。
    索赔的详细理由及经过：



    索赔金额的计算：



    附：证明材料
    设计变更通知单（编号×××）




                                                    承包单位：_____
                                                    项目经理：_____
                                                    日　　期：_____
                                        ××省工程建设监理协会监制
```

注：本表由施工单位填报，建设单位、监理单位、施工单位各存一份。
　　费用索赔申请表填写说明如下。
　　① 费用索赔申请表是承包单位向建设单位提出费用索赔，报项目监理机构审查、确认和批复的文件。
　　② 总监理工程师应在施工合同约定的期限签发费用索赔申请表，或发出要求承包单位提出费用索赔的进一步详细资料的通知。
　　③ 表中"根据合同条款____条的规定"，填写提出费用索赔所依据的施工合同条目。
　　④ 表中"由于_____的原因"，填写导致费用索赔的条件。
　　⑤ 索赔的详细理由及经过，指索赔事件造成承包单位的直接经济损失，且索赔事件是由于非承包单位的责任而发生的详细理由及事件经过。
　　⑥ 索赔金额计算时，索赔的费用内容一般包括人工费、材料费、设备费、管理费等。
　　⑦ 证明材料，指上述两项所涉及的各种证明材料。

（3）施工单位向建设单位提出费用索赔后项目监理机构处理费用索赔的程序。
① 施工单位在施工合同规定的期限内向项目监理机构提交对建设单位的费用索赔意向通知书，逾期可以不受理。
② 总监理工程师指定专业监理工程师收集与索赔有关的资料。

③ 施工单位在施工合同规定的期限内向项目监理机构提交对建设单位的费用索赔申请，逾期可以不受理。

④ 总监理工程师初步审查费用索赔申请，符合索赔条件时予以受理。

⑤ 总监理工程师进行费用索赔审查，并在初步确定一个额度后，与施工单位和建设单位进行协商。

⑥ 总监理工程师在施工合同规定的期限内签署费用索赔审批表（表3-5-4），或在施工合同规定的期限内发出要求承包单位提交有关索赔报告的进一步详细资料的通知，待收到施工单位提交的详细资料后再按上述程序进行审批。

表 3-5-4 费用索赔审批表填写范例

工程名称：××省××市××工程　　　　　　　　　　　　编号：

```
致：＿＿＿＿＿＿＿＿＿＿＿＿＿＿＿＿＿＿＿＿（承包单位）
    根据施工合同条款×××条的规定，你方提出的＿＿＿＿＿＿＿＿＿＿＿＿＿＿费用索赔申请
（第001号），索赔（大写）＿＿＿＿＿＿＿，经我方审核评估：
□不同意此项索赔。
□同意此项索赔，金额为（大写）＿＿＿＿＿＿＿。


同意/不同意索赔的理由：




索赔金额的计算：



                                    项目监理机构：＿＿＿＿＿＿＿＿＿＿
                                    总监理工程师：＿＿＿＿＿＿＿＿＿＿
                                    日期：＿＿＿＿＿＿＿＿＿＿
```

注：本表由监理单位签发，建设单位、监理单位、施工单位各存一份。

工程索赔审批表是监理机构对承包商提出的费用索赔申请进行审查批准所用的表格。审查意见包括如下内容。

① 专业监理工程师应首先审查索赔事件发生后，承包单位是否在施工合同规定的期限（28天）内，向专业监理工程师递交过索赔意向通知，如果超过此期限，专业监理工程师和建设单位有权拒绝索赔要求；其次，审核承包单位的索赔条件是否成立；最后，审核承包单位报送的费用索赔申请表，包括索赔的详细理由及经过，索赔金额的计算及证明材料。如果不满足索赔条件，专业监理工程师应在"不同意此项索赔"前的"□"内打"√"；如符合条件，专业监理工程师就初定的索赔金额向总监理工程师报告，由总监理工程师分别与承包单位及建设单位进行协商，达成一致或监理工程师公正地自主决定后，在"同意此项索赔"前的"□"内打"√"，并把确定金额写明。如果承包人不同意监理工程师的决定，则可按合同中的仲裁条款提交仲裁机构仲裁。

② 同意/不同意索赔的理由：索赔的理由应简要列明；对不同意索赔，或虽同意索赔但不同意其中的不合理部分，应简要说明。

3. 工程变更价款支付

（1）当发生工程变更时，总监理工程师应从造价、项目的功能要求、质量和工期等方面审查工程变更的方案，并且在工程变更实施前与建设单位、承包单位协商确定工程变更的价款。

（2）项目监理机构按施工合同约定的工程量计算规则和支付条款进行工程量计量和工程款支付。

4. 工程变更审批表

工程变更审批表是承包单位收到总监理工程师签认的工程变更单后，在施工合同约定的期限内就变更工程价款报项目监理机构进行审核确认的文件。总监理工程师应在施工合同规定的期限（在收到工程变更费用报审表之日起 14 天）内签发工程变更费用报审表，在签发前应与建设单位、承包单位协商。

5. 审查意见

总监理工程师指定专业监理工程师首先审核工程变更的各项手续是否齐全，其变更是否经总监理工程师确认；其次，审核承包单位是否在工程变更确认后 14 天内，向专业监理工程师提出了变更价款的报告，如超过此期限，视为该项目不涉及合同价款的变更。以上条件符合要求后，专业监理工程师对工程变更单进行审核，核对工程款的计算方法是否符合施工合同的规定、计算是否准确，将审查结果报总监理工程师。总监理工程师与承包单位进行协商，达成一致，然后通报协商结果。总监理工程师应协助建设单位、各承包单位进行协调形成一致意见，如果未能达成一致意见，监理机构应提出暂定价格，待工程竣工结算后，以建设单位和承包单位达成的协议为准。

6. 竣工结算审核程序

（1）施工单位按施工合同规定填报竣工结算报表。

（2）专业监理工程师审核施工单位报送的竣工结算报表。

（3）总监理工程师审定竣工结算报表，与建设单位、施工单位协商一致后，签发竣工结算文件和最终的工程款支付证书报建设单位。

7. 监理月报中有关造价控制的要求

专业监理工程师应及时建立月完成工程量和工作量统计表，对实际完成量与计划量进行分析、比较，制定调整措施，在监理月报中向建设单位报告。

一个监理投资控制资料的范例，其卷内目录见表 3-5-5。

表 3-5-5 卷内目录

工程名称：××省××市××工程

序号	资料名称	份数	备注
1	工程款支付申请表（表 3-5-1）		
2	工程款支付证书（表 3-5-2）		

续表

序号	资料名称	份数	备注
3	费用索赔申请表（表3-5-3）		
4	费用索赔审批表（表3-5-4）		
5	竣工结算审核意见书		

注：工程款支付申请表与工程款支付证书、费用索赔申请表与费用索赔审批表一一对应存放，并按发生时间先后顺序编号分类汇总。

任务 3.6　合同管理及其他资料

工程监理合同文件一般由工程监理投标书及中标通知书、监理合同协议书、合同标准条件、合同专用条件及实施过程中双方共同签署的合同补充与修正文件五部分组成。

监理工程师根据各合同内容，在不同阶段协助业主做好合同管理。

（1）工程建设监理一般程序。

① 编制工程建设监理规划。

② 按工程建设进度，分专业编制工程建设监理实施细则。

③ 按照建设监理实施细则进行建设监理。

④ 参与工程竣工预验收，签署建设监理意见。

⑤ 建设监理业务完成后，向项目法人提交工程建设监理档案资料，合同管理也可以参照监理实施细则。

（2）合同管理制度的建立。

① 向有关单位索取合同副本，了解掌握合同内容，以便进行合同的跟踪管理，包括合同各方面执行情况检查，向有关单位及时准确反映合同信息。

② 审核工程设计变更和核定施工单位的实物工程量。

③ 督促施工单位落实工程进度计划，根据工程进度计划进行实际值与计划值的比较、分析，提出意见，准确及时提供合同执行情况的有关资料。

④ 专业监理工程师应随时向总监理工程师报告工作，并准确及时提供有关资料。

⑤ 该工程合同执行情况每月在监理月报中反映。

（3）监理合同与其他事项管理。

① 工程延期报告及审批表（建设单位永久保存，监理单位长期保存，送城建档案管理部门保存）。

② 费用索赔报告及审批表（建设单位、监理单位长期保存）。

③ 合同争议、违约报告及处理意见（建设单位永久保存，监理单位长期保存）。

④ 合同变更材料（建设单位、监理单位长期保存，送城建档案管理部门保存）。

监理要管好几个方面的合同，也包括分包单位合同。

(4) 分包单位报审表。

分包单位报审表是总承包单位在分包工程开工前，对分包单位的资格报项目监理机构审查确认。未经总监理工程师确认，分包单位不得进场施工，总监理工程师对分包单位资格的确认不解除总承包单位应负的责任。施工合同中已明确或经过招标确认的分包单位（即建设单位书面确认的分包单位），承包单位可不再对分包单位资质进行报审。

① 分包单位：按所报分包单位企业法人营业执照全称填写。

② 分包单位资质材料：指按《建筑业企业资质管理规定》（住建部令第 22 号），建设行政主管部门资质审查核发的，具有专业承包企业资质等级和建筑业劳务分包企业资质的建筑业企业资质证书和企业法人营业执照副本。

③ 分包单位业绩材料：指分包单位近三年完成的与分包工程工作内容类似的工程及工程质量的情况。

④ 分包工程名称（部位）：指拟分包给所报分包单位的工程名称（部位）。

⑤ 工程数量：指分包工程的工作量。

⑥ 拟分包工程合同额：指在拟签订的分包合同中签订的金额。

⑦ 分包工程占全部工程：指分包工程工作量占全部工程工作量的百分比。

⑧ 专业监理工程师审查意见：专业监理工程师应对承包单位所报材料逐一进行审查，对取得施工总承包企业资质等级证书的分包单位，审查其核准的营业范围与拟承担的分包工程是否相符；对取得专业承包企业资质证书的分包单位，审查其核准的等级和范围（60 类）与拟承担的分包工程是否相符；对取得建筑业劳务分包企业资质的分包单位，审核其核准的资质（13 类）与拟承担的分包工程是否相符。在此基础上，项目监理机构和建设单位认为必要时，会同承包单位对分包单位进行考察，主要核实承包单位的申报材料与实际情况是否相符。

⑨ 专业监理工程师在审查承包单位报送的分包单位有关资料，并经考察核实（必要时）的基础上，提出审查意见、考察报告（必要时）附于报审表后。根据审查情况，如认定该分包单位具备分包条件，即批复"该分包单位具备分包条件，拟同意分包，请总监理工程师审核"；如认为不具备分包条件，应简要说明理由。

⑩ 分包资质：分包单位资质报审表（建设单位长期保存），见表 3-6-1；供货单位资质报审表（建设单位长期保存），见表 3-6-2；试验室资质报审表（建设单位长期保存），见表 3-6-3。

表 3-6-1 分包单位资质报审表

工程名称：××省××市××工程　　　　　　　　　　　　　编号：

致：××市××工程建设监理有限公司（监理单位）
　　经考察，我方认为拟选择的＿＿＿＿＿＿＿＿＿＿＿＿＿（分包单位）具有承担下列工程的施工资质和施工能力，可以保证本工程项目按合同的规定进行施工。分包后，我方仍承担总包单位的全部责任。请予以审查和批准。
　　附：1. 分包单位资质材料；
　　　　2. 分包单位业绩材料。

续表

分包工程名称（部位）	工程数量	拟分包工程合同额	分包工程占全部工程
合计			

专业监理工程师审查意见：

专业监理工程师：_____
日期：_____

总监理工程师审核意见：

项目监理机构：_____
总监理工程师：_____
日期：_____

表 3-6-2 材料供应商资质报审表

工程名称：××省××市××工程　　　　　　　　　　编号：

致：××市××工程建设监理有限公司
经考察，我项目部拟选择的 _____（材料供应商）具有承担本工程的钢筋的供应能力和资质，该材料满足设计图的设计要求，可以保证本工程项目按施工合同的规定进行施工。请予以审查和批准。 　　附件：供应商资质材料复印件   　　　　　　　　　　　　　　　　　　　承包单位（章）：_____ 　　　　　　　　　　　　　　　　　　　　　项目经理：_____ 　　　　　　　　　　　　　　　　　　　　　　　日期：_____
监理工程师审查意见：   　　　　　　　　　　　　　　　　　　　　　监理工程师：_____ 　　　　　　　　　　　　　　　　　　　　　　　日期：_____
总监理工程师审核意见：   　　　　　　　　　　　　　　　　　　　监理单位（章）：_____ 　　　　　　　　　　　　　　　　　　　总监理工程师：_____ 　　　　　　　　　　　　　　　　　　　　　　　日期：_____

表 3-6-3　试验室资质报审表

工程名称：××省××市××工程　　　　　　　　　　编号：

致：××市××工程建设监理有限公司（监理单位） 　　经考查，我方认为拟选择的××省××材料检测中心（试验室）具有与××省××市××工程相适应的试验资质及试验能力。现报上有关资料，请予以审查和批准。 附件： 1．试验室的资质等级及试验范围； 2．法定计量部门对试验室出具的计量检定证明； 3．试验室管理制度； 4．试验人员的资格证书； 5．本工程的试验项目及其要求。 　　　　　　　　　　　　　　　　　　承包单位（章）：_____ 　　　　　　　　　　　　　　　　　　　　项目经理：_____ 　　　　　　　　　　　　　　　　　　　　　　日期：_____
监理工程师审查意见：   　　　　　　　　　　　　　　　　　　项目监理机构（章）：_____ 　　　　　　　　　　　　　　　　　　　监理工程师：_____ 　　　　　　　　　　　　　　　　　　　　　日期：_____

注：填表说明。
① 承包单位拟用于施工试验的试验室不论是"自备"还是"外委"，均应用该表报项目监理机构审查确认。
②"试验室管理制度"是指报审时列出管理制度目录。

（5）监理文件档案资料借阅、更改与作废。

项目监理部存放的文件和档案原则上不得外借，如政府部门、建设单位或施工单位确有需要，应经过总监理工程师或其授权的监理工程师同意，并在信息管理部门办理借阅手续。

监理文件档案的更改应由原制定部门相应责任人执行，涉及审批程序的，由原审批责任人执行。若指定其他责任人进行更改和审批，新责任人必须获得所依据的背景资料。监理文件档案更改后，由信息管理部门填写监理文件档案更改通知单，并负责发放新版本文件，发放过程中必须保证项目参建单位中所有相关部门都得到相应文件的有效版本。文件档案换发新版本时，应由信息管理部门负责将原版本收回作废。考虑到日后有可能出现追溯需求，信息管理部门可以保存作废文件的样本以备查阅。

项目小结

监理单位管理资料主要包括监理规划、监理实施细则、监理月报、监理会议纪要、监理工作日志、监理工作总结等内容。

进度控制资料主要包括施工进度计划报审表、工程开工报审表、工程暂停令、工程延期审批表、工程临时延期审批表和工程最终延期审批表等内容。

质量控制资料主要包括施工测量放线报验单、工程材料/构配件/设备报验表等内容。

投资控制资料主要包括工程款支付、费用索赔支付、工程变更价款支付、工程变更审批表、审查意见、竣工结算审核程序、监理月报中有关造价控制的要求等内容。

习　题

一、选择题

1. 总包单位的资料员应参与（　　）管理，做好各类文件资料的及时收集、核查、登记、传阅、借阅、整理、保管等工作。

　　A. 设计工作　　　　B. 施工生产　　　　C. 质量检查　　　　D. 施工监督

2. 应严格履行建筑工程资料的（　　），借阅或传阅应注明借阅或传阅的日期、借阅人名、传阅责任人、传阅范围及期限，借阅或传阅人应签字认可，到期应及时归还；借阅或传阅文件借（传）出后，应在文件夹的内附目录中做上标记。

　　A. 保管手续　　　　B. 查阅手续　　　　C. 监管手续　　　　D. 借阅手续

3. 项目管理部应根据实际需要，配备熟悉工程管理业务、经过培训的人员担任（　　）工作。

　　A. 工程管理　　　　B. 信息管理　　　　C. 业务管理　　　　D. 信息收集

4. 信息管理计划应包括信息的来源、内容、标准、时间要求、传递途径、反馈的范围、人员及职责和（　　）等内容。

　　A. 信息性质　　　　B. 信息效益　　　　C. 工作程序　　　　D. 工作方法

5. 验收工作是建筑工程在（　　）单位自行质量检查评定的基础上进行的。

　　A. 建设　　　　　　B. 监理　　　　　　C. 施工　　　　　　D. 设计

6. 监理工作总结包括监理合同（　　）情况。

　　A. 履行　　　　　　B. 变更　　　　　　C. 签订　　　　　　D. 内容分析

7. 施工阶段监理月报的本月监理工作小结包括对（　　）监理工作的重点。

　　A. 上月　　　　　　B. 本月　　　　　　C. 下月　　　　　　D. 现阶段

8. 施工阶段监理月报的"工程计量与工程款支付"方面包括工程量（　　）情况。

　　A. 申报　　　　　　B. 计划　　　　　　C. 审核　　　　　　D. 计算

9. 施工阶段的监理月报应包括本月（　　）。

A. 建设单位工作概况　　　　　　B. 工程概况
C. 施工单位工作概况　　　　　　D. 施工单位安全培训概况

10. 施工阶段监理资料应包括监理（　　）总结。

A. 活动　　　B. 工作　　　C. 计划　　　D. 人员各自

二、简答题

1. 简述监理规划应包括的主要内容。
2. 简述监理质量控制资料整理内容。

三、案例分析题

某项目施工时发生了因混凝土振捣不密实造成的漏筋质量缺陷，施工单位会同监理单位对现场进行勘察后，施工单位填写了《建筑工程质量事故调（勘）查记录》表，见表 3-1。
注：该项目无任何分包项目。

表 3-1　建设工程质量事故调（勘）查记录（摘录）

编号：×××

工程名称	××工程		日期	××年×月×日
调（勘）查时间	××年×月×日×时××分至×时××分			
调（勘）查地点	××年××（工程项目所在地）			
参加人员	单位	姓名	职务	电话
被调查人	××建筑公司	×××	……	
陪同调（勘）查人员		×××		
		×××	……	
调（勘）查记录	××年×月×日在8层柱混凝土施工时，由于混凝土振捣未按操作规程操作，致使……			
A	√有　　无　　共4张　　共4页			
……				
被调查人签字			调（勘）查人	

请根据以上背景资料完成相应小题选项，其中判断题二选一（A、B 选项），单选题四选一（A、B、C、D 选项），多选题四选二或三（A、B、C、D 选项）。不选、多选、少选、错选均不得分。

1. （单选题）该表是当工程发生质量事故后，对工程质量事故进行初步调查了解和现场勘查所形成的（　　）。

A. 资料　　　B. 记录　　　C. 文件　　　D. 档案

2. （判断题）根据附录 A，建设工程质量事故调（勘）查记录表为 B 类表格，此说法是否正确？（　　）

A. 正确　　　B. 不正确

3. （判断题）监理单位派出的调（勘）查人为专业监理工程师，此做法是否妥当？（　　）

A. 妥当　　　　　　　B. 不妥当

4. （单选题）通常情况下，（　　）对工程质量负总责。

A. 项目经理　　　B. 技术负责人　　C. 工长　　　　D. 劳务承包人

5. （单选题）表 3-1 中，"A" 可以是（　　）。

A. 操作者叙述　　　　　　　　　　B. 事故原因分析

C. 现场物证照片　　　　　　　　　D. 现场损失估计

6. （单选题）该表由（　　）填写。

A. 监理员　　　　B. 施工员　　　C. 施工单位　　D. 调查人

7. （单选题）现场调（勘）查时，应采用（　　）的形式真实记录现场情况。

A. 影像　　　　　B. 实测　　　　C. 文本表述　　D. 共同签认

8. （多选题）"调（勘）查记录"栏中必须注明的是（　　）。

A. 事故发生时间　　　　　　　　　B. 事故责任单位

C. 事故发生具体部位　　　　　　　D. 事故安全性评估

9. （多选题）下列说法正确的有（　　）。

A. 该表只由施工单位保存

B. 该表中应列出"事故影响程度"栏

C. 该表各有关单位均应保存

D. 该表应本着实事求是的原则填写

10. （多选题）陪同调（勘）查人员可包括（　　）。

A. 工长　　　　　B. 施工员　　　C. 监理员　　　D. 质量员

拓展活动

学生通过教师提供的建筑工程资料，以小组为单位进行监理资料文件的填写、存储、归档，并且互相查找所填写资料中不符合相关规范和规定的地方。

项目3
在线答题

项目 4 施工单位文件资料管理

任务提出

施工单位文件资料是指施工单位在工程施工过程中形成的资料,包含了整个建筑施工从开始到结束所产生的文件内容,有联系外单位(建设单位、设计单位、勘察单位、监理单位等)的文件,也有记录工程质量、技术及安全等情况(包括新工艺、原材料检测和检验)的文件,以及保证施工安全的信息和安全纠正的内容(安全方案的编写、安全教育等),是记录施工全过程的文件。施工单位文件资料应严格按照规范编写,真实反映施工现场的技术、质量情况,其资料形式有纸质资料、实物资料、视听资料、图片资料、影像资料等。

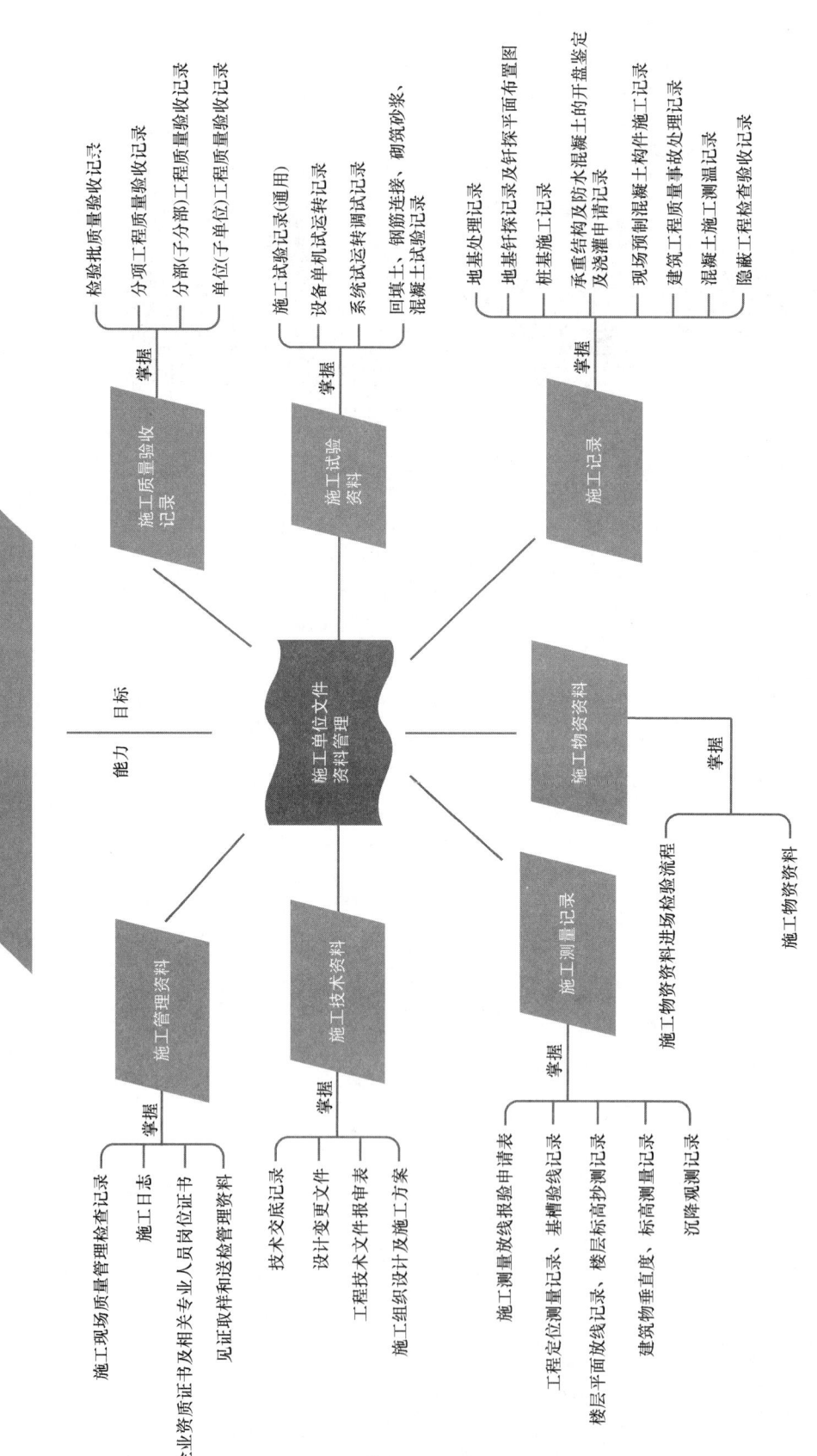

第4章思维导图

任务 4.1　施工单位文件资料的形成过程

施工单位文件资料是施工单位在工程施工过程中形成的全部资料，按其性质可分为施工管理资料、施工技术资料、施工测量记录、施工物资资料、施工记录、施工试验资料、施工质量验收记录等，其形成过程如图 4-1-1 所示。

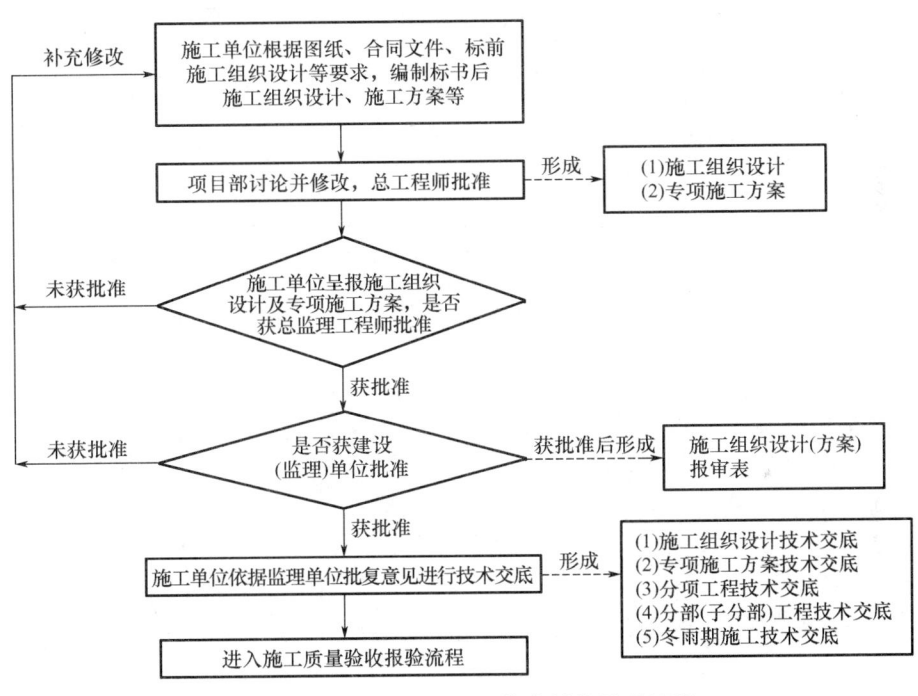

图 4-1-1　施工单位文件资料的形成过程

任务 4.2　施工管理资料

施工管理资料是施工单位制定的管理制度，如控制质量、安全、工期的措施，对人员、物资组织管理的文件。施工管理资料主要包括管理上的一些表格，如工程概况表、施工现场质量管理检查记录、施工进度计划报审表、工程动工报审表、施工日志、企业资质证书及相关专业人员岗位证书、工程质量事故报告、见证取样和送检管理资料及施工总结等。它是施工单位在施工全过程管理中形成的资料，多由施工单位填写，各相关单位保

存。下面主要介绍施工现场质量管理检查记录、施工日志、企业资质证书及相关专业人员岗位证书、见证取样和送检管理资料。

4.2.1 施工现场质量管理检查记录

建筑工程项目经理部应建立质量责任制度及现场管理制度，健全质量管理体系，制定施工技术标准，审查资质证书、施工图、地质勘察资料和施工技术文件等。施工单位应按规定填写施工现场质量管理检查记录，报项目总监理工程师（或建设单位项目负责人）审核确认。施工现场质量管理检查记录填写范例见表4-2-1。

表4-2-1 施工现场质量管理检查记录填写范例

开工日期：

工程名称	××1号楼	建筑工程施工许可证号	××××
建设单位	××房地产开发有限公司	项目负责人	×××
设计单位	××省建筑设计总院	项目负责人	×××
监理单位	××市新技术咨询监理公司	总监理工程师	×××
施工单位	××省第一建筑工程公司	项目经理 ×××	项目技术负责人 ×××

序号	项目	主要内容
1	现场质量管理制度	质量例会制度、三检及交接检制度、奖罚制度等
2	质量责任制	岗位责任制、设计交底制、技术交底制、挂牌制等
3	主要专业工种操作上岗证书	测量工、钢筋工、混凝土工、起重工、机械工、电焊工等上岗证书，符合要求
4	分包方资质与对分包单位的管理制度	对分包资质审查：满足施工要求，总包单位对分包单位制定的管理制度认可
5	施工图审查情况	施工图纸已通过×××图审中心审查
6	地质勘察资料	××勘察设计院已提供地质勘察报告一份
7	施工组织设计、施工方案及审批	施工组织设计、主要施工方案编制和审批手续齐全
8	施工技术标准	国家、行业及企业标准等齐全
9	工程质量检验制度	原材料及施工检验制度、工程项目质量抽检制度、分项工程质量三检制度
10	搅拌站及计量设置	有管理制度和计量设施，经计量检校准确

续表

| 11 | 现场材料、设备存放与管理 | 按材料设备性能要求制定了管理措施、制度，其存放按施工组织设计平面图布置 |

检查结论：
　　通过上述项目的检查，项目部施工现场管理制度明确到位，质量责任制措施得力，主要专业工种操作上岗证书齐全，施工组织设计、施工方案已审批，现场工程质量检验制度齐全，现场材料、设备存放按施工组织设计平面图布置，有材料、设备管理制度。

总监理工程师：×××
（建设单位项目负责人）
××年××月××日

注：本表由施工单位填写，施工单位、监理单位各保存一份。

　　施工现场质量管理检查记录是对健全质量管理体系的具体要求，工程在开工前，由施工单位现场负责人填写，监理单位的总监理工程师或建设单位的项目负责人验收。

　　(1) 表头部分：填写参与工程建设各责任方的主要概况。"工程名称"栏要填写工程名称全称，并与合同或招标文件中的工程名称一致；"建筑工程施工许可证号"栏填写当地建设行政主管部门批准颁发的建筑工程施工许可证（开工证）的编号。

　　表头部分可统一填写，不需具体人员签名，但应明确负责人的地位。

　　(2) 检查项目部分：填写各检查项目文件的名称或编号，并将文件（原件或复印件）附在表后供检查，检查后将文件归还原单位。

　　(3) 检查项目主要内容部分：根据检查情况，将结果填到相对应的栏中；也可直接将有关资料的名称写上。

　　(4) 检查结论部分：此部分由总监理工程师或建设单位项目负责人填写。

　　总监理工程师或建设单位项目负责人对施工单位报送的各项资料应进行验收核查，验收核查合格后，签署认可意见。

　　检查结论要明确是符合要求还是不符合要求。如总监理工程师或建设单位项目负责人验收核查认为不合格，施工单位必须限期改正，否则不准许开工。

4.2.2　施工日志

1. 施工日志的内容

　　施工日志应由项目施工员填写，记录从工程开工之日至竣工之日的全部技术质量管理和生产经营活动，见表4-2-2。其主要包括如下内容。

　　(1) 生产情况记录。如施工部位、施工内容、机械作业、班组工作及生产存在的问题等。

　　(2) 技术质量安全工作记录。如技术质量安全活动、技术质量安全问题、检查评定验收等。

　　(3) 工程开工/复工报审表。施工单位在完成施工准备并取得建筑工程施工许可证之后，应填写工程开工/复工报审表。工程开工/复工报审表填写范例见表4-2-3。

　　(4) 工程停工/复工报告。在施工过程中由于某些原因而导致工程需要停工，或停工后经采取措施重新具备施工条件时，施工单位应填写工程停工/复工报告（表4-2-4），报监理（建设）单位审批。

表4-2-2 施工日志

施工日志			编号	
时间	天气状况	风力	最高/最低温度	备注
白天				
夜间				
生产情况记录（施工部位、施工内容、机械作业、班组工作、生产存在的问题等）：				
技术质量安全工作记录（技术质量安全活动、技术质量安全问题、检查评定验收等）：				
记录人			日期	

注：本表由施工单位填写并保存。

表4-2-3 工程开工/复工报审表填写范例

工程名称：××工程　　　　　　　　　　　　　　　　　　　编号：

致：××监理公司
　　我方承担的＿＿＿××＿＿＿工程，已完成了以下各项工作，具备了开工/复工条件，请核查并签发开工/复工指令。
　　附件：1. 开工报告
　　　　　2. 证明文件
　　（1）建筑工程施工许可证（复印件）。
　　（2）施工组织设计（含主要管理人员和特殊工种资格证明）。
　　（3）施工测量放线已完成。
　　（4）主要人员、材料、设备已进场，满足开工条件。
　　（5）施工现场道路、水、电、通信等已达到开工条件。

　　　　　　　　　　　　　　　　　　　　　　承包单位（章）：
　　　　　　　　　　　　　　　　　　　　　　项目经理：
　　　　　　　　　　　　　　　　　　　　　　日期：

续表

审查意见：
1. 检查建筑工程施工许可证，施工现场主要管理人员和特殊工种资格证明符合要求。
2. 施工组织设计已审批。主要人员（项目经理、专业技术管理人员等）已到位，部分材料已进场，符合动工条件。
3. 施工现场道路、水、电、通信等已达到开工条件。
项目监理机构：
总监理工程师：
日期：

注：本表由施工单位填写并保存。

表 4－2－4 工程停工/复工报告

工程名称		建设地点	
建设单位		监理单位	
施工单位		设计单位	
计划停（复）工日期		实际停（复）工日期	
停（复）工的主要原因：			
拟采取的措施和建议：			
监理单位意见： 监理工程师签名： 年 月 日			
建设单位意见： 建设单位负责人签名： 年 月 日			

2. 施工日志的填写要求

（1）各专业工长分别填写，要逐日记载，不得后补。

（2）施工日志的记录不应是流水账，要有时间、天气情况、分项部位、机械作业及人员情况。

（3）施工日志只记录与工程有关的内容，如工程技术、质量、安全、生产变化、人员变动情况等，与生产无关的内容不要记录。

（4）施工日志应连续记录，若工程施工期间有间断，应在施工日志中加以说明。可在停工最后一天或复工第一天中描述。

（5）施工日志应完整，除生产情况记录和技术质量安全工作记录须完整外，若施工中出现问题，也要反映在记录中。

4.2.3 企业资质证书及相关专业人员岗位证书

分包单位资格报审是总包单位实施分包时，应提请项目监理机构对其分包单位资质进行审查的批复文件。

（1）资料要求。

① 分包单位资格报审表由承包单位填报，加盖公章，项目经理签字，经专业监理工程师初审符合要求后签字，由总监理工程师最终审核加盖项目监理机构章，经总监理工程师签字后作为有效资料。

② 对分包单位资格的审核应满足资料说明的审查内容要求。

③ 该表责任方、承包单位和项目监理机构均须盖章；项目经理、专业监理工程师、总监理工程师分别签字、盖章。签章不齐全为不符合要求。分包单位资格报审表见表4-2-5。

（2）分包单位资格审核的内容。

① 分包单位的营业执照、企业资质等级证书、特殊行业施工许可证、国外（境外）企业在国内承包工程许可证。

② 分包单位的业绩（指分包单位近三年所承建的分包工程名称、质量等级证书或经建设单位组织验收后形成的各方签章的单位工程质量验收记录）。

③ 拟分包工程的内容和范围。

④ 专职管理人员和特种作业人员资格证、上岗证，特殊工种上岗证。工程开工前，施工单位应将工地上所有特殊工种上岗证收集起来，并将每个人的身份证相对应地复印在A4纸上，报监理单位审核。

表4-2-5 分包单位资格报审表

工程名称：　　　　　　　　　　　　　　　　　　　　　　　编号：

致：＿＿＿＿＿＿＿＿＿＿＿＿＿＿＿＿＿＿（监理单位）

　　经考察，我方认为拟选择的＿＿＿＿＿＿＿＿＿＿＿＿＿＿（分包单位）具有承担下列工程的施工资质和施工能力，可以保证本工程的项目按合同的规定进行施工，分包后，我方仍承担总包单位的全部责任。请予以审查和批准。

续表

附件：1. 分包单位资质材料；
　　　2. 分包单位业绩材料。

分包工程名称（部位）	工程数量	拟分包工程合同额	分包工程占全部工程
合计			

　　　　　　　　　　　　　　　　承包单位（章）：＿＿＿＿＿＿＿
　　　　　　　　　　　　　　　　项目经理：＿＿＿＿＿＿＿
　　　　　　　　　　　　　　　　日　期：＿＿＿＿＿＿＿

专业监理工程师审查意见：

　　　　　　　　　　　　　　　　专业监理工程师：＿＿＿＿＿＿＿
　　　　　　　　　　　　　　　　日　期：＿＿＿＿＿＿＿

总监理工程师审核意见：

　　　　　　　　　　　　　　　　项目监理机构：＿＿＿＿＿＿＿
　　　　　　　　　　　　　　　　总监理工程师：＿＿＿＿＿＿＿
　　　　　　　　　　　　　　　　日　期：＿＿＿＿＿＿＿

4.2.4　见证取样和送检管理资料

　　见证取样和送检管理是建筑工程资料管理的一项重要内容，国务院颁布的《建设工程质量管理条例》已将见证取样和送检管理列为行政法规。见证取样和送检管理包括下列内容。

1. 施工试验计划

（1）单位工程施工前，施工单位应编制施工试验计划，报送监理单位。施工试验计划的内容包括：根据工程实际情况，按照有关规定确定工程见证取样和送检的项目；明确取样的原则与要求；依据取样原则确定应做试验总数（估）及应进行见证的次数（估）等。

（2）施工试验计划的编制应科学、合理，以保证取样的连续性和均匀性。计划的实施和落实应由项目技术负责人负责。

2. 见证记录

(1) 施工过程中,应由施工单位取样人员在现场进行原材料取样和试件制作,并在见证记录上签字。见证记录应分类收集、汇总整理。

每个单位工程须设定 1~2 名取样和送检见证人,见证人由施工现场监理人员担任,或由建设单位委派具备一定试验知识的专业人员担任。施工单位人员和材料、设备供应单位人员不得担任。

见证人员应经市住建委统一培训考试合格并取得"见证人员岗位资格证书"后,方可上岗任职。单位工程见证人设定后,建设单位应向承监该工程的质量监督机构递交"有见证取样和送检见证人备案书"进行备案。若更换见证人,须办理变更备案手续。

(2) 见证取样和送检的各项目,凡未按规定送检或送检次数达不到要求的,其工程质量应由有相应资质等级的检测单位进行检测确定。

单位工程见证取样和送检次数不得少于试验总数的 30%,试验总次数在 10 次以下的不得少于 2 次。重要工程或工程的重要部位可以增加见证取样和送检次数。送检试样应在现场施工试验中随机抽检,不得另外进行。

见证取样和送检的各种试验项目,凡未按规定送检或送检次数达不到要求,其工程质量应由法定检测单位进行检测确定,其检测费用由责任方承担。

见证记录见表 4-2-6。

表 4-2-6 见证记录

编号:

工程名称			
取样部位			
样品名称		取样数量	
取样地点		取样日期	
见证记录			
见证取样和送检印章: _____ 取样人签字: _____ 见证人签字: _____			
			填制日期:

(3) 见证试验完成,各试验项目的试验报告齐全后,应填写见证试验检测汇总表,见表 4-2-7。

表 4-2-7 见证试验检测汇总表

工程名称			编号	
			填表日期	
建设单位			检测单位	
监理单位			见证人员	
施工单位			取样人员	
试验项目	应试验总次数	见证试验次数	不合格次数	备注
制表人（签字）				

注：此表由施工单位汇总。

任务 4.3　施工技术资料

施工技术资料是在施工过程中形成的，用以指导正确、规范、科学施工的文件，以及反映工程变更情况的正式文件。

1. 技术交底记录

为便于施工人员熟悉工程、了解设计意图、掌握施工方法和技术要求、避免在施工中发生差错，施工单位各级技术负责人应在熟悉图纸、彻底领会设计意图的基础上，在施工前对各分部分项工程逐项进行技术交底工作。

技术交底记录应包括施工组织设计交底、专项施工方案技术交底、分项工程施工技术交底、"四新"（新材料、新产品、新技术、新工艺）技术交底和设计变更技术交底，各项交底应有文字记录，交底双方签认应齐全。重点和大型工程施工组织设计应由施工企业的技术负责人把主要设计要求、施工措施及重要事项向项目主要管理人员进行交底；其他工程施工组织设计应由项目技术负责人向施工班组长进行交底；专项施工方案应由项目专业技术负责人向专业工长进行交底；分项工程施工应由专业工长向专业施工班组（或专业分包）进行交底；"四新"技术交底应由项目技术负责人组织有关专业人员编制；设计变更应由项目技术部门根据变更要求，结合具体的施工步骤、措施及注意事项等向专业工长进行交底。技术交底记录见表4-3-1。

表4-3-1 技术交底记录

工程名称		编号	
		交底日期	
施工单位		分项工程名称	
交底摘要		页数	共 页，第 页
交底内容：			
签字栏	交底人		审核人
	接受交底人		

注：① 本表由施工单位填写，交底单位与接受交底单位各保存一份。
② 当做分项工程施工技术交底时，应填写"分项工程名称"栏，其他技术交底可不填写。

2. 设计变更文件

（1）图纸会审记录。

设计图纸是施工的主要依据。为了使监理工程师和施工单位熟悉设计图纸，了解工程特点和设计意图及对关键工程部位的质量要求，及早纠正图面差错、将图纸中的质量隐患消灭于萌芽状态，做到准确按图施工、保证工程质量，于工程正式开工前建设、设计、监理和施工单位必须进行认真的图纸会审。

监理、施工单位应将各自提出的图纸问题及意见，按专业汇总、整理后报建设单位，由建设单位提交设计单位做交底准备。图纸会审应由建设单位组织设计、监理和施工单位技术负责人及有关人员参加。设计单位对各专业问题进行交底，施工单位负责将设计交底内容按专业汇总、整理，形成图纸会审记录，并由建设、设计、监理和施工单位相关项目负责人签认，形成正式记录，此后不得擅自在会审记录上涂改或变更其内容。图纸会审记录见表4-3-2。

表 4-3-2　图纸会审记录

工程名称			编号	
			日期	
设计单位			专业名称	
地点			页数	共　页，第　页
序号	图号	图纸问题	答复意见	
签字栏	建设单位	监理单位	设计单位	施工单位

注：① 本记录由施工单位汇总、整理，建设单位、监理单位、施工单位、城建档案馆各保存一份。
② 本记录应根据专业（建筑、结构、给排水及采暖、电气、通风空调等）汇总、整理。
③ 设计单位应由专业设计负责人签字，其他相关单位应由项目技术负责人或相关专业负责人签字。

（2）设计变更通知单。

由于工程图纸设计不合理或设计内容与现场实际不符，不能保证工程质量或使用功能，需要修改设计时，由原设计单位发出的改变设计的文件称为设计变更通知单。

设计单位应及时下达设计变更通知单，内容须翔实，必要时应附图，并逐条注明应修改图纸的图号。设计变更通知单由设计专业负责人及建设（监理）单位和施工单位相关负责人签认，见表 4-3-3。

表 4-3-3　设计变更通知单

工程名称		编号	
		日期	
设计单位		专业名称	
变更摘要		页数	共　页，第　页

续表

序号	图号	变更内容		
签字栏	建设单位	设计单位	监理单位	施工单位

注：① 本表由建设单位、监理单位、施工单位、城建档案馆各保存一份。
② 涉及图纸修改的，必须注明应修改图纸的图号。
③ 不可将不同专业的设计变更办理在同一份变更通知单上。
④ "专业名称"栏应按专业填写，如建筑、结构、给排水及采暖、电气、通风空调等。

(3) 工程洽商记录。

工程洽商记录是设计施工过程中，由于设计图纸本身差错，设计图纸与实际情况不符，或施工条件变化，原材料的规格、品种、质量不符合设计要求，以及职工提出合理化建议等原因，需要对设计或图纸部分内容进行修改而办理的变更设计文件。

工程洽商记录应分专业办理，要求内容翔实，必要时应附图，并逐条注明应修改图纸的图号。工程洽商记录应由设计专业负责人及建设（监理）单位和施工单位的相关负责人签认；设计单位如委托建设（监理）单位办理签认，应办理委托手续。一些具体要求如下：

① 工程洽商记录应按签订日期先后顺序编号，要求责任明确、签字齐全。

② 应先有变更然后施工。特殊情况需先施工后变更者，必须先征得设计单位同意，工程洽商记录需在一周内补上。

③ 设计变更（包括土建、水、暖、电文件等），无设计部门盖章者无效。

④ 先有工程洽商记录后施工者为符合要求。

⑤ 无工程洽商记录不按图纸施工者为不符合要求，该分部分项工程应评为不合格工程，需专题研究处理。

⑥ 影响结构和使用功能的工程洽商记录，应及时处理，否则应为不符合要求。

⑦ 建设单位对主体结构和电气安装等影响使用功能和人身安全的自行变更者，应为不符合要求。

工程洽商记录见表 4-3-4。

表 4-3-4　工程洽商记录

工程名称			编号	
			日期	
提出单位			专业名称	
洽商摘要			页数	共　页，第　页
序号	图号	洽商内容		
签字栏	建设单位	监理单位	设计单位	施工单位

注：① 本表由建设单位、监理单位、施工单位、城建档案馆各保存一份。
　　② 涉及图纸修改的必须注明应修改图纸的图号。
　　③ 不可将不同专业的工程洽商办理在同一份洽商记录上。
　　④ "专业名称"栏应按专业填写，如建筑、结构、给排水及采暖、电气、通风空调等。

3. 工程技术文件报审表

（1）根据合同约定或监理单位要求，施工单位应在正式施工前将需要监理单位审核的施工组织设计、施工方案等技术文件编制完成，并填写工程技术文件报审表（表4-3-5）报监理单位审批。

（2）工程技术文件报审应有时限规定，施工单位和监理单位均应按照施工合同或约定的时限要求完成各自的报送和审批工作。

（3）当涉及主体和承重结构改动或增加荷载时，必须将有关设计文件报原结构设计单位或具备相应资质的设计单位核查确认，并取得认证文件后方可正式施工。

表 4-3-5　工程技术文件报审表

工程名称		施工编号	
		监理编号	
		日期	
致：＿＿＿＿＿＿＿＿＿＿＿＿＿＿＿＿＿（监理单位） 　　我方已经编制完成了＿＿＿＿＿＿＿＿＿＿＿＿＿＿技术文件，并经相关技术负责人审查批准，请予以审定。 　　附：技术文件＿＿＿页＿＿＿册			
施工总承包单位＿＿＿＿＿＿＿＿＿＿＿＿		项目经理/责任人＿＿＿＿＿＿＿＿＿＿＿＿	
专业承包单位＿＿＿＿＿＿＿＿＿＿＿＿		项目经理/责任人＿＿＿＿＿＿＿＿＿＿＿＿	

续表

专业监理工程师审查意见：
专业监理工程师_____ 日期_____
总监理工程师审核意见： 审定结论：　□同意　　□修改后再报　　□重新编制 监理单位_____ 总监理工程师_____ 日期_____

注：本表由施工单位填报，建设单位、监理单位、施工单位各存一份。

4. 施工组织设计及施工方案

（1）单位工程施工组织设计应在正式施工前编制完成，并经施工单位的技术负责人审批。

（2）规模大、工艺复杂的工程，群体工程或分期出图的工程，可分阶段报批施工组织设计。

（3）主要分部（分项）工程、工程重点部位、技术复杂或采用新技术的关键工序应编制专项施工方案，冬雨期施工应编制季节性施工方案。

（4）施工组织设计及施工方案编制内容应齐全，施工单位应首先进行内部审核，报监理单位批复后实施。发生较大的施工措施和工艺变更时，应有变更审批手续，并进行交底。施工组织设计（方案）报审表见表 4-3-6。

表 4-3-6　施工组织设计（方案）报审表

工程名称：　　　　　　　　　　　　　　　　　　　　　　　　　　编号：

致：_____（监理单位） 　　我方已根据施工合同的有关规定完成了_____工程施工组织设计（方案），并经我单位上级技术负责人审查批准，请予以审查。 　　附：_____工程施工组织设计（方案）
施工单位（章）：　　　　　　　　　　　施工项目负责人（签章）： 　　　年　月　日　　　　　　　　　　　　　年　月　日

续表

专业监理工程师审查意见：
专业监理工程师（签章）： 年　月　日
总监理工程师审核意见：
项目监理机构（公章）：　　　　　　　　　总监理工程师（签章）： 年　月　日　　　　　　　　　　　　　　年　月　日

任务 4.4　施工测量记录

施工测量记录是在施工过程中形成的，确保建筑工程定位、尺寸、标高、位置和沉降量等满足设计要求和规范要求的资料的统称。

工程定位测量是工程施工中一项十分重要的工作，稍有失误将给工程带来不可弥补的缺陷，因此，工程定位后在施工单位自检合格的基础上，应由监理工程师（建设单位负责人）认真复核，确保万无一失并做好以下记录。

1. 施工测量放线报验申请表

施工单位应在完成施工测量方案、红线桩校核成果、水准点引测成果及施工过程中各种测量记录后，填写施工测量放线报验申请表（表 4-4-1）报监理单位审核。

表 4-4-1　施工测量放线报验申请表

工程名称：　　　　　　　　　　　　　　　　　　　　　　　　　编号：

致：＿＿＿＿＿＿＿＿（监理单位） 　　我单位已经完成了＿＿层（＿＿m）板面控制线的施工测量放线工作，现报上该工程报验申请表，请予以审查和验收。 　　附件：测量放线记录表 　　　　　　　　　　　　　　　　　　　　　　　　　　承包单位（章）： 　　　　　　　　　　　　　　　　　　　　　　　　　　项目经理： 　　　　　　　　　　　　　　　　　　　　　　　　　　日期：

续表

审查意见：
项目监理机构：
总/专业监理工程师：
日期：

2. 工程定位测量记录

工程定位测量是施工方依据测绘部门提供的放线成果、红线桩及场地控制网（或建筑物控制网），测定建筑物位置、主控轴线、建筑物±0.000绝对标高等，并标明现场标准水准点、坐标点位置。

（1）测绘部门应根据建设工程规划许可证（附件）批准的建筑工程位置及标高依据，测定出建筑的红线桩。

（2）施工测量单位应依据测绘部门提供的放线成果、红线桩及场地控制网（或建筑物控制网），测定建筑物位置、主控轴线及尺寸、建筑物±0.000绝对标高，并填写工程定位测量记录（表4-4-2），然后报监理单位审核。

表4-4-2　工程定位测量记录

工程定位测量记录		编号	
工程名称		委托单位	
图纸编号		施测日期	
平面坐标依据		复测日期	
标高依据		使用仪器	
允许误差		仪器校验日期	
定位抄测示意图：			
复测结果：			
签字栏	建设（监理）单位	施工（测量）单位	测量人员岗位证书号	
	专业技术负责人	测量负责人	复测人	施测人

注：本表由建设单位、监理单位、施工单位、城建档案馆各保存一份。

（3）工程定位测量完成后，应由建设单位报请具有相应资质的测绘部门验线。对工程定位测量记录的资料要求如下。

① 建设单位应提供测量定位的依据点、位置、数据，并应现场交底，如导线点、三角点、水准点和水准点的级别。

② 测量定位、闭合差应符合工程测量规范要求。

③ 定向应取两个以上后视点（避免算错、测错）。

④ 定位量距离时，量往返距离误差一般在万分之一以内，或符合设计要求。

⑤ 应符合设计对坐标、标高等精度的要求。

⑥ 重点工程或大型工业厂房应有测量原始记录。

⑦ 甲方定的相对标高应和城市绝对标高一致，并由甲方认证盖章。

⑧ 无甲方提供的定位放线依据手续证明的工程定位测量，不符合要求。

⑨ 无城建部门核准的验线、定位、±0.000标高签字的文件资料，不符合要求。

3. 基槽验线记录

基槽验线是施工测量单位根据主控轴线和基底平面图，检验建筑物基底外轮廓线、集水坑、电梯井坑、垫层标高（高程）、基槽断面尺寸和坡度等。

（1）基槽验线主要检测内容：基槽的四边轮廓线、主轴线、断面尺寸、基底标高、基底轴线位置和尺寸。

（2）填写基槽验线记录（表4-4-3）的要求。

① 验线依据是指由建设单位或测绘院提供的坐标、标高控制点及工程测量定位控制桩、标高点等。验线依据内容要描述清楚。

② 基槽平面、剖面简图要画出基槽平面、剖面简图轮廓线；应标注主轴线尺寸，标注断面尺寸、标高。

③ 检查意见一栏由监理人员签署。要将检查意见表达清楚，不得用"符合要求"一词代替。

④ 签字栏中专业技术负责人为项目总工，专业质检员为现场质检员，施测人为施测单位主管。

⑤ 施工单位一栏按"谁施工填谁"这一原则执行。

表4-4-3 基槽验线记录

基槽验线记录		编号	
工程名称		日期	
验线依据及内容：			
基槽平面、剖面简图：			

续表

签字栏	建设（监理）单位	施工单位		
		专业技术负责人	专业质检员	施测人

注：本表由建设单位、施工单位、城建档案馆各保存一份。

4. 楼层平面放线记录

楼层平面放线内容包括轴线竖向投测控制线、各层墙柱轴线、墙柱边线、门窗洞口位置线、垂直度偏差等。施工单位应在完成楼层平面放线后填写楼层平面放线记录（表4-4-4），并报监理单位审核。

表4-4-4　楼层平面放线记录

楼层平面放线记录		编号	
工程名称		日期	
放线部位		放线内容	

放线依据：

放线简图：

检查意见：

签字栏	建设（监理）单位	施工单位		
		专业技术负责人	专业质检员	施测人

注：本表由施工单位填写并保存。

5. 楼层标高抄测记录

（1）楼层标高抄测内容包括楼层+0.5m（或+1.0m）水平控制线、皮数杆等。

（2）楼层标高抄测记录填写要求。

① 抄测部位：应注明哪层哪段，如首层Ⅱ段⑤～⑩轴。
② 抄测内容：要写明是 0.5m 线还是 1m 线。
③ 抄测依据：要根据测绘院给出的标高点、施工图等抄测。
④ 抄测说明：画出抄测部位的简图。
⑤ 检查意见：由监理人员签署，要将检查意见表达清楚，不得用"符合要求"一词代替。
⑥ 签字栏：其中专业技术负责人为项目总工，专业质检员为现场质检员，施测人为具体操作人员。
⑦ 施工单位：按"谁施工填谁"这一原则执行。

（3）施工单位应在完成楼层标高抄测后，填写楼层标高抄测记录（表 4-4-5）报监理单位审核。

表 4-4-5 楼层标高抄测记录

楼层标高抄测记录		编号	
工程名称		日期	
抄测部位		抄测内容	
抄测依据：			
抄测说明：			
检查意见：			
签字栏	建设（监理）单位	施工单位		
		专业技术负责人	专业质检员	施测人

注：本表由施工单位填写并保存。

6. 建筑物垂直度、标高测量记录

（1）施工单位应在施工期间、结构工程完工、单位工程竣工后，分别对建筑物垂直度和全高进行实测并记录，填写建筑物垂直度、标高测量记录（表 4-4-6），报监理单位审核。

（2）超过允许偏差且影响结构性能的部位，要有技术处理方案和具体补救措施且经建设单位或监理单位认可后再实施。

建筑物垂直度、标高测量记录填写要求如下。

① 写明施工阶段。
② 观测说明：如采用仪器类型、观测点位布置、观测时间的确定等。
③ 观测示意图：按实际建筑物轮廓图标注观测点位置。
④ 观测结果：可将观测的数值填上。
⑤ 结论：根据观测的数值下结论。
⑥ 签字栏：其中专业技术负责人为项目总工，专业质检员为现场质检员，施测人为施工测量单位主管。
⑦ 施工单位：按"谁施工填谁"这一原则执行。

表 4-4-6 建筑物垂直度、标高测量记录

建筑物垂直度、标高测量记录		编号	
工程名称			
施工阶段		观测日期	
观测说明（附观测示意图）：			
垂直度测量（全高）		标高测量（全高）	
观测部位	实测偏差/mm	观测部位	实测偏差/mm
结论：			
签字栏	建设（监理）单位	施工单位		
		专业技术负责人	专业质检员	施测人

注：本表由施工单位填写，建设单位、施工单位各保存一份。

7. 沉降观测记录

设计和规范要求进行沉降观测的工程项目，必须设置沉降观测点，并做好沉降观测记录。观测点的设置及观测方法应符合《建筑施工测量技术规程》（DB11/T 446—2015）及有关设计的要求。

根据设计和规范要求，凡需进行沉降观测的工程，应由建设单位委托有资质的测量单位进行施工过程中及竣工后的沉降观测工作。

测量单位应按设计和规范要求或监理单位批准的观测方案，设置沉降观测点，绘制沉降观测点布置图，定期进行沉降观测记录，并应附沉降观测点的沉降量与时间、荷载关系曲线图和沉降观测技术报告。

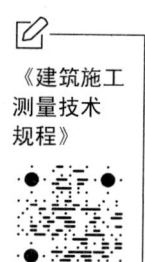

《建筑施工测量技术规程》

沉降观测记录资料的整理标准如下。

（1）应做沉降观测的范围。

属于下列情况之一者应进行沉降观测。

① 重要的工业与民用建筑物。

② 20 层以上的高层建筑物。

③ 造型复杂的 14 层以上的高层建筑物。

④ 对地基变形有特殊要求的建筑物。

⑤ 单桩承受荷载在 4000kN 以上的建筑物。

⑥ 使用灌柱桩基础而设计与施工人员经验不足的建筑物。

⑦ 因施工使用或科研要求进行沉降观测的建筑物。

（2）沉降观测记录内容。

在沉降观测中，每次应记录观测时建（构）筑物的荷载变化、气象情况与施工条件的变化，具体见表 4-4-7。

表 4-4-7 沉降观测记录

工程名称	××工程	仪器名称	水准仪	水准点标高	
			水准尺		
观测点	形象进度				
	日期				
	标高/m				
	沉降量/mm				
	累计沉降量/mm				
	标高/m				
	沉降量/mm				
	累计沉降量/mm				
	标高/m				
	沉降量/mm				
	累计沉降量/mm				

续表

	标高/m			
	沉降量/mm			
	累计沉降量/mm			
	标高/m			
	沉降量/mm			
	累计沉降量/mm			
	标高/m			
	沉降量/mm			
	累计沉降量/mm			
技术负责人	质量检查员	施工技术员	观测人	

任务 4.5　施工物资资料

1. 施工物资资料进场检验流程

施工物资资料进场检验流程如图 4-5-1 所示。

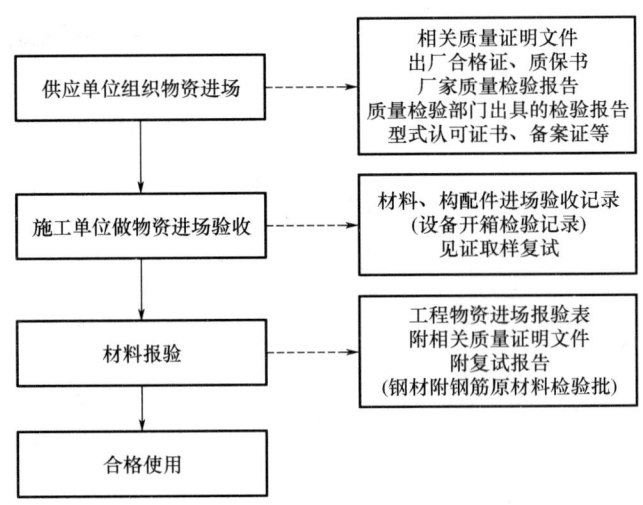

图 4-5-1　施工物资资料进场检验流程

2. 施工物资资料

施工物资资料包括建筑材料、成品、半成品、构配件、器具、设备及附件等的出厂质量证明文件,设备开箱检验记录,材料、构配件进场检验记录,试样委托单及试验报告等。

(1) 出厂质量证明文件(产品合格证,质量认证书,检验报告,产品生产许可证,特定产品核准证和进口物资商检证,中文版质量证明书,安装、使用、维修说明书)由供应单位提供。

(2) 质量证明文件使用复印件时应与原件内容一致,且必须加盖原件存放单位的公章,注明原件存放处,并由经办人签字和注明签字日期。如果质量证明文件为传真件,则应转换成复印件再保存。

(3) 凡使用的新材料、新产品、新设备,均应具有产品质量标准、试验要求、签订证书及主要设备生产许可证,并提供安装、维修、使用工艺标准等相关技术文件,而且需要在使用前进行试验和检验。

(4) 设备及附件进场时,建设、监理、施工和供应单位有关专业技术人员应共同开箱检验,填写设备开箱检验记录,见表4-5-1。

表4-5-1 设备开箱检验记录

工程名称			编号	
			检查日期	
设备名称			规格型号	
生产厂家			产品合格证编号	
总数量			检验数量	
进场检验记录				
包装情况				
随机文件				
备件与附件				
外观情况				
测试情况				
缺、损附备件明细表				
序号	附备件名称	规格	单位	数量	备注
检验结论					
签字栏	供应单位		责任人	
	施工单位		专业工长	
	监理或建设单位		专业工程师	

注:本表由施工单位填写并保存。

(5) 主要物资进场时,施工、供应单位(必要时应有监理、建设单位参加)应共同对其品种、规格、数量、外观质量及出厂质量证明文件进行检验,并填写材料、构配件进场检验记录,见表4-5-2。

表4-5-2 材料、构配件进场检验记录

工程名称					编号		
					检验日期		
序号	名称	规格型号	进场数量	生产厂家	外观检验项目	试件编号	备注
				质量证明书编号	检验结果	复验结果	
1							
2							
3							
4							
5							
检验结论:							
签字栏	施工单位		专业质检员		专业工长		检验员
	监理或建设单位				专业工程师		

注:本表由施工单位填写并保存。

(6) 凡按规范要求须做进场复试的物资,且未规定专用复试表格的,应使用材料试验报告(通用),见表4-5-3。

表 4-5-3 材料试验报告（通用）

材料试验报告（通用）		编号	
		试验编号	
		委托编号	
工程名称及部位		试样编号	
委托单位		试验委托人	
材料名称及规格		产地、厂别	
代表数量		来样日期		试验日期	
要求试验项目及说明：					
试验结果：					
结论：					
批准		审核		试验	
试验单位					
报告日期					

注：本表由试验单位提供，建设单位、施工单位各保存一份。

（7）设备、阀门、密闭水箱（罐）、风机盘管、成组散热器及其他散热设备等，于安装前均应按规定进行强度试验并做记录，填写设备及管道附件试验记录，见表 4-5-4。

表 4-5-4 设备及管道附件试验记录

工程名称					编号			
使用部位					试验日期			
试验要求								
设备/管道附件名称								
材质、型号								
规格								
试验数量								
试验介质								
公称或工作压力/MPa								
强度试验	试验压力/MPa							
	试验持续时间/s							
	试验压力降/MPa							
	渗漏情况							
	试验结论							
严密性试验	试验压力/MPa							
	试验持续时间/s							
	试验压力降/MPa							
	渗漏情况							
	试验结论							
签字栏	施工单位		专业技术负责人		专业质检员		专业工长	
	监理或建设单位		专业工程师					

注：本表由施工单位填写，建设单位、施工单位各保存一份。

任务 4.6 施工记录

施工记录是在施工过程中形成的，确保工程技术、质量、安全的各种检查、记录的统称，主要是对工程重要和特殊部位的施工情况记录及工程发生异常情况或意外事故的记载。施工记录要及时、全面、准确、真实且有建设单位的签认；重要结构或有特殊要求的工程，施工记录要有设计人的签字。施工记录时效性较强，一般不允许后补，其原则上应为原始记录，若污损严重可以誊写，但要与原件一致，并注明原件存放处和抄写人。

1. 地基处理记录

地基处理是指地基不能满足设计要求时对地基的补强处理。地基处理记录一般包括地基处理方案和地基处理检查记录。

（1）地基处理方案。

① 地基处理方案一般是经验槽后，由设计勘察部门提出、施工单位记录写成的书面处理方案。

② 地基处理方案中应有工程名称、验槽时间、钎探记录分析；应说明实际地基与地质勘察报告是否相符，标注清楚需要处理的部位，写明需要处理的实际情况及处理的具体方法和质量要求；最后必须要有设计、勘察人员签字。

③ 地基处理方案应交质量监督部门检查、签字。

（2）地基处理检查记录。

地基处理检查记录是施工单位会同建设单位对地基处理的检查、验收记录，其中要注明各处理部位是如何进行处理的，处理是否达到设计要求或相应施工规范的规定，而且记录要请建设单位签认。

2. 地基钎探记录及钎探平面布置图

建筑工程开槽挖至设计标高后，凡可以钎探的都应进行钎探，且钎探必须采用轻便触探的方法。地基钎探的作用主要是为了检查地基持力土层是否均匀一致，有无局部过软、过硬之处，并可以测算持力土层的承载力作为参考。地基钎探必须做记录，钎探记录主要包括钎探点平面布置图和钎探记录两部分。

（1）钎探点平面布置图。

① 钎探点平面布置图应与实际基槽（坑）一致，应标出方向及基槽（坑），各轴线、各轴号要与设计基础图一致。

② 钎探点的布置依据基槽（坑）的宽度，一般每 0.8m 槽宽布一排钎探点，钎探间距（同一排相邻两点间距离）为 1.5m，具体可参照表 4-6-1。

表 4-6-1 钎探点的布置

槽宽/m	排列方式	钎探深度/m	钎探间距/m
0.8~1.0	中心一排	1.5	1.5
1.0~2.0	两排错开 1/2 钎孔间距，每排距槽边为 0.2m	1.5	1.5
2.0 以上	梅花形	1.5	1.5

③ 钎探点平面布置图上各点应与现场各钎探点一一对应，不能有误。图上各点应沿槽轴向按顺序编号，编号注在图上。

④ 验槽后应将地基需处理的部位、尺寸、标高等情况注于钎探点平面布置图上。

（2）钎探记录。

① 轻便触探试验设备主要由尖锥头、触探杆、穿心锤三部分组成。触探杆用直径 25mm 的金属管做成，每根长 1.0~1.5m，或用直径为 25mm 的光圆钢筋做成，每根长

2.2m；穿心锤重 10kg。

试验时，穿心锤落距为 0.5m，使其自由下落，将触探杆竖直打入土层中，每打入土层 0.3m 的锤击数为 N_{10}。

② 钎探记录表见表 4-6-2。表中，施工单位、工程名称要写具体，锤重、自由落距、钎径、钎探日期要依据现场情况填写，工长、质量检查员、打钎负责人的签字要齐全。

表 4-6-2 钎探记录表

施工单位： 工程名称：
锤重： 自由落距： 钎径： 钎探日期：

顺序号	各步锤击数					备注	顺序号	各步锤击数					备注
	0~30cm	30~60cm	60~90cm	0~120cm	120~150cm			0~30cm	30~60cm	60~90cm	90~120cm	120~150cm	

工长： 质量检查员： 钎探负责人：

钎探记录表中"各步锤击数"应为现场实际打钎各步锤击数的记录，每一钎探点必须钎探 5 步（1.5m 深）。打钎中如有异常情况，要写在"备注"栏内。

③ 标注与誊写。验槽时应先看钎探记录表，凡锤击数较少或与周围差异较大的钎探点应标注在钎探记录表上，验槽时应对该部位进行重点检查。钎探记录表原则上应用原始记录表，污损严重的可以重新抄写，但原始记录表仍要原样保存，誊写的记录数据、文字应与原件一致，并要注明原件保存处且有抄件人签字。

地基钎探记录作为一项重要的技术资料，一定要保存完整，不得遗失。

3. 桩基施工记录

桩基主要包括预制桩和现制桩。桩基施工应按规定认真做好施工记录。由分包单位承担桩基施工的，完工后应将桩基施工记录移交总包单位。

钢筋混凝土预制桩桩基施工记录，主要包括现场预制桩的检查验收资料、桩施工记录、补桩记录和补桩平面图等。

（1）现场预制桩的检查验收资料。

① 关于审批、制作、运输、堆放。钢筋混凝土预制预制桩的现场制作，首先制作单位要有质量监督部门的资质审批手续，经认可后方可施工。钢筋混凝土预制桩的制作应注意：桩的钢筋骨架的主钢筋绑扎的质量要认真检查；桩的混凝土浇筑应由桩顶向桩尖连续浇筑，严禁中断；桩顶和桩尖处混凝土不得有蜂窝、麻面、裂缝和掉角等缺陷。此外，对桩的制作偏差应严加控制。钢筋混凝土预制桩的设计强度达70%时才可起吊，达100%时才可运输和打桩；吊点应合理选择，以免产生吊装裂缝。桩的堆放场地应平整、坚实；垫木保持在同一平面上，垫木的位置应和吊点位置相同，各层垫木应上下对齐。

② 钢筋混凝土预制桩检查记录见表4-6-3。表中质量鉴定应依据下列规定：桩的表面应平整、密实，掉角的长度不应超过10mm，且局部蜂窝和掉角的缺损总面积不得超过该桩表面全部面积的0.5%，并不得过分集中；由于混凝土收缩产生的裂缝，长度不得大于20mm，宽度不得大于0.25mm，横向裂缝长度不得超过边长的1/2，管桩或多角形桩不得超过直径或对角线的1/2；桩顶和桩尖处不得有蜂窝、麻面、裂缝和掉角。

表4-6-3 钢筋混凝土预制桩检查记录

施工单位： 工程名称：
锤重： 自由落距： 钎径： 钎探日期：

编号	浇筑日期	混凝土强度/MPa	外观检查	质量鉴定	备注

工程负责人： 记录：

③ 验收时，钢筋混凝土预制桩上应标明编号、制作日期和吊点位置。桩应在制作地点验收，检验前不得修补蜂窝、麻面、裂缝、掉角及其他缺陷，检验应逐根进行。验收时应有桩的结构图、材料检验记录、钢筋隐蔽验收记录、混凝土试块强度报告、桩的检查记录、桩的养护方法等资料。

（2）桩施工记录：钢筋混凝土预制桩施工记录见表 4-6-4。

表 4-6-4 钢筋混凝土预制桩施工记录

施工单位：　　　　　　　　　　　　　　　工程名称：
施工班组：　　　　　　　　　　　　　　　桩的规格：
桩锤类型及冲击部分质量：
自然地面标高：　　　　　　　　　　　　　桩锤质量：
气　　候：　　　　　　　　　　　　　　　桩顶设计标高：

编号	打桩日期	桩入土每米锤击次数 1, 2, 3, 4, …	落距/cm	桩顶高出或低于设计标高/m	最后贯入度/（cm/10击）	备注

工程负责人：　　　　　　　　　　　　　　记录：

表要据实填写清楚、齐全；打桩中如有异常情况，应记录在"备注"栏中。

桩施工要有平面位置图，图上要注明方向，轴线，各桩标号、位置、标高。出现问题的桩要注明情况，要标示出打桩顺序及补桩情况。最后要有打桩负责人、制图人签字。

（3）补桩记录：打桩不符合要求应进行补桩的要有补桩记录。

（4）补桩平面图：补桩要有补桩平面图，图中应标清原桩和补桩的平面位置；补桩要有编号，并说明补桩的规格、质量情况，有制图及补打桩负责人签字。

4. 承重结构及防水混凝土的开盘鉴定及浇灌申请记录

承重结构的混凝土、防水混凝土和有特殊要求的混凝土，都应有开盘鉴定及浇灌申请。

（1）混凝土的开盘鉴定。

混凝土施工前应做开盘鉴定，不同配合比的混凝土都要有开盘鉴定，包括如下内容。

① 混凝土所用原材料与配合比是否符合要求。

② 混凝土试配配合比换算为实际使用施工配合比。

③ 混凝土的计量、搅拌和运输。

④ 混凝土拌合物检验。

⑤ 混凝土试块抗压强度。

混凝土开盘鉴定要有施工单位、搅拌单位的主管技术部门和质量检验部门参加,做试配的试验室也应派人参加。混凝土开盘鉴定一般在施工现场浇筑点进行。

混凝土所用原材料的检验要点。

① 混凝土所用主要原材料如水泥、砂、石、外加剂等,应与试配配合比所用原材料一致,不能有变化;如果有变化,应重新取样做试配,并调整配合比。

② 检查水泥是否在有效期内,外观有无结块现象,砂石细度、级配、含泥量与试验报告是否吻合;并应测定砂、石中的含水率,检查使用外加剂、用水量与配合比是否相符。

(2) 混凝土浇灌申请。

① 混凝土浇灌申请表(表4-6-5)应由施工班组填写、申报,由建设单位和工长或质量检查员批准;每一班组都应填写混凝土浇灌申请表。

② 表中各项都应填写清楚齐全。

③ 准备工作必须全部完备。表上各条准备完备者打"√",不完备者应补做好后再申请。

④ 表中各项准备工作经核实确系完备后,方可批准浇灌混凝土。

表 4-6-5 混凝土浇灌申请表

工程名称		申请浇灌日期	
申请浇灌部位		申请方量/m³	
技术要求		强度等级	
搅拌方式 (搅拌站名称)		申请人	
依据:施工图纸(施工图纸号_____);设计变更/洽商(编号_____) 和有关规范、规程。			
施工准备检测	专业工长 (质量员)签字		备注
1. 隐检情况:□已 □未完成隐检			
2. 预检情况:□已 □未完成预检			
3. 水电预埋情况:□已 □未完成并未经检查			
4. 施工组织情况:□已 □未完备			
5. 机械设备准备情况:□已 □未准备			
6. 保温及有关准备:□已 □未准备			

续表

审批意见：

审批结论：□同意浇筑　　□整改后自行浇筑　　□不同意，整改后重新申请

安装（监理）审批人：

土建（监理）审批人：

审批日期：　　年　　月　　日

施工单位名称：

5. 现场预制混凝土构件施工记录

该记录内容如下。

（1）施工现场加工钢筋混凝土预制构件报审表。
（2）施工方案和技术交底。
（3）原材料试验、混凝土配合比、混凝土强度试验资料。
（4）质量检查资料。

6. 建筑工程质量事故处理记录

建筑工程质量事故处理记录主要包括建筑工程质量事故报告、建筑工程质量事故处理方案和建筑工程质量事故实施记录。

（1）建筑工程质量事故报告见表4-6-6。表中，工程名称、事故部位、事故性质，要写具体、清楚；预计损失，应写清数量、金额；事故经过应简要叙述，施工单位要进行原因分析，提出处理意见。最后有关人员在上面签字。

表4-6-6　建筑工程质量事故报告

工程名称：

事故部位	事故性质				预计损失			
	设计	施工	管理	操作	材料费	人工费	返工工日数	金额

续表

事故经过和原因分析：
事故处理意见（结论）：

技术负责人：　　　　技术队长：　　　　　　　　报告日期：　　　年　月　日

建筑工程重大质量事故的划定标准如下。

① 建筑物、构筑物或基础主要结构倒塌。

② 超过规范规定的基础不均匀下沉，建筑倾斜、结构开裂和主体结构强度严重不足等影响结构安全和建筑寿命且不可补救的永久性缺陷。

③ 影响设备及其相应系统的使用功能，造成永久性缺陷。

④ 一次返工损失在10万元以上的质量事故（包括返工损失的全部工程价款）。

凡属以上情况之一的质量事故（包括在建工程和工程交付使用后由于设计、施工原因造成的事故），即为重大质量事故。凡重大质量事故处理完毕后，均要写出详细的事故专题报告。

（2）建筑工程质量事故处理方案应由设计单位出具或签认，并报质量监督部门审查签认后方可实施。

（3）建筑工程质量事故处理实施记录是依照处理方案对事故部位进行处理的施工记录。记录必须详细、准确、真实，并有建设单位的签字。

建筑工程质量事故处理实施记录是工程技术资料的重要部分，应妥善保存好，任何人不得随意抽撤或销毁。

7．混凝土施工测温记录

混凝土施工测温记录，主要有混凝土冬期测温记录和大体积混凝土施工测温记录。

（1）混凝土冬期测温记录。当室外日平均气温连续5天稳定低于5℃时，即为进入冬期施工。冬期混凝土施工应有测温记录，包括大气温度、原材料温度、出罐温度、入模温度和养护温度。

① 大气测温记录见表4-6-7。一般要求每天测室外温度不少于4次（早晨、中午、傍晚、夜间）。

表 4-6-7 大气测温记录

单位工程名称：　　　　　　　　　　　　　　　　　　　　　年　　月　　日

时分	天气情况	积雪	风向	风力	气温/℃

② 冬期施工混凝土搅拌测温记录见表 4-6-8。表中各项均应填写清楚、准确、真实，并签字齐全。

表 4-6-8 冬期施工混凝土搅拌测温记录

工程名称		结构部位			搅拌机编号	
混凝土强度等级		坍落度/mm			运行班次	
水泥牌号、品种、标号		外加剂品种			配合比编号	

测温时间		气温/℃	原材料温度/℃				出罐温度/℃	入模温度/℃	备注
(年、月、日)	(时、分)		水泥	砂	石	水			

施工单位：　　　　　　施工负责人：　　　　　　技术员：　　　　　　测温员：

③ 冬期施工混凝土养护测温记录见表 4-6-9。冬期施工混凝土必须留有测温孔并做测温记录，且有测温点布置图。布置图要与结构平面图一致，并标注清楚各测温点的编号及位置。测温孔在混凝土浇筑时预留，一般每一构件不少于一个测温孔；混凝土接槎处一定要留测温孔，测温孔一般要求深入混凝土内（过主筋）。混凝土浇筑初期，每 2h 进行一次测温，8h 后每 4h 测一次。

表4-6-9 冬期施工混凝土养护测温记录

工程名称:																	
测温时间			大气温度/℃	部位:											养护方法:		
				各测孔温度/℃											平均温度/℃	间隔时间/h	成熟度/(℃·h)
月	日	时		1	2	3	4	5	6	7	8	9	10	11	12		本次	累计

施工单位： 施工负责人： 技术员： 测温员：

表中各项都要填写清楚、准确、真实，签字齐全。

（2）大体积混凝土测温记录。大体积混凝土是指混凝土结构物实体最小尺寸不小于1m的大体量混凝土，或预计会因混凝土中胶凝材料水化引起的温度变化和收缩而导致有害裂缝产生的混凝土。大体积混凝土应有入模温度、养护温度测温记录及裂缝检查记录，见表4-6-10。

表4-6-10 大体积混凝土测温记录

工程名称		结构部位	
混凝土强度等级		配合比编号		混凝土数量/m³	
混凝土浇灌日期		混凝土浇灌温度/℃		开始养护温度/℃	

续表

测温时间		气温/℃	各测点温度/℃													备注
年/月/日	时、分		测温点1			测温点2			测温点3			测温点4			测温点5		
			表	中	底	表	中	底	表	中	底	表	中	底	表	中	底	

施工单位： 　　　　施工负责人： 　　　　技术员： 　　　　测温员：

8. 隐蔽工程检查验收记录

隐蔽工程检查验收记录是指在对被掩埋（盖）的重要工程或关键部位掩埋（盖）前，由施工单位、监理（建设）单位（有时也需勘察、设计单位参加）共同对工程的相关资料和实物质量进行检查验收所形成的记录（必要时应附简图）。记录必须真实，结论中必须写明工程质量是否符合要求，可否掩埋（盖）进行下道工序施工等，并由有关人员签字或盖章。

施工单位应根据工程结构构造和检查验收的要求，填写隐蔽工程检查验收记录，报监理单位审核签字。隐蔽工程检查验收记录填写范例见表4-6-11。

表4-6-11 隐蔽工程检查验收记录填写范例

工程名称	×××	分部工程名称	地基与基础分部工程
分项工程名称	土方开挖分项工程	隐蔽部位	桩基桩孔
施工单位	×××	项目经理	×××
施工图名称及图号			
序号	检查验收内容	施工单位自检记录	
1	桩的直径	经检查，桩的直径符合设计要求	
2	桩底进入持力层的深度	经检查，桩底进入持力层的深度符合设计要求	
3	桩底扩大头的尺寸	经检查，桩底扩大头的尺寸符合设计要求	
4	护壁混凝土的厚度	经检查，护壁混凝土的厚度符合设计要求	
5	桩底土性	经检查，桩底土性为×××，达到设计要求	

续表

图示或说明		
施工单位检查意见	符合设计要求及规范规定。 项目专职质量检查员：　　　　　　　　　项目技术负责人： 　　　　　　　　　　　　　　　　　　　　××年××月××日		
监理（建设）单位验收意见	经检查，隐蔽工程各项内容符合设计要求及规范规定，同意隐蔽。 监理工程师： （建设单位技术负责人） 　　　　　　　　　　　　　　　　　　　　××年××月××日		

任务 4.7　施工试验资料

4.7.1　施工试验记录（通用）

施工试验记录是对根据设计要求和规范规定进行试验，记录原始数据和计算结果（试验单位应向委托单位提供电子版试验数据），并得出试验结论的资料的统称。

（1）按照设计要求和规范规定应做施工试验，且无相应施工试验表格的，应填写施工试验记录（通用）。

（2）采用新技术、新工艺及特殊工艺时，应对施工试验方法和试验数据进行记录，并填写施工试验记录（通用），见表 4-7-1。

表 4-7-1 施工试验记录（通用）

施工试验记录（通用）	编号	
	试验编号	
	委托编号	

工程名称及施工部位			
试验日期		规格材质	

试验项目：

试验内容：

结论：

批准		审核		试验	
试验单位					
报告日期					

注：本表由建设单位、施工单位各保存一份。

4.7.2 设备单机试运转记录

为保证整个系统在正常运转中的安全，设备在安装完毕后必须进行单机试运转试验。单机试运转试验一般按规范和设计要求分部位、分系统进行。

1. 试验与记录的内容

（1）给水系统设备、热水系统设备、机械排水系统设备、消防系统设备、采暖系统设备、水处理系统设备，以及通风与空调系统的各类水泵、风机、冷水机组、冷却塔、空调机组、新风机组等设备在安装完毕后，应进行单机试运转，并做记录。

（2）记录的主要内容：设备名称、规格型号、所在系统、额定数据、试验项目、试验记录、试验结论、试运转结果等。

2. 资料要求

（1）设备单机试运转试验应由施工单位报请建设（监理）单位共同进行。

（2）试验记录应根据试验的项目，按照实际情况及时、认真填写，不得漏项；填写内容要齐全、清楚、准确，结论应明确，并符合设计及规范的要求；签字应齐全。

（3）表格中除签字栏必须亲笔签字外，其余项目栏均需打印。

（4）设备单机试运转记录见表 4-7-2。

表 4-7-2 设备单机试运转记录

设备单机试运转记录				编号	
工程名称			试运转时间	年 月 日	
设备部位图号		设备名称		规格型号	
试验单位		设备所在系统		额定数据	
序号	试验项目		试验记录		试验结论
1					
2					
3					
4					
5					
6					
7					
8					
9					
10					
试运转结果：					
参加人员签字	建设（监理）单位	施工单位			
		技术负责人	质检员		工长

注：本表由施工单位填写，城建档案馆、建设单位、施工单位各保存一份。

4.7.3 系统试运转调试记录

系统试运转调试记录是对系统功能的最终检验，检验结果应满足设计要求和规范规定，并分部位、分系统进行调试。

1. 资料核查的一般要求

(1) 水处理系统、采暖系统等安装完毕后，必须进行系统调试并进行记录。

(2) 调试工作应在系统投入使用前进行。

(3) 若加热条件暂不具备，采暖系统调试应延期进行。

(4) 按设计要求和规范规定调试完成后,应及时填写系统试运转调试记录,必要时应附调试测试表。

2. 调试与记录的内容

(1) 采暖系统、水处理系统、通风系统、制冷系统、净化空调系统等应进行系统试运转调试,并做记录。

(2) 记录的内容主要包括工程名称、试运转调试时间、试运转调试项目、试运转调试部位,以及试运转调试内容、试运转调试结论等。

3. 表格的填写要求

与设备单机试运转记录的要求相同,但由于表格的形式不同,顺序号应单独编。系统试运转调试记录见表4-7-3。

表 4-7-3　系统试运转调试记录

系统试运转调试记录		编号	
工程名称		试运转调试时间	
试运转调试项目		试运转调试部位	
试运转调试内容:			
试运转调试结论:			
建设单位	监理单位		施工单位

注:本表由施工单位填写,城建档案馆、建设单位、施工单位各保存一份。

4.7.4　回填土试验记录

1. 土工击实试验报告

土方工程应测定土的最大干密度和最优含水率,确定最小干密度控制值,由试验单位出具土工击实试验报告。

土工击实试验报告是以经施工企业技术负责人审查签章后的形式归存,是为保证工程质量、确定回填土的控制最小干密度,由试验单位对工程中的回填土(或其他夯实类土)的干密度指标进行击实试验后出具的质量证明文件。

(1) 资料核查的一般要求。

压实系数是工程上常用的一个表示土体压实程度的重要参数,是土体压实后的实测干密度与最大干密度之比,其值不超过1。压实系数在图纸设计中一般都有明确的要求,对此《建筑地面工程施工质量验收规范》(GB 50209—2010)规定如下。

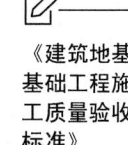

《建筑地面工程施工质量验收规范》

① 填土应分层压(夯)实,填土质量应符合现行《建筑地基基础工程施工质量验收标准》(GB 50202—2018)的有关规定。

② 填土时应为最优含水率。重要工程或大面积的地面填土前,应取土样,按击实试验确定最优含水率与相应的最大干密度。

③ 基土应均匀密实,压实系数应符合设计要求;设计无要求时,不应小于0.90。

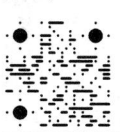

《建筑地基基础工程施工质量验收标准》

土壤的最大干密度及其最优含水率由击实试验确定。击实试验分轻型击实(单位体积击实功约为592.2kJ)和重型击实(单位体积击实功约为2684.9kJ)试验。轻型击实试验适用于粒径小于5mm的黏性土,重型击实试验适用于粒径不大于20mm的土。采用三层击实时,最大粒径不大于40mm。

击实试验的目的在于取得土样的最优含水率和最大干密度。击实试验取样应为天然含水率的代表性土样20kg(重型试验应为50kg)。

(2) 土工击实试验报告的内容。

土工击实试验报告的内容,具体见表4-7-4。

表4-7-4 土工击实试验报告

土工击实试验报告		编号	
		试验编号	
		委托编号	
工程名称及部位		试样编号	
委托单位		试验委托人	
结构类型		填土部位	
要求压实系数		土样种类	
来样日期		试验日期	
试验结果	最优含水率=		
	最大干密度=		
	控制指标(控制干密度) 最大干密度×要求压实系数=		

续表

结论：					
批准		审核		试验	
试验单位					
报告日期					

注：本表由建设单位、施工单位、城建档案馆各保存一份。

2. 回填土试验报告

回填土一般包括柱基、基槽管沟、基坑、填方、场地平整、排水沟、地（路）面基层和地基局部处理回填的素土、灰土、砂和砂石。

（1）资料核查的一般要求。

素土、灰土的干密度是反映土体质量的一个重要指标，是计算压实系数的一个重要数据，人工地基、复合地基、回填土等工程都对其有明确的要求。《土工试验方法标准》（GB/T 50123—2019）规定：土样的干密度试验通常采用的方法有环刀法、蜡封法、灌水法、灌砂法等，冻土的密度试验一般采用的方法有浮称法、联合测定法、环刀法、充砂法等。

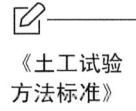
《土工试验方法标准》
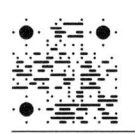

取样数量一般按每检验批的每一步不少于一组（有具体要求时按具体要求执行）。试样取样后应及时送试验室试验，以免水分蒸发影响试验结果。

（2）检查技术要求。

① 填方工程包括大型土方、室内填方，以及柱基、基坑、基槽和管沟的回填土等。填方工程应按设计要求和施工规范规定，对土壤分层取样试验，提供分层取点平面示意图、编号及试验报告单。试验记录编号应与平面图对应。

② 各层填土压实后，应及时测定干土的质量密度，应有90%以上符合设计要求，其余10%的最低值与设计值的差不得大于0.08g/cm³，且应分散，不得集中。

③ 重要的、大型的或有设计要求的填方工程，在施工前应对填料做击实试验，求出填料的干密度-含水率关系曲线，并确定其最大干密度和最优含水率，并根据设计压实系数，分别计算出各种填料的施工控制干密度。对于一般的小型工程又无击实试验条件的单位，最大干密度可按施工规范计算。

④ 填方工程环刀取样数量应符合以下要求：柱基回填，抽查柱基总数的10%，但不少于5个；基槽和管沟回填，每层按长度20～50m取样1组，但不少于1组；基坑和室内回填，每层按100～500m³取样1组，但不少于1组；场地平整回填，每层按400～900m³取样1组，但不少于1组。

⑤ 砂、砂石、灰土、三合土地基用环刀取样实测，其干土质量密度不应低于设计要求的最小干密度；用贯入仪、钢筋或钢叉等实测的贯入度大小不应低于通过试验所确定的贯入度数值。抽查数量：柱坑按总数抽查10%，但不少于5个；基坑、槽沟每10m³抽查

1处，但不少于5处。

(3) 回填土试验报告的内容。

回填土试验报告的内容，具体见表4-7-5。

表4-7-5 回填土试验报告

回填土试验报告		编号	
		试验编号	
		委托编号	
工程名称及部位			
委托单位		试验委托人	
要求压实系数（λ_c）		回填土种类	
控制干密度（ρ_d）	g/cm³	试验日期	

步数 \ 项目 \ 点号	1	2	3	4	5	6	7	8	9	10
					实测干密度/（g/cm³）					
					实测压实系数					

取样位置草图：

结论：

批准		审核		试验	
试验单位					
报告日期					

注：本表由建设单位、施工单位、城建档案馆各保存一份。

4.8.5 钢筋连接试验记录

1. 资料核查的一般要求

（1）核查每份检验单中试验项目是否齐全，每组试件取样数量是否足够，试验结果及结论是否完整正确。

（2）核查钢筋焊接是否按规范规定逐批抽样试验，批量的总和是否与需用量基本一致。

（3）采用电弧焊和埋弧焊、电渣压力焊的受力钢材，应分别核查焊条和焊剂出厂合格证是否符合要求。

（4）主要受力构件的焊接检验报告，当出现下列情况之一者，本项目应核定为"不符合要求"。

① 主要受力钢材焊接机械性能检验报告中，缺少主要试验项目。如钢筋对接焊无冷弯试验，或任一指标不符合检验标准，且无鉴定处理和去向说明。

② 焊接检验单的批量明显少于需用量，或检验项目明显不齐全。

③ 重要受力构件电弧焊采用的焊条无合格证，或焊条的性能不符合设计要求和有关标准的规定。

④ 钢结构工程一级焊缝无超声波和 X 射线检验报告，二级焊缝无超声波检验报告。

2. 检查技术要点

（1）凡有焊接接头的受力钢筋及型钢均应有焊接接头试（检）验报告。其焊接母材质量、焊条或焊剂质量、焊接工艺及焊接质量检验结果，须符合设计要求及有关标准规范的规定。

（2）焊点及焊缝的机械性能试验，应从外观检查合格的接头或制品中分批抽取一定数量的试件，按规定方法分别进行抗拉、抗弯或抗剪试验（闪光对焊及气压焊接头应做抗拉及抗弯试验，电弧焊接头只做抗拉试验；焊接骨架及网片焊点应做抗拉及抗剪试验；焊接制品由几种直径钢筋组合时，每种组合均应做强度试验）。非承重焊接骨架和网片只做外观检查，不做强度试验。

（3）钢材焊接检验单应按规定的内容认真填写，无漏项、缺项。每个试样机械性能检验结果数据及结论，均应说明试样破坏部位（断在焊缝、热影响区或焊缝处）及破坏状态（呈塑性或脆性）；弯曲试验应说明弯心直径及弯曲角度，并说明每根试样弯曲后接头外侧是否出现大于 0.15mm 的横向裂缝，方可判定该组试样抗拉及抗弯试验结果是否合格。

（4）钢结构工程采用的钢种和焊接材料，必须进行焊接性能和力学性能检验。施焊过程中，除对焊缝进行外观检查外，对于一级焊缝还须做超声波检验，当检查外观缺陷及几何尺寸有疑点时，应做磁粉复验及 X 射线检验，抽查焊接长度 2%，至少附有一张底片；二级焊缝须有超声波检验，有疑点时，用 X 射线透照复验。

《钢筋焊接及验收规程》

（5）结构受力钢筋及型钢采用电弧焊接头时，必须具备焊条出厂合格证，其内容包括牌号、规格、出厂日期、机械性能及化学成分。焊条的规格、型号必须与设计要求一致，当设计未做规定时，钢筋电弧焊焊条牌号应按《钢筋焊接及验收规程》（JGJ 18—2012）的规定选用。

（6）无焊条合格证或对焊条质量有怀疑时，如发现锈蚀、受潮严重等，应按批抽样检验，并提供焊条检验报告。

(7) 电渣压力焊和埋弧焊所需的焊剂，必须具备出厂合格证，内容包括厂家、牌号、商标、焊剂类型、氧化锰含量、二氧化硅含量、氟化钙含量等。若设计对焊剂的牌号未做规定，可采用431焊剂（高锰、高硅、低氟焊剂，适合于Ⅰ、Ⅱ级钢筋的焊接）或其他性能相似的焊剂。焊剂使用前，需250℃恒温下烘焙1~2h。

钢筋试验报告包括超声波探伤报告（表4-7-6）、超声波探伤记录（表4-7-7）和钢构件射线探伤报告（表4-7-8）。

表4-7-6 超声波探伤报告

超声波探伤报告		编号	
^		试验编号	
^		委托编号	
工程名称及部位			
委托单位		试验委托人	
构件名称		检测部位	
材 质		板厚/mm	
仪器型号		试 块	
耦合剂		表面补偿	
表面状况		探伤日期	
探头型号		执行处理	
探伤结果及说明：				
负责人	审核	检测	检测单位公章
			^
报告日期	年 月 日		^

注：本表由施工单位填写，城建档案馆、建设单位、施工单位各保存一份。

表 4-7-7 超声波探伤记录

超声波探伤记录									资料编号	
工程名称							报告编号			
施工单位							检测单位			
焊缝编号（两侧）	板厚/mm	折射角/(°)	回波高度/mm	X/mm	D/mm	Z/mm	L/mm	级别	评定结果	备注

批准		审核		检测		
						检测单位公章
报告日期						

注：X 为 0 点至缺陷起点的距离，D 为缺陷至焊缝上边缘的距离，Z 为缺陷至检测面的深度，L 为缺陷指示长度。本表由施工单位填写，城建档案馆、建设单位、施工单位各保存一份。

表 4-7-8 钢构件射线探伤报告

钢构件射线探伤报告				编号	
				试验编号	
				委托编号	
工程名称		委托单位		试验委托人	
构件名称		构件编号		检测部位	
材 质		焊缝形式		板厚/mm	
仪器型号		增感方式		像质计型号	
胶片型号		像质指数		黑 度	
评定标准		焊缝全长		探伤比例与长度	

探伤结果：

底片编号	黑度	灵敏度	主要缺陷	评级	示意图：
					备注：

负责人	审核	检测	
			检测单位公章
报告日期			

注：本表由施工单位填写，城建档案馆、建设单位、施工单位各保存一份。

4.7.6 砌筑砂浆试验记录

资料核查的一般要求如下。

(1) 砂浆配合比设计报告各项内容应填写准确且不得随意涂改，签名、盖章应齐全。

(2) 砌筑砂浆应采用经试验室确定的质量配合比，施工中要严格按质量配合比计量施工，不得随意变更。

(3) 砂浆配合比设计报告中所有的组成材料相应产品合格证应有进场报告，水泥物理性能检验报告及砂浆配合比设计报告应以 28 天抗压强度为准。

(4) 如砂浆的组成材料（水泥、骨料、外加剂等）有变化，其配合比应重新试配选定；不同品种的水泥不得混合使用。

(5) 检验报告中工程名称及施工部位均应填写齐全。

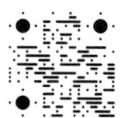
《砌筑砂浆配合比设计规程》

(6) 砂浆的种类、强度等级、稠度、分层度必须满足设计要求及《砌筑砂浆配合比设计规程》(JGJ/T 98—2010)，若品种、强度等级有变动（如水泥砂浆代替水泥混合砂浆，或 M5 代替 M7.5 等情况），应征得设计的同意，并办理洽商。

(7) 水泥砂浆中，水泥用量不应少于 $200kg/m^3$；水泥混合砂浆中，水泥和掺加料总用量宜为 $300\sim350kg/m^3$。

(8) 为使砂浆具有良好的保水性，应掺入无机或有机塑化剂，不应采取增加水泥用量的方法；水泥混合砂浆中掺入有机塑化剂时，无机掺合料的用量最多可减少一半；水泥砂浆中掺入有机塑化剂时，应考虑砌体抗压强度较水泥混合砂浆砌体降低 10% 的不利影响。

(9) 生石膏及电石膏的用量，宜按稠度 120mm±5mm 计量。

(10) 砂浆配合比设计报告中的砂浆种类、强度等级及日期，应与施工图纸、砂浆抗压强度检验报告及施工记录中的相关内容相符。

(11) 砂浆试件必须实行 100% 的见证取样和送样，且应送到有资质和计量认证的检测单位进行检测，其中不少于 5% 由工程质量监督机构进行监督抽检，并需送至质量监督检测单位进行检测；检验报告备注栏中应分别注明见证人或监督员，并加盖"有见证检验"或"监督抽检"专用章。

(12) 同一强度等级、同一配合比、同种原材料的砂浆，以每台搅拌机、每一楼层或 $250m^3$ 砌体为一取样单位，基础砌体可按一个楼层计。

(13) 建筑地面与楼面按每一层建筑地面工程不少于一组制作试件；当每层建筑地面工程面积超过 $1000m^2$ 时，每增加 $1000m^2$ 各增做一组试件，不足 $1000m^2$ 按 $1000m^2$ 计算；当改变配合比时，也应相应地制作试件组数。

相关资料表式见表 4-7-9～表 4-7-13。

表 4-7-9 砂浆配合比申请单

砂浆配合比申请单		编号	
		委托编号	
工程名称			
委托单位		试验委托人	
砂浆种类		强度等级	
水泥品种		厂别	
水泥进场日期		试验编号	
砂产地	粗细级别	试验编号	
掺合料种类		外加剂种类	
申请日期		要求使用日期	

表 4-7-10 砂浆配合比通知单

砂浆配合比通知单		配合比编号		
		试配编号		
强度等级		试验日期		
配合比				
材料名称	水泥	砂	白灰膏	掺合料	外加剂
用量/(kg/m³)					
比例					

负责人	审核	计算	试验

报告日期	年 月 日

注：本表由施工单位填写并保存。

表 4-7-11 砂浆抗压强度试验报告

砂浆抗压强度试验报告				编号	
				试验编号	
				委托编号	
工程名称及部位				试件编号	
委托单位				试验委托人	
砂浆种类		强度等级		稠度	
水泥品种及强度等级				试验编号	
砂产地及种类				试验编号	
掺合料种类				外加剂种类	
配合比编号					
试件成型日期		要求龄期	天	要求试验日期	
养护条件		试件收到日期		试件制作人	

试验结果	试压日期	实际龄期/天	试件边长/mm	受压面积/mm²	荷载/kN		抗压强度/MPa	达到设计强度等级/%
					单块	平均		

备注：	

批准		审核		试验	
检测试验单位					
报告日期					

注：本表由检测机构提供。

表 4-7-12 砂浆试块强度试验汇总表

单位工程名称：　　　　　　　　　　　　　　　　　　　　　　　　　　　共　页
　　　　　　　　　　　　　　　　　　　　　　　　　　　　　　　　　　　第　页

序号	试验编号	制作日期	部件名称	砂浆强度		达到设计强度/%	备注
				设计要求	试验结果		

施工项目负责人：　　　　　　　　　　　填表人：　　　　　　　　　年　月　日

表 4-7-13 砂浆试块强度统计评定记录

工程名称		部位		强度等级		养护方法	
试块组数		设计强度		平均值		最小值		评定数据
$n=$		$f_{m,k}=$		$\overline{f_{cu}}=$		$f_{cu,min}=$		$0.75f_{m,k}=$
每组强度值/MPa							
评定依据：《砌体结构工程施工质量验收规范》(GB 50203—2011)						结论	
1. 同品种、同强度等级砂浆各组试块的平均值 $f_{cu} > f_{m,k}$							
2. 任意一组试块强度 $f_{cu,min} \geq 0.75 f_{m,k}$							
3. 仅有一组试块时，其强度不应低于 $f_{m,k}$							

4.7.7 混凝土试验记录

1. 混凝土抗压强度试验报告

施工单位收到试验单位的混凝土配合比通知单后，应按通知单上的配合比计量搅拌混凝土，但在施工中必须取样试验。混凝土试样是用铁质立方体模制作的，称为混凝土试块。混凝土试块有三种试样试块，即边长 100mm 的立方体、150mm 的立方体和 200mm 的立方体。一般建筑工程常做成 150mm 的立方体试块。对混凝土试块取样规定如下。

（1）每拌制 100 盘且不超过 100m³ 的同配合比混凝土，取样不得少于一组，一组取 3 块试件。

（2）每工作班拌制的同配合比混凝土不足 100 盘时，取样不得少于一组，一组取 3 块试件。

（3）每一现浇楼层同配合比的混凝土，取样不得少于一组，一组取 3 块试件。

（4）如果工程是分段施工的，每分段同配合比混凝土取样不得少于一组，一组取 3 块试件。

（5）同一单位工程每一验收项目中，同配合比混凝土取样不得少于一组，一组取 3 块试件。

以上规定说明：不同时间拌制、不同配合比、不同种类的混凝土都要取样。

（6）如果结构构件因拆模、出池、出厂、吊装和装运、张拉、放张及施工期间的负荷等需要临时确定混凝土强度，则应采用与结构构件同条件养护的标准尺寸试件。

（7）冬季施工的混凝土，应增设不少于两组与结构同条件养护的试件，分别用于检验受冻前的混凝土强度和转入常温和标准养护时间（28 天）的混凝土强度。

(8) 混凝土取样必须在浇筑地点随机取样制作,一组试件必须取自同一次(盘)拌制的混凝土。

试块制作好后用红色油漆在试块表面写上取样部位、混凝土品种、标号、取样日期,然后经标准养护 28 天再送去检测单位检测试验。混凝土抗压强度试验报告见表 4-7-14。

表 4-7-14 混凝土抗压强度试验报告

混凝土抗压强度试验报告				编号					
				试验编号					
				委托编号					
工程名称及部位				试件编号					
委托单位				试验委托人					
设计强度等级				实测坍落度					
水泥品种及强度等级		进场日期				试验编号			
砂种类		砂试验编号							
石种类、公称直径		石试验编号							
外加剂名称		外加剂试验编号							
掺合料名称		掺合料试验编号							
配合比编号		配合比比例							
用量	材料名称								
	水泥	水	砂		石	外加剂	外加剂	掺合料	
每立方米用量/kg									
成型日期		要求龄期				要求试验日期			
养护条件		收到日期				试块制作人			
试验结果	试验日期	实际龄期/天	试件边长/mm	受压面积/mm²	荷载/kN		平均抗压强度/MPa	折合 150mm 立方体抗压强度/MPa	达到设计强度等级/%
					单块值	平均值			
结论:									
负责人		审核			计算			试验	
报告日期					年　月　日				

2. 混凝土抗渗试验报告

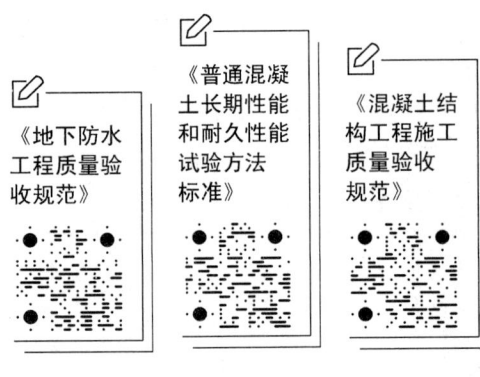

《地下防水工程质量验收规范》(GB 50208—2011)规定：防水混凝土抗渗性能，应采用标准条件下养护混凝土抗渗试件的试验结果评定。试件应在浇筑地点制作。每连续浇筑混凝土500m³应留置一组抗渗试件（一组为6个抗渗试件），且每项工程不得少于两组；采用预拌混凝土的抗渗试件，留置组数应视结构的规模和要求而定。抗渗性能试验应符合现行《普通混凝土长期性能和耐久性能试验方法标准》(GB/T 50082—2009)的有关规定。

防水混凝土的抗压强度和抗渗压力必须符合设计要求。《混凝土结构工程施工质量验收规范》(GB 50204—2015)规定：对有抗渗要求的混凝土结构，其混凝土试件应在浇筑地点随机取样。同一工程、同一配合比的混凝土取样不应少于一次，留置组数可根据实际需要确定。混凝土抗渗试验报告见表4-7-15。

表4-7-15 混凝土抗渗试验报告

混凝土抗渗试验报告				编号		
				试验编号		
				委托编号		
工程名称及部位				试件编号		
委托单位				委托试验人		
抗渗等级				配合比编号		
强度等级		28天抗压强度		收样日期	年 月 日	
成型日期	年 月 日	龄期	天	试验日期	年 月 日	
试验情况：						
结论：						
负责人		审核		计算		试验
报告日期				年 月 日		

注：本表由施工单位填写，建设单位、施工单位各保存一份。

3. 混凝土试块抗压强度统计、评定记录

单位工程施工的所有混凝土试块强度都必须进行统计评定，有些地区称为混凝土强度检验评定。这两种说法的要求一样，目的是判定整个单位工程混凝土强度是否符合设计要求及规范规定的指标数据。

混凝土强度应分批进行检验评定，每批应由强度等级相同、龄期相同、生产工艺条件相同、配合比基本相同的混凝土组成一个验收批进行验收评定，但对施工现场浇筑的混凝土应按单位工程的验收项目划分验收批，就是说，一个单位工程应按分项、分部或分段划分验收批，由强度等级相同、龄期相同、生产工艺条件相同、配合比基本相同的混凝土组成一个验收批进行验收评定。一般不大的单位工程，通常在最后一组试块试压报告出来之后进行评定。当在一个单位工程内有不同强度等级、不同龄期、不同生产工艺条件、不同配合比的混凝土时，必须分开验收评定。这里所说的强度等级，是指设计图纸要求的混凝土标号和同标号试块的强度，至于同标号试块试压出来后有不同强度，仍应该算同一验收批进行验收评定。

混凝土强度统计评定有两种方法，即统计方法和非统计方法。混凝土预拌厂、预制构件厂、现场集中搅拌混凝土施工单位，应按统计方法进行统计评定；零星生产的预制构件或现场搅拌的批量不大的混凝土施工单位，可按非统计方法进行统计评定。混凝土试块强度统计、评定记录见表 4-7-16。

表 4-7-16 混凝土试块强度统计、评定记录

混凝土试块强度统计、评定记录					编号	
工程名称				强度等级		
填报单位				养护方法		
统计期	年 月 日至 年 月 日			结构部位		
试块组数 n	强度标准值 $f_{cu,k}$/MPa	平均值 m_{fcu}/MPa	标准差 S_{fcu}/MPa	最小值 $f_{cu,min}$/MPa	合格判定系数 λ_1	λ_2
每组强度值 /MPa						
评定界限	□统计方法			□非统计方法		
	$0.90 f_{cu,k}$	$m_{fcu}-\lambda_1 S_{fcu}$	$\lambda_2 f_{cu,k}$	$1.15 f_{cu,k}$	$0.95 f_{cu,k}$	
判定式	$m_{fcu}-\lambda_1 S_{fcu} \geq$ $0.90 f_{cu,k}$	$f_{cu,min} \geq$ $\lambda_2 f_{cu,k}$	$m_{fcu} \geq$ $1.15 f_{cu,k}$	$f_{cu,min} \geq 0.95 f_{cu,k}$		

续表

结果					

结论：

负责人		审核		计算		制表	
报告日期			年	月	日		

注：本表由施工单位填写，城建档案馆、建设单位、施工单位各保存一份。

任务 4.8 施工质量验收记录

1. 检验批质量验收记录

检验批是分项工程中的最小单元，是分项工程质量验收的基础。检验批质量验收合格应符合下列规定：主控项目和一般项目的质量经抽样检验合格；具有完整的施工操作依据、质量检查记录。

（1）主控项目。

主控项目是保证工程安全和使用功能的重要检验项目，是对安全、卫生、环境保护和公众利益起决定性作用，确定该检验批主要性能的检验项目。如果达不到规定的质量指标，降低要求就相当于降低该工程项目的性能指标，就会严重影响工程的安全性能；但如果提高要求，就等于提高该工程项目的性能指标，又会增加工程造价。这就要求进行综合考量。其中混凝土、砂浆的强度等级是保证混凝土结构、砌体工程强度的重要性能，所以必须全部达到要求。

主控项目包括的主要内容如下。

① 重要材料、构配件、成品及半成品、设备性能及附件的材质、技术性能等。应检查出厂证明及试验数据，如水泥、钢材的质量，预制楼板、墙板、门窗等构配件的质量，风机等设备的质量；出厂证明中，其技术数据、项目应符合有关技术标准规定。

② 结构的强度、刚度和稳定性等检验数据、工程性能的检测。如混凝土、砂浆的强度，钢结构的焊缝强度，管道的压力试验，风管的系统测定与调整，电气的绝缘、接地测试，电梯的安全保护、试运转结果等。检查测试记录，其数据及项目应符合设计要求和验收规范的规定。

③ 一些重要的允许偏差项目，必须控制在允许偏差限值之内。

④ 对一些有龄期的检查项目，若其龄期不到，不能提供数据，可先检验其他检验项目，并根据施工现场的质量保证和控制情况，暂时验收该项目，待检测数据出来后，再填

入数据。如果数据达不到规定数值,以及对一些材料、构配件质量及工程性能的测试数据有疑问,则应进行复试、鉴定及实地检验。

(2) 一般项目。

一般项目是指除主控项目以外的检验项目,虽不像主控项目那样重要,但对工程安全、使用功能及美观都有较大影响。这些项目在验收时,绝大多数的抽查处(件),其质超指标都必须达到要求;有的专业质量验收规范规定有20%的抽查结果可以超过一定的指标,但也是有限制的,通常不得超过规定值的150%。

一般项目包括的主要内容如下。

① 允许有一定偏差的项目,放在一般项目中,用数据规定的标准可以有一定偏差范围,如最多不超过20%的检查点可以超过允许偏差值,但也不能超过允许值的150%。

② 对不能确定偏差值而又允许出现一定缺陷的项目,可以缺陷的数量来区分,如砖砌体与预埋拉结筋的留置间距偏差、混凝土钢筋露筋露出一定长度等。

③ 一些无法定量而采用定性的项目,如碎拼大理石要求地面颜色协调、无明显裂缝和坑洼,油漆工程中要求中级油漆的光亮和光滑程度,卫生器具给水配件安装项目要求接口严密、启闭部分灵活,管道接口项目要求无外漏油麻等,这些可靠监理工程师来掌握。

检验批质量验收记录见表4-8-1。

表4-8-1 检验批质量验收记录

工程名称					
分项工程名称			验收部位		
施工总承包单位		项目经理		专业工长	
专业承包单位		项目经理		施工班组长	
施工执行标准名称及编号					
	施工质量验收规范的规定		施工单位检查评定记录		监理/建设单位验收记录
主控项目					
一般项目					

续表

施工单位检查评定结果：
质量检查员 年　月　日
监理或建设单位验收结论：
监理工程师或建设单位项目专业技术负责人 年　月　日

注：本表由施工项目专业质量检查员填写，由专业监理工程师（建设单位项目技术负责人）组织项目专业质量（技术）负责人等进行验收。

2. 分项工程质量验收记录

分项工程是由若干个检验批组成的，故其验收在检验批的基础上进行。因此分项工程和检验批具有相同或相近的性质，只是批量不同而已。检验批的检验汇总资料能反映分项工程的质量，故只要构成分项工程的各检验批验收资料完整，且均已验收合格，则该分项工程即验收合格。

分项工程质量验收合格的规定如下。

（1）分项工程所含的检验批均满足合格质量的规定。

（2）分项工程所含的检验批的质量验收记录完整。

分项工程质量验收记录见表 4-8-2。

表 4-8-2　分项工程质量验收记录

工程名称		结构类型		检验批数	
施工总承包单位		项目经理		项目技术负责人	
专业承包单位		单位负责人		项目经理	

序号	检验批名称及部位、区段	施工单位检查评定结果	监理或建设单位验收意见

续表

说明：			
检查结论	项目专业技术负责人 年　月　日	验收结论	监理工程师或建设单位项目专业技术负责人 年　月　日

注：本表由专业监理工程师（建设单位项目技术负责人）组织项目专业质量（技术）负责人等进行验收。

3. 分部（子分部）工程质量验收记录

分部（子分部）工程是由若干个分项工程构成的，故其验收在分项工程验收的基础上进行。这种关系类似于检验批与分项工程的关系，具有相同或相近的性质。因此分项工程质量验收合格且有完整的质量控制资料，是分部（子分部）工程质量验收合格的前提。

分部（子分部）工程质量验收合格的规定如下。

（1）分部（子分部）工程所含分项工程的质量均应验收合格；分项工程质量验收应覆盖分部（子分部）工程全部内容，不应有漏项、缺项；分项工程质量验收记录须签字齐全。

（2）质量控制资料必须完整，这是验收的基本条件。一个分部（子分部）工程是否具有数量和内容完整的质量控制资料，是能否通过验收的关键。

（3）地基与基础、主体结构和设备安装等分部（子分部）工程，有关安全及功能的检验和抽样检测结果应符合有关规定，检测报告的结果应作为该分部（子分部）工程质量验收合格的重要依据。分部（子分部）工程质量验收时，应检查规定的项目是否都进行了检测；检测报告的格式、内容及检测程序、方法、参数、数据、结论等是否符合设计要求和技术保证规定；应实行见证取样送检的项目是否执行了规定的见证取样送检，其检测报告是否符合有关管理规定。地基与基础、主体结构抽样检测是对工程实体分部（子分部）质量的旁证，作为质量验收的手段之一，体现了施工质量验收规范把工程内在质量作为强化控制的基点的原则。

（4）观感质量验收应符合要求。由于这类检查往往难以定量，因此只能以观察、触摸或简单量测的方式进行，并由个人的主观印象判断，检查结果并不能给出"合格"或"不合格"的结论，而是综合给出"好""一般""差"等质量评价。对于"差"的检查点，应通过返修处理进行补救。分部（子分部）工程质量验收时，验收人员应对工程覆盖的各个部位进行检查，能打开的尽量开启检查，能启动的应启动检查，不能只检查外观，而应重点关注实物质量。观感质量评价由参加验收人员宏观调控。

分部（子分部）工程质量验收记录见表4-8-3。

表 4-8-3 分部（子分部）工程质量验收记录

工程名称				结构类型		层数	
施工总承包单位			技术部门负责人		质量部门负责人		
专业承包单位			专业承包单位负责人		专业承包单位技术负责人		
序号	分项工程名称		分项工程（检验批）数	施工单位检查评定		验收意见	
质量控制资料							
安全和功能检验（检测）报告							
观感质量验收							
验收单位	专业承包单位			项目经理	年	月	日
	施工总承包单位			项目经理	年	月	日
	勘察单位			项目负责人	年	月	日
	设计单位			项目负责人	年	月	日
	监理单位或建设单位			总监理工程师或建设单位项目专业负责人 年 月 日			

注：本表由总监理工程师（建设单位项目技术负责人）组织施工项目经理和有关勘查、设计单位项目负责人进行验收。

4. 单位（子单位）工程质量验收记录

单位（子单位）工程质量验收是工程建设最终的质量验收，也称竣工验收，是建筑工程投入使用前最后一次也是最重要的一次验收，作为工程质量控制的最后把关，将对工程质量给出整体综合评价，也是对施工单位成果进行的综合检验。

单位（子单位）工程质量验收合格应符合以下条件。

（1）单位（子单位）工程所含分部（子分部）工程质量验收必须都合格，这是基本条件。其中有一个不合格，单位（子单位）工程质量就不能进行验收，这时必须对不合格的分部（子分部）工程进行返修，重新验收合格后才能进入单位（子单位）工程质量的验收。验收前，施工单位应对分部（子分部）工程的质量验收资料进行收集整理，保证分部（子分部）工程的质量验收记录和质量评价资料完整，地基基础、主体结构分部工程安全与功能的检测和抽测项目资料及质量观感评价齐全,各分部(子分部)工程无遗漏,其各项资料、验收记录的验收人员具有规定资格并签认齐全。

(2)质量控制资料应完整,具体的单位(子单位)工程质量控制资料核查记录见表4-8-4。质量控制资料是反映工程施工过程中各个环节过程质量状况的基本数据和原始记录,反映竣工项目的检测结果和记录,是工程质量的客观见证,也是评价工程质量的依据。工程质量控制资料是工程的"合格证"和技术证明书,对工程质量验收十分重要,可以说就是工程质量的一部分,是工程技术资料的核心,是施工单位质量管理的重要组成部分。质量控制资料的完整、齐全、清晰程度,见证了企业的管理水平。工程施工中形成的质量控制资料,应真实记录工程施工的全过程和工程施工的各阶段、各工序、检验批、分项、分部(子分部)工程质量的状况。

表4-8-4 单位(子单位)工程质量控制资料核查记录

工程名称			施工单位		
序号	项目	资料名称	份数	核查意见	核查人
1	建筑与结构	图纸会审记录、设计变更通知单、工程洽商记录(技术核定单)			
2		工程定位测量、放线记录			
3		原材料出厂合格证书及进场检(试)验报告			
4		施工试验报告及见证检测报告			
5		隐蔽工程验收记录			
6		施工记录			
7		预制构件、预拌混凝土合格证			
8		地基、基础、主体结构检验及抽样检测资料			
9		分项、分部工程质量验收记录			
10		工程质量事故及事故调查处理资料			
11		新材料、新工艺施工记录			
1	给排水与采暖	图纸会审记录、设计变更通知单、工程洽商记录(技术核定单)			
2		材料、配件出厂合格证书及进场检(试)验报告			
3		管道、设备强度试验、严密性试验记录			
4		隐蔽工程验收记录			
5		系统清洗、灌水、通水、通球试验记录			
6		施工记录			
7		分项、分部工程质量验收记录			

续表

序号	项目	资料名称	份数	核查意见	核查人
1	建筑电气	图纸会审记录、设计变更通知单、工程洽商记录（技术核定单）			
2		材料、配件出厂合格证书及进场检（试）验报告			
3		设备调试记录			
4		接地、绝缘电阻测试记录			
5		隐蔽工程验收记录			
6		施工记录			
7		分项、分部工程质量验收记录			
1	通风与空调	图纸会审记录、设计变更通知单、工程洽商记录（技术核定单）			
2		材料、设备出厂合格证及进场检（试）验报告			
3		制冷、空调、水管道强度试验、严密性试验记录			
4		隐蔽工程验收记录			
5		制冷设备运行调试记录			
6		通风、空调系统调试记录			
7		施工记录			
8		分项、分部工程质量验收记录			
1	电梯	图纸会审记录、设计变更通知单、工程洽商记录（技术核定单）			
2		设备出厂合格证书及开箱检验记录			
3		隐蔽工程验收记录			
4		施工记录			
5		接地、绝缘电阻测试记录			
6		负荷试验、安全装置检查记录			
7		分项、分部工程质量验收记录			
1	智能建筑	图纸会审、设计变更、工程洽商记录、竣工图及设计说明			
2		材料、设备出厂合格证及技术文件、进场检（试）验报告			

续表

序号	项目	资料名称	份数	核查意见	核查人
3	智能建筑	隐蔽工程验收记录			
4		系统功能测定及设备调试记录			
5		系统技术、操作和维护手册			
6		系统管理、操作人员培训记录			
7		系统检测报告			
8		分项、分部工程质量验收记录			

结论：

施工总承包单位项目经理　　　　　　　总监理工程师或建设单位项目负责人
　　　年　月　日　　　　　　　　　　　　　　　年　月　日

工程在验收分部（子分部）工程质量时，虽然已对分项工程提供的质量控制资料或技术资料进行了核查，但单位（子单位）工程竣工验收时仍有必要进行全面复核，只是可以不像验收检验批、分项工程那样进行微观检查，而是从整体上核查质量控制资料或技术资料，以此评价分部（子分部）和单位（子单位）工程的结构安全、使用功能及质量状况，主要看其是否可以反映工程结构安全和使用功能，是否达到设计要求，是否符合强制性标准要求和质量标准。

工程质量控制资料是在产品生产过程中形成的，需要客观、真实、可靠、完整，与工程实际相符合，应满足以下基本要求。

① 资料项目应齐全。表4-8-4列出的48项资料必须具备，使用新材料、新工艺还应具有专家鉴定报告、检验或试验报告、当地政府主管部门的准用证或使用许可证、合格证等有关资料。若工程发生质量问题，应有质量事故处理和返工记录资料。

② 每个资料项目中应有的资料应完整。在规定的项目资料中，发生了的应给出资料，未发生的不必做资料，对工程结构、功能及有关质量方面不会影响性能的资料，有缺点也可认可；有的材料按规定既要有合格证又要有复验报告的为完整，但个别由于多种原因没有合格证，经检测符合设计要求标准的，也可认为材料是完整的，对资料可予认可；若新产品、新材料、新工艺没有国家标准，经产品检验部门依据注册的企业标准检验合格，并具有主管部门批准或推广使用证的，可认可资料为完整。

③ 资料中数据应完整。工程使用的材料性能指标数据、工程性能检测数据、检测项目的检测报告数据在质量控制资料中必须完整，如水泥复验报告，通常检测水泥的安定性、强度、初凝、终凝时间，提供的检测报告必须有确切的数据及结论证实用于工程的水泥是合格的。数据是评定质量的依据，资料中既要求数据完整，也要求数据真实、可靠。对必不可少的资料，一是应在工程施工过程中形成，做到准确、及时；二是应注意按规范规定收集和整理保管，对于无规定合格证等质量保证资料的进场建筑材料应拒绝接收和使

用；三是应严格按规范要求将进场建筑材料和检测项目取样送检，保证批量符合规范要求，施工单位应防止缺资料时忙于后补或伪造资料。

(3) 单位（子单位）工程所有分部（子分部）工程有关安全和功能的检测资料应完整，具体的单位（子单位）工程安全和功能检验资料核查及主要功能抽查记录见表4-8-5。这些检测资料及主要功能抽查项目涉及6大项26个检测项目，目的是确保工程安全和使用功能，通过检测验证工程综合质量和最终质量；这种检测由施工单位完成，监理单位或建设单位有关人员参加并监督进行，达到要求后形成检测记录，各方签字认可。在单位（子单位）工程验收时，监理应对分部（子分部）工程的检测项目进行核查和核对，对检测的数量和数据、使用的检测方法标准及检测程序进行核查，同时核查检测人员的资格和签字情况，将检查结论形成记录。

表4-8-5 单位（子单位）工程安全和功能检验资料核查及主要功能抽查记录

工程名称			施工单位			
序号	项目	安全和功能检测项目	份数	核查意见	抽查结果	核查（抽查）人
1	建筑与结构	屋面淋水试验记录				
2		地下室防水效果检查记录				
3		有防水要求的地面蓄水试验记录				
4		建筑物垂直度、标高、全高测量记录				
5		抽气（风）道检查记录				
6		幕墙及外窗气密性、水密性、耐风压检测报告				
7		建筑物沉降观测记录				
8		节能、保温测试记录				
9		室内环境检测报告				
1	给排水与采暖	给水管道通水试验记录				
2		暖气管道、散热器压力试验记录				
3		卫生器具满水试验记录				
4		消防管道、燃气管道压力试验记录				
5		排水干道通球试验记录				
1	建筑电气	照明全负荷试验记录				
2		大型灯具牢固性试验记录				
3		避雷接地电阻测试记录				
4		线路、插座、开关接地检验记录				
1	智能建筑	系统试运行记录				
2		系统电源及接地检测报告				

续表

序号	项目	安全和功能检查项目	份数	核查意见	抽查结果	核查（抽查）人
1	通风与空调	通风、空调系统试运行记录				
2		风量、温度测试记录				
3		洁净室洁净度测试记录				
4		制冷机组试运行调试记录				
1	电梯	电梯运行记录				
2		电梯安全装置检测报告				

结论：

施工单位项目经理：　　　　　　　　总监理工程师（建设单位项目负责人）：
　　年　月　日　　　　　　　　　　　　　年　月　日

工程有关安全和功能的检测主要有以下几类。

① 工程使用的建筑材料取样检测。按规范规定，材料检测合格才能于工程中使用，这部分检测应实行见证取样送检，也必须由有相应资质的工程质量检测机构检测并出具检测报告，将检测报告作为工程质量验收和评价的依据。

② 工程施工中需要取样检测的项目，如混凝土试件取样检测，应实行见证取样送检，也必须由具有相应资质的工程质量检测机构检测并出具检测报告，将检测报告作为工程质量验收和评价的依据。

③ 工程施工质量验收规范中列出的检验或检查项目，可由施工单位自检或委托有资质的工程质量检测机构检测，监理人员应全过程参加，并确认检测结果符合验收规范，将检测报告作为工程质量验收和评价的依据。

④ 为满足质量保证体系要求，施工单位进行的内部材料检测和施工项目抽样检验，由企业自有试验室检验并出具报告。企业自有试验室作为质量管理体系的一部分，只能承担企业质量控制进行的试验，其检验结果不能作为质量验收和评价依据。

⑤ 表4-8-5中列出的安全和功能检查项目，一般由施工单位自行试验或检验，监理人员参加或旁站检查并确认检验结论，形成记录，施工单位和监理人员签认，验收记录应作为工程质量验收和评价的依据。也可由施工单位委托有资质的工程质量检测机构检测，其检测结果作为工程质量验收和评价的依据。

⑥ 参建各方对施工方的检验有异议，需要委托第三方重新检验确认质量状况时，具有相应资质的工程质量检测机构进行仲裁性检测，其结论作为工程质量验收和评价的依据。

以上的检测报告和检验记录应收集整理，作为工程质量控制资料或工程竣工技术资料。

工程安全和使用功能的检测资料完整，应达到以下判定要求。

① 资料项目应齐全。表4-8-5中列出的项目应齐备和完整，检测项目的数量应根据工程类别确定，没有的项目不得编造。

② 每个资料项目中，应有的资料应完整。

③ 资料中应有的数据应完整。工程有关安全和功能的检测数据必须具备，这些数据可

证明工程应达到的性能指标是否符合设计和规范要求，没有这些数据的检测报告是无效的。如果这些资料能够保证工程的安全和功能达到了设计要求，则可以判定资料是完整的。

值得注意的是，涉及工程安全和功能的检测项目不只限于表4-8-5中的6大项26个检测项目，还包括建筑工程施工质量验收系列规范之外的工程标准和规范要求的检测项目，在资料核查时同样应予检查。实行特殊专业检测的项目资料，也必须具有地基处理及桩基检测资料、消防性能检测资料、预制构件结构性能检测资料、环境质量检测资料等。

（4）主要功能项目的抽查结果应符合相关专业质量验收规范的规定。主要功能项目抽查的目的是综合检验工程质量能否保证工程的功能，满足使用要求，这种抽查检测一般是符合验证性的。功能项目抽查应在工程完工后，施工单位向建设单位申请验收前进行。功能项目抽查有以下几类。

① 对原检测项目的结论或对工程某几处有质疑，需要抽查进行验证，抽查项目一般在工程竣工验收阶段由验收组确定，但项目应局限在规范规定的项目内。

② 工程质量监督机构对工程实体质量进行监督抽查检测，目的同样是保证工程的综合质量，主要检测混凝土强度、保护层厚度、钢筋布置及移位情况、建筑使用功能满足质量要求的程度等项目。

③ 建筑综合性使用项目，如室内环境质量（空气中有害物含量指标）检测、屋面淋水试验、照明全负荷通电试验、智能建筑系统运行试验等，需进行验收前抽样复验。

主要功能项目抽查时，一般不应损伤已完成的建筑成品，检测应采用无损方式进行，可对照该项目原已检测的记录逐项检查，重新做检测记录表，也可以对原检测记录进行签认。当进行抽查时，应以抽查结果作为验收依据并归入技术资料中。

（5）观感质量验收应符合要求，单位（子单位）工程观感质量检查记录见表4-8-6。观感质量检查主要对工程的外在质量进行全面检查，是对工程实体进行评价，核验分项、分部（子分部）工程质量验收的正确性，及时对分项工程不能检查到的项目予以弥补。如工程竣工的安全和使用功能经检查都已达到要求，但验收时建筑出现裂缝和某些影响使用功能的情况，则有必要弄清原因再行评价；又如建筑的地面空鼓、起砂、门窗开启不灵、墙面开裂等质量缺陷在分项或分部（子分部）工程验收时未出现，但单位（子单位）工程验收时出现或被发现，这些质量缺陷应予以整改处理。

表4-8-6 单位（子单位）工程观感质量检查记录

工程名称			施工单位				
序号	项目		抽查质量状况		质量评价		
					好	一般	差
1	建筑与结构	室外墙面					
2		变形缝					
3		水落管、屋面					
4		室内墙面					
5		室内顶棚					
6		室内地面					
7		楼梯、踏步、护栏					
8		门窗					

续表

工程名称			施工单位				
序号	项目		抽查质量状况		质量评价		
					好	一般	差
1	给排水与采暖	管道接口、坡度、支架					
2		卫生器具、支架、阀门					
3		检查口、扫除口、地漏					
4		散热器、支架					
1	建筑电气	配电箱、盘、板、接线盒					
2		设备器具、开关、插座					
3		防雷、接地					
1	通风与空调	风管、支架					
2		风口、风阀					
3		风机、空调设备					
4		阀门、支架					
5		水泵、冷却塔					
6		绝热					
1	电梯	运行、平层、开关门					
2		层门、信号系统					
3		机房					
1	智能建筑	机房设备安装及布局					
2		现场设备安装					
观感质量综合评价							
检查结论	施工总承包单位项目经理： 年　月　日			总监理工程师或建设单位项目负责人： 年　月　日			

注：质量评价为差的项目，应进行返修。

单位（子单位）工程观感质量检查与评定是宏观地评价建筑的可见部分的外观质量，其验收方法和内容与分项、分部（子分部）工程观感验收的方法相同，只存在范围的差异。

5. 当工程质量验收不合格或不符合要求时的处理原则

（1）经返工重做或更换器具、设备的检验批，应重新进行验收。检验批验收时，主控项目不符合设计要求或不能满足验收规范规定，一般项目超过偏差限值的，可以通过返修或更换器具、设备处理解决的质量问题，允许施工单位在采取相应措施后重新验

收。如能够符合相应的专业工程质量验收规范的规定，则应认为该检验批合格，以重新验收的资料归档；当存在严重缺陷影响安全的，应推倒重来，按新的施工检验批进行验收。

（2）经有资质的工程质量检测机构检测鉴定，能够达到设计要求的检验批，应予以验收。当个别检验批发现试块强度、钢筋直径大小等不满足要求，难以确定是否通过验收时，应经有相应资质的工程质量检测机构检测鉴定，检测的结果能够达到设计要求的，应予以验收；出现这种情况一般是某项质量指标距设计或验收规范要求值有较小的偏差、某项质量指标缺少数据和内容，通过有相应资质的工程质量检测机构检测鉴定能够满足设计要求，应按正常情况验收。

（3）经有资质的工程质量检测机构检测鉴定达不到设计要求，但经原设计单位核算认可能够满足结构安全和使用功能的检验批，可予以验收。经检查某项目不符合验收规范的质量指标或达不到设计要求，检测机构检测结论同样不能满足设计要求的检验批，由设计单位进行结构核验认为可以保证结构安全和使用功能并出具正式核验文件，责任由设计单位承担的，可予以验收，但应明确记录在案。

实际工程中常出现类似下列的几种情况，可根据上述原则进行验收。

① 工程应检测项目的取样试件缺乏代表性、缺少试件或试件检测报告缺少，达不到质量评定的条件要求，可经有相应资质的工程质量检测机构采用钻芯法、回弹法等方法进行混凝土强度检测，结果达到设计要求时应通过验收；达不到设计要求时由设计单位核验，根据核验结果确定是否验收。

② 检测试件的检测结果低于设计要求值。如混凝土设计为C40，标准养护28天抗压强度为37MPa，经检测单位检测为36.7MPa，均小于C40。经设计核算能够满足工程的结构安全和使用功能，可以按设计的要求予以验收。

③ 砌体砂浆强度不能达到原设计要求值，工程已定型无法返工，经设计单位检验，砌体强度可满足结构安全和使用功能要求的，可不返修或进行加固处理，并根据设计意见予以验收。

（4）经返修或加固处理的分项、分部（子分部）工程，虽然改变外形尺寸但能满足安全使用要求的，可按技术处理方案和协商文件进行二次验收。工程出现严重的质量缺陷或者超过检验批的更大范围内的缺陷，可能影响结构安全和使用功能的，若经法定检测单位检测鉴定后认为达不到规范标准的相应要求，即不能满足最低限度的安全储备和使用功能，则必须进行加固处理，使之能满足安全使用的基本要求；这样会造成一些永久性的缺陷，如改变结构外形尺寸、影响一些次要的使用功能等，但是为了避免社会财富的更大损失，在不影响结构安全和主要使用功能的条件下可按处理技术方案和协商文件进行验收，处理后的技术方案资料和文件也应验收归档，并重新填写质量验收记录表。造成永久性缺陷是指工程通过加固补强后只是解决了结构安全性能问题，而其本质未达到原设计要求的情况；此时的验收是一种有条件验收，实际上是工程质量达不到验收规范的合格规定，应记入不合格工程的范围，但工程的严重缺陷经过加固处理能够保证结构安全和使用功能的，仍作为特殊情况验收。

通过返修和加固处理仍不能满足安全使用要求的分部（子分部）工程、单位（子单位）工程，严禁验收。

项目小结

施工资料是施工单位在工程施工过程中所形成的全部资料，内容一般包括施工管理资料、施工技术资料、施工测量记录、施工物资资料、施工记录、施工试验资料、施工质量验收记录等。

施工管理资料主要包括管理上的一些表格，如工程概况表、施工现场质量管理检查记录、施工进度计划报审表、工程动工报审表、施工日志、工程质量事故报告、见证试验取样记录及施工总结等。

施工技术资料主要包括技术交底记录、设计变更文件、工程技术文件报审表、施工组织设计及施工方案等。

施工测量记录主要包括施工测量放线报验申请表，工程定位测量记录，基槽验线记录，楼层平面放线记录，楼层标高抄测记录，建筑物垂直度、标高测量记录，沉降观测记录等。

施工物资资料主要包括建筑材料、成品、半成品、构配件、器具、设备及附件等的出厂质量证明文件，材料、构配件进场检验记录，试样委托单及试验报告，设备开箱检验记录等。

施工记录主要包括地基处理记录、地基钎探记录及钎探平面布置图、桩基施工记录、承重结构及防水混凝土的开盘鉴定及浇灌申请记录、现场预制混凝土构件施工记录、质量事故处理记录、混凝土施工测温记录、隐蔽工程检查验收记录等。

施工试验资料主要包括施工试验记录（通用）、设备单机试运转记录、系统试运转调试记录，回填土、钢筋连接、砌筑砂浆、混凝土等的试验记录。

施工质量验收记录主要包括检验批质量验收记录、分项工程质量验收记录、分部（子分部）工程验收记录、单位工程（子单位）工程验收记录等。

习　题

一、选择题

1. 总包单位负责汇总各分包单位编制的施工资料，分包单位负责其分包范围内施工资料的收集、整理、汇总，并对其提供资料的真实性、完整性及有效性（　　）。

　　A. 认真管理　　B. 检查　　C. 核查　　D. 负责

2. 对于建筑施工图，建设单位的保管期限是（　　）。

　　A. 10年　　B. 永久　　C. 长期　　D. 短期

3. 对于施工合同，建设单位的保管期限是（　　）。

　　A. 10年　　B. 永久　　C. 长期　　D. 短期

4. 返修就是对工程不符合标准规定的部位采取（　　）措施。

　　A. 相应　　B. 返修等　　C. 整修等　　D. 有关

5. 对不合格的工程部位采取的（　　）措施称为返工。
   A. 有关重要　　　　　　　　B. 整改、返工等
   C. 重新制作、重新施工等　　D. 一系列返工等

6. 建筑工程质量控制应为（　　）的控制。
   A. 一系列　　B. 有重点　　C. 全过程　　D. 确保质量

7. 检验批一般项目，对应于合格质量水平的错判概率α不宜超过（　　）%。
   A. 3　　B. 5　　C. 7　　D. 10

8. 施工阶段监理资料应包括隐蔽工程（　　）资料。
   A. 验收　　B. 施工　　C. 工艺　　D. 记录

9. 基坑工程施工过程中应进行隐蔽检查的项目，应在（　　）前检查验收，填写隐蔽工程检查验收记录，报监理单位审核签字。
   A. 完工　　B. 隐蔽　　C. 验收　　D. 竣工

10. 检验批和分项工程是建筑工程质量的（　　）。
    A. 最次要部分　　B. 次要部分　　C. 基础　　D. 全部

11. 单位（子单位）工程完成后，施工单位对检查结果进行评定，符合要求后向建设单位提交（　　），请建设单位组织单位工程验收。
    A. 有关资料　　　　　　　　B. 质量评定资料
    C. 竣工资料　　　　　　　　D. 工程验收报告和完整的质量资料

12. 为了统一房屋工程各专业施工质量验收规范的编制，《建筑工程施工质量验收统一标准》（GB 50300—2013）对检验批、分项、分部（子分部）、单位（子单位）工程的划分，质量指标的设置和要求，验收程序与组织等都提出了（　　）要求。
    A. 具体　　B. 原则　　C. 详细　　D. 系统

13. 建筑物施工周期长、规模特别大的工程可划分为（　　）进行验收。
    A. 若干个分部工程　　　　　B. 若干个子分部工程
    C. 若干个单位工程　　　　　D. 若干个子单位工程

14. 建筑物的主要部位和专业因内部设施越来越多样化，原划分方法已不适应要求，提出了按相近工作内容和系统划分为若干（　　）工程，有利于正确评价建筑工程，有利于验收。
    A. 分部　　B. 子分部　　C. 单位　　D. 子单位

二、简答题

1. 单位（子单位）工程质量验收合格应符合哪些规定？
2. 简述施工组织设计及施工方案的相关编制要求。

三、案例分析题

某施工项目正式动工前，施工项目部向监理机构提交了施工现场质量管理检查记录，见表4-1。

表 4-1 施工现场质量管理检查记录（摘录）

工程名称	××工程	建筑工程施工许可证	……	编号	……
建设单位	××建设公司	项目负责人		×××	
设计单位	×××	项目负责人		×××	
A	×××	项目负责人		×××	
监理单位	×××	总监理工程师		×××	
施工单位	×××	项目经理	×××	项目技术负责人	×××

序号	项目	内容
1	现场质量管理制度	……
2	质量责任制	……
3	主要专业工种操作上岗证书	……
4	专业承包单位资质管理制度	……
⋮	×××	……

检查结论：

B（建设单位项目负责人）　　　　　　　　　　　　　　　　　年　月　日

请根据以上背景资料完成相应小题选项，其中判断题为二选一（A、B 选项），单选题为四选一（A、B、C、D 选项），多选题为四选二或三（A、B、C、D 选项）。不选、多选、少选、错选均不得分。

1.（单选题）该表中"A"指的是（　　）。
A. 材料供应商　　　　　　　B. 审计单位
C. 质量及安全监督机构　　　D. 勘察单位

2.（判断题）该施工项目正式动工前提交此表，是否妥当？（　　）
A. 妥当　　　B. 不妥当

3.（判断题）施工现场质量管理检查记录应符合《建筑工程施工质量验收统一标准》（GB 50300—2013）的有关规定，此说法是否正确？（　　）
A. 正确　　　B. 不正确

4.（单选题）（　　）对现场施工安全负总责。
A. 安全员　　B. 技术总工　　C. 项目经理　　D. 项目法人

5.（单选题）图纸会审会议由（　　）组织。
A. 建设单位　　B. 监理单位　　C. 施工单位　　D. 设计单位

6.（单选题）该表中"B"指的是（　　）。
A. 项目法人　　　　　　　　B. 总监理工程师
C. 工程师　　　　　　　　　D. 建设单位项目经理

7.（单选题）根据附录 A 的分类，该表属于（　　）类表格。

A. A   B. B   C. C   D. D

8.（多选题）该表由（　　）保存。

A. 建设单位　　B. 质量监督机构　C. 监理单位　　D. 施工单位

9.（多选题）该表包含的"项目"还包括（　　）等。

A. 施工图审查情况　　　　　　B. 管理人员职业资格证

C. 地质勘察资料　　　　　　　D. 施工组织设计编制及审批

10.（多选题）下列说法不正确的是（　　）。

A. 该表由施工单位填写

B. 施工组织设计应事先通过审批

C. 该表不包含"混凝土搅拌站及计量设置"项目

D. 该表不包含"工程质量检验制度"项目

拓展活动

编写指定工程中相应分部的"工程施工记录""安全及功能检验资料""工程施工质量验收记录"等资料。

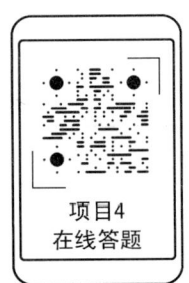

项目5 竣工图及工程竣工文件

任务提出

所谓竣工图，就是在竣工的时候由施工单位按照施工实际情况画出的图纸。由于在施工过程中难免有修改，为了让客户（建设单位或者使用者）能比较清晰地了解土建工程、房屋建筑工程、电气安装工程、给排水工程中管道的实际走向和其他设备的实际安装情况，国家规定在工程竣工之后施工单位必须提交竣工图。

建筑工程的隐蔽部位较多，不像有些机械、仪表产品那样，使用过程中有什么问题可以拿来给技术人员看看，也可以拆开检查维修，这些常常是建筑工程办不到的，要解决问题就得靠竣工图及竣工资料。因此，在对建筑工程和地下设施的科学管理及工程竣工后的设备保养和维护中，竣工图就显得十分重要。

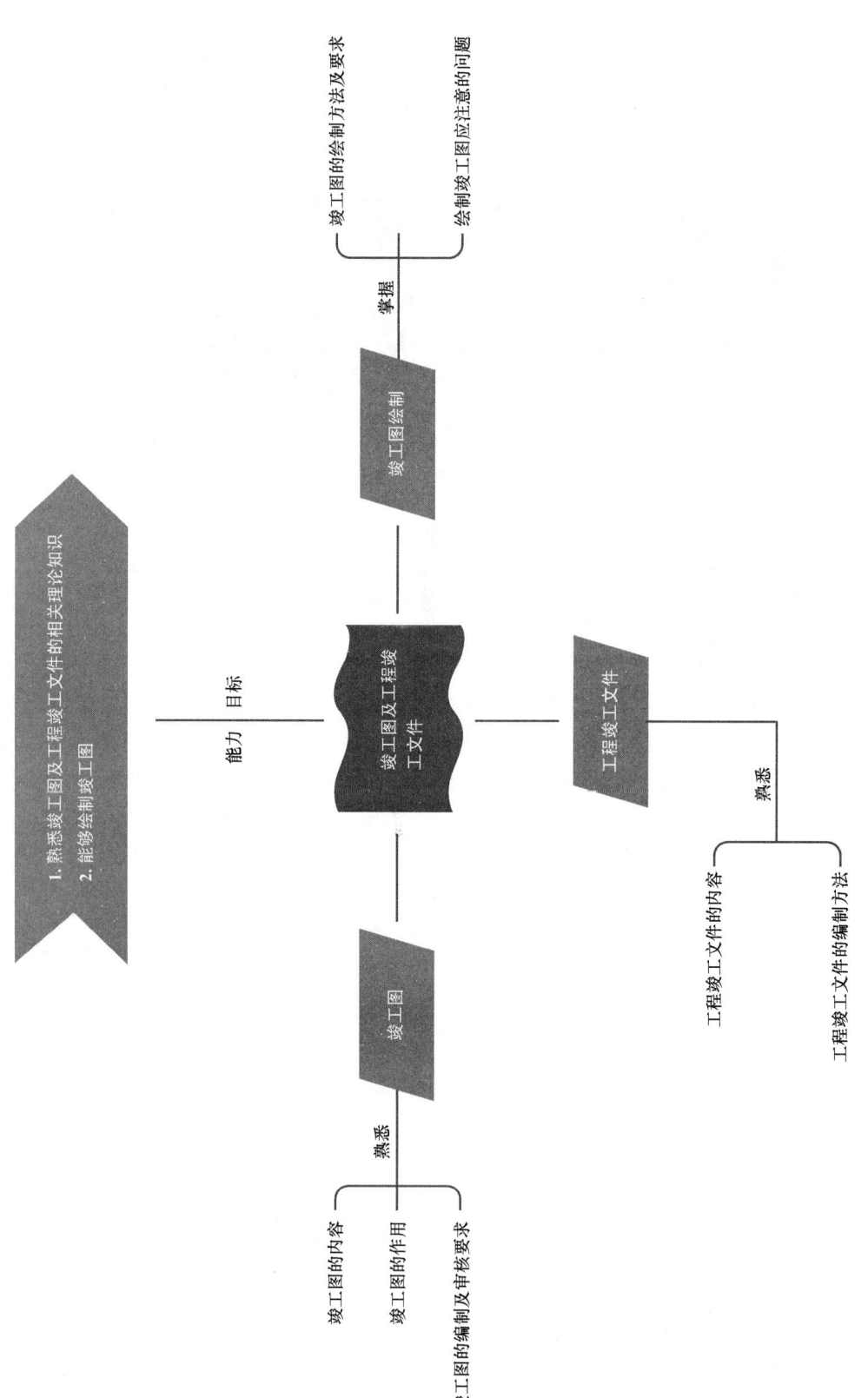

项目5思维导图

项目 5　竣工图及工程竣工文件

任务 5.1　竣工图

竣工图是工程竣工验收后，真实反映建设工程项目施工结果的图样。它是真实、准确、完整反映和记录各种地下和地上建（构）筑物等详细情况的技术文件，是工程竣工验收、投产或交付使用后进行维修、扩建、改建的依据，是生产（使用）单位必须长期妥善保存和进行备案的重要工程档案资料。竣工图的编制整理、审核盖章、交接验收，应按国家对竣工图的要求办理。承包人应根据施工合同的约定，提交合格的竣工图。

工程竣工文件是建筑工程竣工验收、备案和移交等活动中形成的文件。

1. 竣工图的内容

竣工图应按专业、系统进行整理，主要包括以下内容。

（1）工程总体布置图、位置图，地形复杂者应附竖向布置图。
（2）建筑竣工图、幕墙竣工图。
（3）结构竣工图、钢结构竣工图。
（4）建筑给水、排水与采暖竣工图。
（5）消防竣工图。
（6）燃气竣工图。
（7）建筑电气竣工图。
（8）智能建筑竣工图（综合布线、保安监控、电视天线、火灾报警、气体灭火等）。
（9）采暖竣工图。
（10）通风空调竣工图。
（11）电梯竣工图。
（12）地上部分的道路、绿化、庭院照明、喷泉、喷灌等竣工图。
（13）地下部分的各种市政、电力、电信管线等竣工图。

2. 竣工图的作用

竣工图是工程竣工档案资料的重要组成部分，其作用如下。

（1）竣工图是进行管理维修、改扩建的技术依据。
（2）竣工图是城市规划、改扩建的技术依据。
（3）竣工图是司法鉴定裁决的法律凭证。
（4）竣工图是抗震、防灾、战后恢复重建的重要保障。

3. 竣工图的编制及审核要求

竣工图的编制及审核应符合下列要求。

（1）各项新建、扩建、改建、技术改造、技术引进项目，在项目竣工时均要编制

竣工图。项目竣工图应由施工单位负责编制。如行业主管部门规定设计单位编制或施工单位委托设计单位编制竣工图的，应明确规定施工单位和监理单位的审核和签认责任。

（2）竣工图的专业类别应与施工图对应。竣工图应完整、准确、清晰、规范，修改到位，真实反映项目竣工验收时的实际情况。

（3）竣工图应依据施工图、图纸会审记录、设计变更通知单、工程洽商记录（包括技术核定单）等绘制。

（4）如果按施工图施工没有变动的，由竣工图编制单位在施工图上加盖并签署竣工图章。一般性图纸变更及符合杠改或划改要求的变更，可在原图上更改，加盖并签署竣工图章。

（5）涉及结构形式、工艺、平面布置、项目等重大改变及图面变更面积超过35％的，应重新绘制竣工图。重绘图按原图编号，末尾加注"竣"字，或在新图图标内注明"竣工阶段"，加盖并签署竣工图章。

（6）同一建（构）筑物重复的标准图、通用图可不编入竣工图中，但应在图纸目录中列出图号，指明该图所在位置并在编制说明中注明；不同建（构）筑物应分别编制。

（7）竣工图幅应按《技术制图 复制图的折叠方法》（GB/T 10609.3—2009）的要求统一折叠。

（8）编制竣工图总说明及各专业的说明，叙述竣工图编制原则、各专业目录及编制情况。

（9）竣工图种类包括建筑与结构竣工图、建筑装饰与装修竣工图、建筑给排水与采暖工程竣工图、建筑电气工程竣工图、智能建筑竣工图、通风与空调竣工图、室外工程竣工图等。

任务5.2　工程竣工文件

《建设工程监理规范》

单位（子单位）工程竣工预验收报验表应符合现行《建设工程监理规范》（GB 50319—2013）的有关规定。施工单位填写的单位（子单位）工程竣工预验收报验表应一式四份，并由建设单位、监理单位、施工单位、城建档案馆各保存一份。单位（子单位）工程竣工预验收报验表宜采用表5-2-1的格式。

项目 5 竣工图及工程竣工文件

表 5-2-1 单位（子单位）工程竣工预验收报验表

工程名称		编号	

致：_____（监理单位）

　　我方已按合同要求完成了_____工程，经自检合格，请予以检查和验收。

　　附件：

施工总承包单位（章）：_____

项目经理：_____

日期：_____

审查意见：

经预验收，该工程

1. 符合/不符合我国现行法律、法规要求；
2. 符合/不符合我国现行工程建设标准；
3. 符合/不符合设计文件要求；
4. 符合/不符合施工合同要求。

综上所述，该工程预验收合格/不合格，可以/不可以组织正式验收。

监理单位：_____

总监理工程师：_____

日期：_____

单位（子单位）工程质量竣工验收记录、单位（子单位）工程质量控制资料核查记录、单位（子单位）工程安全和功能检验资料核查及主要功能抽查记录、单位（子单位）工程观感质量检查记录应符合现行《建筑工程施工质量验收统一标准》（GB 50300—2013）的有关规定。表格填写应符合下列规定。

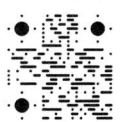

《建筑工程施工质量验收统一标准》

（1）施工单位填写的单位（子单位）工程质量竣工验收记录应一式五份，并由建设单位、监理单位、施工单位、设计单位、城建档案馆各保存一份。单位（子单位）工程质量竣工验收记录宜采用表 5-2-2 的格式。

表 5-2-2 单位（子单位）工程质量竣工验收记录

工程名称		结构类型		层数/建筑面积	
施工单位		技术负责人		开工日期	
项目经理		项目技术负责人		竣工日期	
序号	项　　目	验收记录			验收结论
1	分部工程	共　分部，经查　分部 符合标准及设计要求　分部			
2	质量控制资料核查	共　项，经核定符合规范要求　项 经核定不符合规范要求　项			

续表

序 号	项 目	验收记录	验收结论
3	安全和主要使用功能核查及抽查结果	共核查　项，符合要求　项 共抽查　项，符合要求　项 经返工处理符合要求　项	
4	观感质量检查	共抽查　项，符合要求　项 不符合要求　项	
5	综合验收结论		
参加验收单位	建设单位	监理单位	施工单位	设计单位
	（公章） 单位（项目）负责人 　年　月　日	（公章） 总监理工程师 　年　月　日	（公章） 单位负责人 　年　月　日	（公章） 单位（项目）负责人 　年　月　日

（2）施工单位填写的单位（子单位）工程质量控制资料核查记录应一式四份，并由建设单位、监理单位、施工单位、城建档案馆各保存一份。单位（子单位）工程质量控制资料核查记录宜采用表5-2-3的格式。

表5-2-3　单位（子单位）工程质量控制资料核查记录

工程名称			施工单位		
序号	项目	资料名称	份数	核查意见	核查人
1	建筑与结构	图纸会审记录、设计变更通知单、工程洽商记录（技术核定单）			
2		工程定位测量、放线记录			
3		原材料出厂合格证书及进场检（试）验报告			
4		施工试验报告及见证检测报告			
5		隐蔽工程验收记录			
6		施工记录			
7		预制构件、预拌混凝土合格证			
8		地基、基础、主体结构检验及抽样检测资料			
9		分项、分部工程质量验收记录			
10		工程质量事故及事故调查处理资料			
11		新材料、新工艺施工记录			

续表

序号	项目	资 料 名 称	份 数	核查意见	核查人
1	给排水与采暖	图纸会审记录、设计变更通知单、工程洽商记录（技术核定单）			
2		材料、配件出厂合格证书及进场检（试）验报告			
3		管道、设备强度试验、严密性试验记录			
4		隐蔽工程验收记录			
5		系统清洗、灌水、通水、通球试验记录			
6		施工记录			
7		分项、分部工程质量验收记录			
1	建筑电气	图纸会审记录、设计变更通知单、工程洽商记录（技术核定单）			
2		材料、配件出厂合格证书及进场检（试）验报告			
3		设备调试记录			
4		接地、绝缘电阻测试记录			
5		隐蔽工程验收记录			
6		施工记录			
7		分项、分部工程质量验收记录			
1	通风与空调	图纸会审记录、设计变更通知单、工程洽商记录（技术核定单）			
2		材料、设备出厂合格证及进场检（试）验报告			
3		制冷、空调、水管道强度试验、严密性试验记录			
4		隐蔽工程验收记录			
5		制冷设备运行调试记录			
6		通风、空调系统调试记录			
7		施工记录			
8		分项、分部工程质量验收记录			
1	电梯	图纸会审记录、设计变更通知单、工程洽商记录（技术核定单）			
2		设备出厂合格证书及开箱检验记录			

续表

序号	项目	资料名称	份 数	核查意见	核查人
3	电梯	隐蔽工程验收记录			
4		施工记录			
5		接地、绝缘电阻测试记录			
6		负荷试验、安全装置检查记录			
7		分项、分部工程质量验收记录			
1	智能建筑	图纸会审、设计变更、工程洽商记录（技术核定单）、竣工图及设计说明			
2		材料、设备出厂合格证和技术文件及进场检（试）验报告			
3		隐蔽工程验收记录			
4		系统功能测定及设备调试记录			
5		系统技术、操作和维护手册			
6		系统管理、操作人员培训记录			
7		系统检测报告			
8		分项、分部工程质量验收记录			

结论：

施工总承包单位项目经理　　　　　　　　　　总监理工程师或建设单位项目负责人
　　年　月　日　　　　　　　　　　　　　　　　　　　　　年　月　日

（3）施工单位填写的单位（子单位）工程安全和功能检验资料核查及主要功能抽查记录应一式四份，并由建设单位、监理单位、施工单位、城建档案馆各保存一份。单位（子单位）工程安全和功能检验资料核查及主要功能抽查记录宜采用表 5-2-4 的格式。

表 5-2-4　单位（子单位）工程安全和功能检验资料核查及主要功能抽查记录

工程名称			施工单位			
序号	项目	安全和功能检查项目	份数	核查意见	抽查结果	核查（抽查）人
1	建筑与结构	屋面淋水试验记录				
2		地下室防水效果检查记录				
3		有防水要求的楼面蓄水试验记录				

续表

序号	项目	安全和功能检查项目	份数	核查意见	抽查结果	核查（抽查）人
4	建筑与结构	建筑物垂直度、标高、全高测量记录				
5		抽气（风）道检查记录				
6		幕墙及外窗气密性、水密性、耐风压检测报告				
7		建筑物沉降观测记录				
8		节能、保温测试记录				
9		室内环境检测报告				
1	给排水与采暖	给水管道通水试验记录				
2		暖气管道、散热器压力试验记录				
3		卫生器具满水试验记录				
4		消防管道、燃气管道压力试验记录				
5		排水干管通球试验记录				
1	建筑电气	照明全负荷试验记录				
2		大型灯具牢固性试验记录				
3		避雷接地电阻测试记录				
4		线路、插座、开关接地检验记录				
1	通风与空调	通风、空调系统试运行记录				
2		风量、温度测试记录				
3		洁净室洁净度测试记录				
4		制冷机组试运行调试记录				
1	电梯	电梯运行记录				
2		电梯安全装置检测报告				
1	智能建筑	系统试运行记录				
2		系统电源及接地检测报告				

结论：

施工总承包单位项目经理　　　　　　　　　总监理工程师或建设单位项目负责人
　　　年　月　日　　　　　　　　　　　　　　　年　月　日

注：抽查项目由验收组协商确定。

（4）施工单位填写的单位（子单位）工程观感质量检查记录应一式四份，并由建设单位、监理单位、施工单位、城建档案馆各保存一份。单位（子单位）工程观感质量检查记录宜采用表 5-2-5 的格式。

表 5-2-5　单位（子单位）工程观感质量检查记录

工程名称										施工单位								
序号	项　　目		抽查质量状况													质量评价		
																好	一般	差
1	建筑与结构	室外墙面																
2		变形缝																
3		水落管、屋面																
4		室内墙面																
5		室内顶棚																
6		室内地面																
7		楼梯、踏步、护栏																
8		门窗																
1	给排水与采暖	管道接口、坡度、支架																
2		卫生器具、支架、阀门																
3		检查口、扫除口、地漏																
4		散热器、支架																
1	建筑电气	配电箱、盘、板、接线盒																
2		设备器具、开关、插座																
3		防雷、接地																
1	通风与空调	风管、支架																
2		风口、风阀																
3		风机、空调设备																
4		阀门、支架																
5		水泵、冷却塔																
6		绝热																

续表

序号	项 目		抽查质量状况	质量评价		
				好	一般	差
1	电梯	运行、平层、开关门				
2		层门、信号系统				
3		机房				
1	智能建筑	机房设备安装及布局				
2		现场设备安装				
观感质量综合评价：						
检查结论						

施工总承包单位项目经理　　　　　　　　总监理工程师或建设单位项目负责人
　　　　年　月　日　　　　　　　　　　　　　　　　年　月　日

注：① 质量评价差的项目，应进行返修。
　　② 表格内容要求用碳素墨水填写。

任务 5.3　竣工图绘制

竣工图按绘制方法不同可分为以下几种形式：利用电子版施工图改绘的竣工图、利用施工蓝图改绘的竣工图、利用翻晒硫酸纸底图改绘的竣工图、重新绘制的竣工图。

编制单位应根据各地区、各工程的具体情况，采用相应的绘制方法。

1. 竣工图的绘制要求

竣工图的绘制要求主要有以下几个方面。

（1）按图施工没有变动的，由竣工图的编制单位在原施工图上加盖竣工图章后，即可作为竣工图。

（2）在竣工中虽有一般性设计变更，但能将原有施工图加以修改、补充即可反映工程实际情况，并符合技术图样改绘方法的，不用重新绘制竣工图，可由编制单位负责在原施

工蓝图上修改，加盖修改专用章和竣工图章后，即可作为竣工图；或在修改部位说明设计变更单编号，同时在图的空白位置汇总标出设计变更的各编号，附上设计变更通知单和施工说明等，并经施工单位或设计单位与工程实际核对无误，加盖竣工图章后，即可作为竣工图。

该方法节约人力物力、简单易行，是一种编制竣工图行之有效的方法，适合在工程变更不大，经过修改后就能反映工程实际情况时使用。

改绘竣工图主要有以下方法。

① 扛改法。具体做法是用细实线划去不需要的条款或需要变更的部分，适用于钢筋型号改动、尺寸改动或有关文字说明需要取消的条款的修改。

② 叉改法。适用于在图面上局部取消部分的修改。

③ 补图法。有两种情况：一是原图补图，就是直接在原图上画上需要增加的内容，当需要增加处空白不够时，可以用结点引出法画到本张图的其他空白处；二是别图补图，即当本张图需要补充的地方空白不够时，可以用结点引出符号引补到该专业图样的其他张图的空白处。补图法适合在蓝图上局部增加的图幅不大的情况下使用。

④ 注改法（加写说明法）。适用于设计说明、材料做法等能用一句话说明其变更的情形；要求语言精练、逻辑条理清楚。

(3) 结构形式改变、工艺改变、平面布置改变、项目改变或有其他重大修改，以及图面变更面积超过35％，不宜在原施工图上修改、补充内容的，应重新绘制竣工图，经施工单位或设计单位与工程实际核对无误后，按原图编号，末尾加注"竣"字，或在新图图标内注明"竣工阶段"，加盖竣工图章后，方可作为竣工图。

(4) 引进工程的竣工图，应在外商提供的最终版施工图上按实际修改，经外商审核后加盖竣工图章，方可引进作为竣工图。

竣工图章的基本内容应包括："竣工图"字样、施工单位、编制人、审核人、技术负责人、编制日期、监理单位、现场监理、总监理工程师。竣工图章尺寸为50mm×80mm。

2. 绘制竣工图应注意的问题

(1) 未采用或全改的施工蓝图不归档，但应修改设计目录。

(2) 有变更的施工图按照前面规定的改绘方法修改后，必须经过施工单位的技术负责人和审核人校对审核，再送监理单位经总监理工程师和现场监理工程师审阅无误后，加盖规定的竣工图章并签字后视为竣工图。

(3) 竣工图章必须使用不易退色的红色印泥盖在图标栏的上方空白处或者其他空白处，当图面内容饱和时盖在图签的背面。

(4) 在蓝图上改绘竣工图时，各专业图样都必须做相应修改，使各个专业的衔接关系相互吻合。

(5) 不得把洽商纪要或附图贴在原设计图上作为竣工图，也不许把洽商纪要原封不动地抄在原图上；应该画图的，一定要用图形符号、线条表达清楚，便于直观看图。画图所使用的图形图识符号必须符合国家制图标准，禁止徒手绘图。

(6) 编绘竣工图所使用的图样必须是新晒制的蓝图，反差要明显。计算机出图必须清晰，不得使用计算机出图的复印件。使用的墨水必须为碳素墨水，字体要求为仿宋或楷体字，严禁草字、错别字。

(7) 编绘的内容不要出图框线，图样封面、目录均应加盖竣工图章。

(8) 在施工蓝图上改绘竣工图，严禁刮改、涂抹，要能反映设计原貌。

(9) 凡修改处，必须注明变更的依据、出处，如"此处变更见×年×月×日变更第×条"。

利用电子版施工图改绘的竣工图应符合下列规定。

(1) 将图纸变更结果直接改绘到电子版施工图中，用云线圈出修改部位，按表5-3-1的形式做修改内容备注表。

表 5-3-1　修改内容备注表

设计变更、洽商编号	简要变更内容

(2) 竣工图的比例应与原施工图一致。

(3) 设计图签中应有原设计单位人员的签字。

(4) 委托本工程设计单位编制竣工图时，应直接在设计图签中注明"竣工阶段"，并应有绘图人、审核人的签字。

(5) 竣工图章可直接绘制成电子版竣工图签，出图后应有相关责任人的签字。

利用施工蓝图改绘的竣工图应符合下列规定：应采用杠改法或叉改法进行绘制；应使用新晒制的蓝图，不得使用复印图纸。

利用翻晒硫酸纸底图改绘的竣工图应符合下列规定：应使用刀片将需更改部位刮掉，再将变更内容标注在修改部位，在空白处做修改内容备注表，样式见表5-3-1；宜晒制成蓝图后，再加盖竣工图章。

当图纸变更内容较多时，应重新绘制竣工图，重新绘制的竣工图也应符合上述规定。

项目小结

竣工图主要包括以下类别：工程总体布置图、位置图，地形复杂者应附竖向布置图；建筑竣工图、幕墙竣工图；结构竣工图、钢结构竣工图；建筑给排水、采暖、通风空调竣工图；消防竣工图；燃气竣工图；建筑电气竣工图；智能建筑竣工图（综合布线、保安监控、电视天线、火灾报警、气体灭火等）；电梯竣工图；地上部分的道路、绿化、庭院照明、喷泉、喷灌等竣工图；地下部分的各种市政、电力、电信管线等竣工图。

竣工图按绘制方法不同可分为以下几种形式：利用电子版施工图改绘的竣工图、利用施工蓝图改绘的竣工图、利用翻晒硫酸纸底图改绘的竣工图、重新绘制的竣工图。

习 题

一、选择题

1. 在工程竣工验收以后,能够全面真实地反映建设工程项目施工结果的图样,称为(　　)。
   A. 存档图纸　　　B. 竣工图　　　C. 内业资料　　　D. 施工图纸

2. (　　)应组织竣工图的绘制、组卷工作。
   A. 建设单位　　　B. 施工单位　　　C. 监理单位　　　D. 设计单位

3. 凡是用于改绘竣工图的图纸,都必须是(　　)或绘图仪绘制的白图,不得使用旧图或复印的图纸。
   A. 新蓝图　　　B. 图纸目录　　　C. 手绘图纸　　　D. 手绘白图

4. 竣工图纸折叠前应按裁图线裁剪整齐,其图纸幅面应符合《建筑制图标准》(GB/T 50104—2010)的规定,其中(　　)不用折叠。
   A. 1♯图纸　　　B. 2♯图纸　　　C. 3♯图纸　　　D. 4♯图纸

5. 所有竣工图均应加盖竣工图章,应盖在图标栏(　　)空白处。
   A. 上方　　　B. 下方　　　C. 左方　　　D. 右方

二、简答题

1. 什么是竣工图?
2. 竣工图的作用是什么?
3. 竣工图应由谁来提交?
4. 竣工图的编制及审核有哪些规定?
5. 工程竣工文件有哪些?

 拓展活动

查找收集一套完整的竣工图资料,试着进行竣工图的整理和归档工作。

项目5
在线答题

项目 6 施工现场安全管理资料

任务提出

安全是指没有受到威胁,没有危险、危害、损失。人类的整体与生存环境资源的和谐相处,互相不伤害,不存在危险、危害的隐患,是免除了不可接受的损害风险的状态。安全是在人类生产过程中,将相关系统的运行状态对人类的生命、财产、环境可能产生的损害控制在人类能接受水平以下的状态。

党的二十大报告提出,提高公共安全治理水平。坚持安全第一、预防为主,建立大安全大应急框架,完善公共安全体系,推动公共安全治理模式向事前预防转型,而作为事故风险较高的建筑工程(也包括化工施工、矿山施工及其他行业施工)行业,一旦发生问题,将对社会稳定、经济发展产生重大影响,因此一定要做好施工前的防范措施,提高建筑工程安全管理能力。此外,国家各部门为了建筑工程的安全施工,也提出了一系列安全要求,比如政府为此制定了"预防为主、安全第一、综合治理"的安全工作方针,而住建部、应急管理部对建筑工程的管理力度也不断加大,要求所有建筑工程从建设单位到分包单位配备安全员,并要求对施工作业人员实行三级安全教育(厂级教育、车间教育、班组教育),特殊工种和高危岗位的工作人员必须通过国家相关部门的考试后持证上岗。

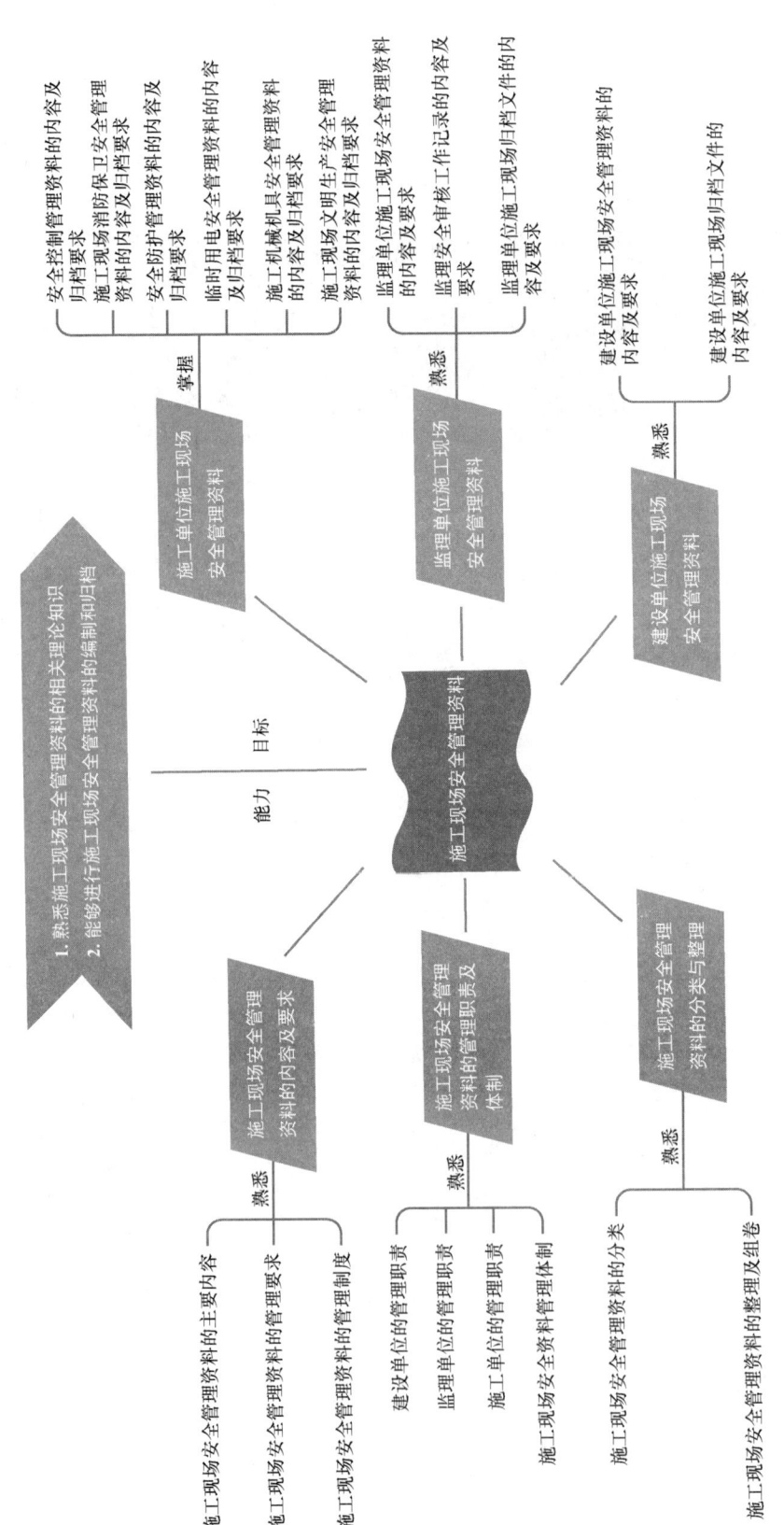

项目6思维导图

任务 6.1 施工现场安全管理资料的内容及要求

1. 施工现场安全管理资料的主要内容

施工现场安全管理资料是指建设工程各参与方在工程建设过程中，为加强生产安全和文明施工管理所形成的各种形式的信息记录，包括纸质和音像资料等。

施工现场安全管理资料是企业和工程项目在安全生产过程中的产物和结晶，资料管理工作的科学化、标准化，可不断地推动施工现场施工安全管理向更高的层次和水平发展。安全管理资料的有序管理，是工程实行安全报告监督制度、贯彻安全监督、分段验收、综合评价全过程管理的重要内容。真实有效的施工现场安全管理资料可为指导安全生产工作及管理层决策提供依据，可以进一步规范安全生产技术，提高劳动生产效率，减少伤亡事故发生；真实有效的施工现场安全管理资料还可为施工过程中所发生的伤亡事故处理提供可靠的证据，并为今后的事故预测、预防提供依据。

建筑施工现场安全管理资料主要包括各种证件、规章制度、操作规程、施工组织设计、分部（分项）工程安全技术交底、安全检查等内容，具体如下。

（1）施工企业的安全生产许可证复印件，企业法人、企业经理、生产经理、安全处（科）长、项目部经理、项目部专职安全员等安全管理人员的考核合格证复印件。这些证件是施工单位的生产是否合法的重要依据，同时也是施工的前提条件。

（2）现场安全生产责任制、安全管理规章制度和各工种安全技术操作规程。

（3）职工伤亡事故月报表、工伤事故登记表、发生工伤事故之后的一些相关记录、事故事件统计台账、工伤事故报告、工伤事故档案、工伤事故处理记录。

（4）办理意外伤害保险有关单据。

（5）现场安全投入台账及购物单据复印件。

（6）安全生产教育培训相关记录。对全体从业人员尤其是新职工，要求进行普遍的、深入全面的安全生产和劳动保护方面的教育，相关记录包括职工年度培训计划、接受培训人员名单、培训台账及培训记录，以及新进场从业人员的三级安全教育记录卡、教育内容的记录、分工种进行考试的试卷。

（7）特种作业人员名单、特种作业操作证或 IC 卡的复印件。

（8）施工组织设计、专项施工方案、专家论证审查方案和论证审查报告、安全标志平面图、排水平面图。施工组织设计是规划和指导施工全过程的综合性技术文件，要根据工程特点、施工方法、劳动组织、作业环境、新技术、新工艺、新设备等情况，在防护、技术、管理上制定有针对性的安全措施。施工组织设计和专项施工方案应由技术人员编制，经企业技术负责人审批，并报项目总监理工程师审批。

（9）施工现场重大危险源清单。按照规定进行重大危险源的识别和控制，并建立台账。

（10）安全检查记录、事故隐患整改通知单。安全检查是施工单位落实各项技术标准、规范和施工组织设计中提出的各项安全技术措施，消除各种隐患的重要手段，主要包括以下要求。

① 应按住建部《建筑施工安全检查标准》（JGJ 59—2011）、《工程建设标准强制性条文》（施工安全部分）及相关规范进行检查。

② 安全检查记录应真实反映各项检查后发现的安全问题和事故隐患，并按"三定"要求实施整改，对整改事项应进行复查、销案，并有相应记录。

③ 工程基础、主体、结构、装饰四个阶段须进行安全检查评分，并附上评分表。

④ 项目部组织的定期和不定期安全检查均应在检查记录表中反映。

⑤ 行业安全管理部门、相关部门和企业检查的有关资料（事故隐患通知书、整改回执等）应附入本档案内。

（11）现场临时用电组织设计、安全技术交底、验收记录、接地电阻测试记录、漏电保护器测试记录、验收记录。

（12）"三宝""四口"防护：安全帽、安全带、安全网的合格证和检测报告；楼梯口、电梯口、通道口、预留洞口的安全技术交底和验收记录。

（13）基坑支护的施工方案、安全技术交底、验收记录、监测或观测记录。

（14）脚手架的施工方案、搭设的安全技术交底、验收记录、拆除的安全技术交底。

（15）模板工程的施工方案、支设的安全技术交底、模板验收记录、混凝土强度报告、模板拆除的安全技术交底。

（16）塔式起重机的专项施工方案、安装的安全技术交底、验收记录、拆除的安全技术交底。

（17）施工机具的安全技术交底、验收记录、维修记录。

（18）起重吊装的施工方案、安全技术交底、验收记录。

（19）物料提升机的施工方案、安全技术交底、验收记录。

（20）外用电梯的安装方案、安全技术交底、验收记录、检测记录、拆除的安全技术交底。

（21）现场应急救援预案、应急演练记录、应急情况（事故）处理记录。

（22）劳保用品的采购计划、发放台账、合格证、检测报告或检测记录。

（23）违章处理记录：是根据企业或本项目的安全生产奖惩制度，对遵章守纪人员和违章人员进行奖罚的记录，并应将票据复印件附后。

（24）动火审批手续。

（25）主管部门及企业下发的有关文件及落实资料。

（26）其他施工现场安全管理资料；与同在一个施工现场的其他施工队伍的安全管理协议；与分包队伍的安全管理协议；与安全生产相关的文件、通知、安全会议记录、安全监督手续等。

2. 施工现场安全管理资料的管理要求

（1）施工现场安全管理资料的管理为工程项目施工管理的重要组成部分，是预防安全生产事故和提高文明施工管理的有效措施。

（2）建设单位、监理单位和施工单位应负责各自施工现场安全管理资料的管理工作，逐级建立健全施工现场安全管理资料管理岗位责任制，明确负责人，落实各岗位责任。

（3）建设单位、监理单位和施工单位应建立施工现场安全管理资料的管理制度，规范施工现场安全管理资料的收集、整理、形成、组卷等工作，并应随施工现场安全管理工作同步形成，做到真实有效、及时完整。

（4）施工现场安全管理资料应字迹清晰，签字、盖章等手续齐全，计算机形成的资料可打印、手写签名。

（5）施工现场安全管理资料应为原件，因故不能为原件时，可为复印件。复印件上应注明原件存放处，加盖原件存放单位公章，有经办人签字并注明日期。

（6）施工现场安全管理资料应分类整理和组卷，由各参与单位项目经理部保存备查至工程竣工。

3. 施工现场安全管理资料的管理制度

（1）建筑企业、工程项目施工现场安全管理资料应按岗位职责分工由相关部门、技术人员和安全技术操作责任人具体进行编写、填写，企业安全生产主管经理、项目经理对企业、项目施工现场安全管理资料的真实性负责。

（2）填写时应随工程进度及时整理，不得提前或滞后填写。

（3）施工现场安全管理资料应做到项目齐全，内容准确真实；所有验收表应填写全面，不得缺项，要求字迹工整，不得伪造证件和资料；应手续完备，不得漏项。

（4）有关人员签字必须由本人填写，不得代签。

（5）"验收结果"一栏根据验收内容要求量化。

（6）各种合格证必须与现场所用材料相对应。

（7）所有验收记录坚持"谁验收、谁签字、谁负责"。

（8）各种施工现场安全管理资料经具体的保管人员进行审查后，归档保管。

任务 6.2　施工现场安全管理资料的管理职责及体制

1. 建设单位的管理职责

（1）建设单位应负责本单位施工现场安全管理资料的管理工作，并监督施工单位、监理单位施工现场安全管理资料的管理。

（2）建设单位在申请领取建筑工程施工许可证时，应提供该工程安全生产监管备案登记表。

（3）建设单位在编制工程概算时，应将建设工程安全防护、文明施工措施等所需费用专项列出，按时支付并监督其使用情况。

（4）建设单位应向施工单位提供施工现场供水、排水、供电、供气、供热、通信、广

播电视等地上和地下管线资料，气象和水文观测资料，毗邻建筑物、构筑物和地下工程的有关资料。

2. 监理单位的管理职责

（1）监理单位应负责施工现场监理安全管理资料的管理工作，在工程项目监理规划、安全文明施工监理细则中，明确施工现场监理安全管理资料的项目及责任人。

（2）施工现场监理安全管理资料应随监理工作同步形成，并及时进行整理和组卷。

（3）监理单位应对施工单位报送的施工现场安全生产专项措施资料进行重点审查认可。

3. 施工单位的管理职责

（1）施工单位应负责施工现场施工安全管理资料的管理工作，在施工组织设计中列出施工现场施工安全管理资料的管理方案，并按规定列出各阶段施工现场施工安全管理资料的项目。

（2）施工单位应指定施工现场施工安全管理资料责任人，负责施工现场施工安全管理资料的收集、整理和组卷工作。

（3）施工现场施工安全管理资料应随工程建设进度形成，保证资料的真实性、有效性和完整性。

（4）实行总承包施工的工程项目，总包单位应督促检查各分包单位施工现场施工安全管理资料的管理。分包单位应负责其分包范围内施工现场施工安全管理资料的形成、收集和整理工作。

（5）施工单位的安全生产专项措施资料应遵循"先报审、后实施"的原则，实施前向建设单位和监理单位报送有关安全生产的计划、方案、措施等资料，得到审查认可后方可实施。

4. 施工现场安全管理资料管理体制

施工现场安全管理资料的管理应严格遵循科学管理的原则，需要各级相关部门管理人员通力协作，搞好安全生产，确保施工现场安全管理资料的收集、整理与施工同步进行，保证上级安全监督部门同步实施网络监督与控制，使建筑工程施工实现安全生产。

（1）市建筑工程施工安全监督总站对施工现场安全管理资料的管理：市建筑工程施工安全监督总站负责施工现场安全管理资料管理规程的制定与管理工作。

（2）区县建筑工程施工安全监督站对施工现场安全管理资料的管理：施工现场安全管理资料所反映的内容应真实、准确，符合现行工程建设相关标准、规范规定，并满足合同和设计要求，不符合规定或要求的，应由直接责任人（单位）限期完成整改。

（3）总包单位对施工现场安全管理资料的管理：施工现场安全管理资料的报验、报审及验收应有时限性要求。工程各相关单位宜在合同中约定报验和报审资料的申报时间、审批时间及验收资料的审核时间，并约定应承担的责任；当无约定时，建筑工程资料的申报、审批或审核不得影响正常施工或验收。

（4）分包单位对施工现场安全管理资料的管理：施工现场安全管理资料应真实、有效，对施工现场安全管理资料进行涂改、伪造、抽撤、损毁或丢失的，应按有关规定予以处罚，情节严重的，应依法追究法律责任。

任务 6.3 施工现场安全管理资料的分类与整理

1. 施工现场安全管理资料的分类

按照工程建设过程中参建单位的不同,将建设工程施工现场安全管理资料划分为三大类:建设单位施工现场安全管理资料(A类)、监理单位施工现场安全管理资料(B类)及施工单位施工现场安全管理资料(C类)。

(1)建设单位施工现场安全管理资料(A类)。

建设单位在工程建设过程中形成的安全管理资料,包括向施工单位提供的施工现场及毗邻区域内的供水、排水、供电、供气、供热、通信、广播电视等地上和地下管线资料,气象和水文观测资料,毗邻建筑物、构筑物和地下工程的有关资料,在编制工程概算时确定建设工程安全作业环境及安全施工措施所需费用统计支付的情况资料,在申请领取建筑工程施工许可证时提供建设工程有关安全施工措施的资料,监督和检查各参建单位工程施工现场安全检查时所形成的资料等。

(2)监理单位施工现场安全管理资料(B类)。

监理单位在工程监理过程中形成的各种安全管理资料,包括监理管理资料、监理工作记录等。

(3)施工单位施工现场安全管理资料(C类)。

施工单位在工程施工过程中收集、形成的各种安全管理资料,包括工程项目施工现场安全管理资料,工程项目生活区资料,工程项目现场料具资料,工程项目环境保护资料,工程项目脚手架资料,工程项目安全防护资料,工程项目施工用电资料,工程项目塔式起重机、起重吊装资料,工程项目机械安全管理资料,工程项目保卫消防资料和其他资料。

2. 施工现场安全管理资料的整理及组卷

(1)施工现场安全管理资料整理,应以单位工程分别进行整理和组卷。

(2)施工现场安全管理资料组卷,应按资料形成的参与单位组卷。一卷为建设单位形成的资料;二卷为监理单位形成的资料;三卷为施工单位形成的资料,各分包单位形成的资料单独组成第三卷内的独立卷。

(3)每卷资料排列顺序为封面、目录、资料及封底。封面应包括工程名称、案卷名称、编制单位、编制人员及编制日期。案卷页号应以独立卷为单位顺序编写。

(4)施工现场安全管理资料整理可参考《建设工程施工现场安全资料管理规程》(CECS 266—2009)中表4.2.4的规定。

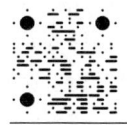

《建筑工程施工现场安全资料管理规程》

任务6.4 建设单位施工现场安全管理资料

1. 建设单位施工现场安全管理资料的内容及要求

（1）施工现场安全生产监管备案登记表：应由建设单位形成，报当地住房和城乡建设主管部门备案。

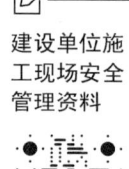
建设单位施工现场安全管理资料

（2）施工现场变配电站、变压器、地上和地下管线及毗邻建筑物、构筑物资料移交单：建设单位应在工程施工现场场地平整、槽、坑、沟土方开挖及打桩施工前，向施工单位提供施工现场及毗邻区域内变配电站、变压器、地上和地下管线资料，以及毗邻建筑物、构筑物的有关资料，交施工单位使用。当一些资料不完整或有疑义时，建设单位应委托相关部门进行探查，并做好记录，经建设单位签字盖章认可后，交施工单位使用。

（3）建筑工程施工许可证：建设单位应在工程开工前到当地住房和城乡建设主管部门办理领取建筑工程施工许可证。

（4）夜间施工审批手续：如需夜间施工，建设单位应在夜间施工前到当地住房和城乡建设主管部门办理。

（5）施工合同：略。

（6）施工现场安全生产防护、文明施工措施费用支付统计：建设单位应按施工合同约定，及时支付安全防护、文明施工措施费用，并应对其实施情况进行检查。

（7）建设单位向当地住房和城乡建设主管部门报送的危险性较大的分部分项工程清单：建设单位应督促施工单位提出危险性较大的分部分项工程专项施工方案，并将工程项目填表报当地住房和城乡建设主管部门备案。

（8）上级主管部门、政府主管部门检查记录：包括建设单位上级主管部门、当地住房和城乡建设主管部门或其委托的机构的检查记录。

2. 建设单位施工现场归档文件的内容及要求

（1）施工现场及毗邻区域内的供水、排水、供电、供气、供热、通信、广播电视等地上和地下管线资料，气象和水文观测资料，毗邻建筑物、构筑物和地下工程有关施工的安全技术文件。此类文件由建设单位提供，建设单位、施工单位、监理单位及其他相关单位共同保存。

（2）施工前报送建设行政主管部门的危险等级为Ⅰ级、Ⅱ级的分部分项工程和其他施工作业危险源清单，以及有关工程施工安全技术（措施）文件。此类文件由建设单位提供，建设单位、施工单位、监理单位共同保存。

（3）施工中编制的有关施工的安全技术（措施）文件。此类文件由建设单位提供，建设单位、施工单位、监理单位共同保存。

项目 6　施工现场安全管理资料

任务 6.5　监理单位施工现场安全管理资料

1. 监理单位施工现场安全管理资料的内容及要求

（1）监理合同：监理单位与建设单位签订监理合同时，应将安全监理工作作为一项重要内容，在合同中明确。

（2）监理规划、安全监理实施细则：项目监理部在制定监理规划时，应包括安全监理方案，并应编制专项安全监理实施细则。

（3）安全监理专题会议纪要：项目监理部应定期召开安全监理例会及安全生产专题会议，并形成会议纪要。

2. 监理安全审核工作记录的内容及要求

（1）工程技术文件报审表：由施工单位填写，报送施工组织设计、安全生产管理体系及有关人员执业资格证书、危险性较大的专项施工方案等，项目监理部应及时对其进行审核。

（2）施工现场施工起重机械安装/拆卸报审表：项目监理部应对施工单位报送的塔式起重机、施工升降机、电动吊篮、物料提升机械等安装/拆卸方案、机械性能检测报告、安装/拆卸人员及操作人员上岗证书、安装/拆卸单位资质等进行复核。

（3）施工现场施工起重机械验收核查表：项目监理部应对施工单位报送的施工现场施工起重机械验收表进行核查，其中塔式起重机、物料提升机、升降机应有安装告知手续。

（4）施工现场安全隐患报告书：监理人员在实施监理过程中，发现施工现场存在重大安全隐患，施工单位不及时进行有效整改的，项目监理部应填写施工现场安全隐患报告书，向建设单位和工程所在地住房和城乡建设主管部门报告。

（5）工作联系单：监理人员在施工监理过程中发现安全措施不到位，可能产生安全隐患，认为口头指令不足以引起施工单位重视时，可填写工作联系单，要求施工单位进行整改，凡发出工作联系单的监理人员应按时复查整改结果，并在监理日记中记录说明。施工单位整改后应及时书面回复。

（6）监理通知：监理人员在施工监理过程中，发现安全隐患应及时签发监理通知，要求施工单位限期整改，并抄报建设单位。施工单位整改后应有书面回复，监理人员应按时复查整改结果。

（7）工程暂停令：监理人员在施工监理过程中，发现施工现场存在重大安全隐患，总监理工程师应及时签发工程暂停令，暂停部分或全部在施工程的施工，责令限期整改，并抄报建设单位。施工单位整改后应有书面回复，经监理人员复查合格、总监理工程师批准后方可复工。

（8）工程复工报审表：项目监理部发出工程暂停令后，施工单位应立即停止施工，组织人员查找原因、制定措施进行整改。自行检查合格后，施工单位应填写工程复工报审表，报项目监理部，经监理人员复查合格、总监理工程师批准后方可复工。

（9）安全生产防护、文明施工措施费用支付申请表：施工单位应按合同约定向监理单位提出安全生产防护、文明施工措施费用支付申请。

（10）安全生产防护、文明施工措施费用支付证书：项目监理部收到施工单位的安全生产防护、文明施工措施费用支付申请表，经审查后应填写安全生产防护、文明施工措施费用支付证书，向建设单位提出。

监理单位施工现场安全管理资料

（11）施工单位安全生产管理体系审核资料：项目监理部应审查施工单位报送的安全生产管理机构、安全生产责任制、安全管理规章制度等资料。

（12）施工单位专项安全施工方案及工程项目应急救援预案审核资料：项目监理部应及时进行审查。

3. 监理单位施工现场归档文件的内容及要求

（1）安全技术监理方案：由监理单位提供，建设单位、施工单位、监理单位共同保存。

（2）安全监理有关安全技术专题会议纪要：由监理单位提供，建设单位、施工单位、监理单位共同保存。

（3）事故隐患整改通知单：由监理单位提供，施工单位、监理单位共同保存。

（4）事故隐患整改验收复工意见：由监理单位提供，施工单位、监理单位共同保存。

（5）有关安全生产技术问题的处理意见或文件：由监理单位提供，施工单位、监理单位共同保存。

（6）自行检查记录：由监理单位提供，监理单位保存。

（7）施工中编制的有关施工安全技术（措施）文件：略。

（8）施工组织设计中的安全技术措施或专项施工方案审查、验收意见：由监理单位提供，施工单位、监理单位共同保存。

（9）采用新结构、新工艺、新设备、新材料的工程中安全技术措施的审查、验收意见：由监理单位提供，施工单位、监理单位共同保存。

任务 6.6　施工单位施工现场安全管理资料

6.6.1　安全控制管理资料的内容及归档要求

1. 安全控制管理资料的内容及要求

（1）施工现场安全生产管理概况表。

项目经理部应将工程基本信息、相关单位情况、施工现场安全管理组织及主要安全管理人员情况，填入施工现场安全生产管理概况表，向当地住房和城乡建设主管部门施工安全监督机构备案，并报建设单位、监理单位备案。

（2）施工现场重大危险源识别汇总表。

项目经理部应对施工现场存在的重大危险源进行识别、汇总，并报项目监理部备案。

（3）施工现场重大危险源控制措施表。

项目经理部对施工过程中可能出现的重大危险源事前应进行评价，制定重大危险源控制措施,每张表格只记录一种危险源,按住房和城乡建设部《关于印发〈危险性较大的分部分项工程安全管理办法〉的通知》(建质〔2009〕87号),由项目经理批准实施。

(4) 施工现场危险性较大的分部分项工程专项施工方案表。

危险性较大的分部分项工程应编制专项施工方案,经施工单位技术负责人批准,报项目监理部审查认可后,报项目所在地住房和城乡建设主管部门施工安全监督机构。

需编制专项施工方案的危险性较大的分部分项工程,应按当地住房和城乡建设主管部门的规定执行。当地住房和城乡建设主管部门没有规定时,应按下列项目进行。

① 基坑支护、降水工程,指开挖深度超过3m(含3m)或虽未超过3m但地质条件和周边环境复杂的基坑(槽)支护、降水工程。

② 土方开挖工程,指开挖深度超过3m(含3m)的基坑(槽)的土方开挖工程。

③ 模板工程及支撑体系。

a. 各类工具式模板工程,包括大模板、滑模、爬模、飞模等工程。

b. 混凝土模板支撑工程,包括搭设高度在5m及以上,搭设跨度在10m及以上,施工总荷载在$10kN/m^2$及以上,集中线荷载在$15kN/m^2$及以上,高度大于支撑水平投影宽度且相对独立无联系构件的混凝土模板支撑工程。

c. 承重支撑体系,包括用于钢结构安装等的满堂支撑体系。

④ 起重吊装及安装拆卸工程,包括采用非常规起重设备、方法,且单件起重量在10kN及以上的起重吊装;采用起重机械进行安装的工程;起重机械设备自身的安装、拆卸。

⑤ 脚手架工程,包括搭设高度在24m及以上的落地式钢管脚手架工程,附着式整体和分片提升脚手架工程,悬挑式脚手架工程,吊篮脚手架工程,自制卸料平台、移动操作平台工程,新型及异型脚手架工程。

⑥ 拆除、爆破工程,包括建筑物、构筑物拆除工程,采用爆破拆除的工程。

⑦ 专项施工方案编制,包括下列内容。

a. 工程概况:危险性较大的分部分项工程概况、施工平面布置、施工要求和技术保证条件。

b. 编制依据:有关法律、法规、规范性文件、标准、规范及图纸(图集)、施工组织设计。

c. 施工计划:施工进度、人员进场、材料及设备计划。

d. 施工工艺技术:技术参数、工艺流程、施工方法、检查验收等。

e. 施工安全保证措施:组织保障、技术措施、应急预案、监测监控等。

f. 劳力计划:专职安全生产管理人员、特种作业人员等。

g. 计算书及相关图纸。

(5) 施工现场超过一定规模的危险性较大的分部分项工程专家论证表。

危险性较大的分部分项工程专项安全施工方案应经专家论证。项目经理部应编制专项安全施工方案,组织专家组进行论证,并按施工现场超过一定规模的危险性较大的分部分项工程专家论证表进行记录。作为专项安全施工方案的附件,一并报项目监理部核查确认后,报项目所在地住房和城乡建设主管部门施工安全监督机构备案。

组织专家论证超过一定规模的危险性较大的分部分项工程应按当地住房和城乡建设主管部门规定执行,当地住房和城乡建设主管部门没有规定时,应按下列项目进行。

① 深基坑工程,包括开挖深度超过5m(含5m)的基坑(槽)的土方开挖、支护、

降水工程；开挖深度虽未超过 5m，但地质条件、周围环境和地下管线复杂，或影响毗邻建（构）筑物安全的基坑（槽）的土方开挖、支护、降水工程。

② 模板工程及支撑体系。

a. 工具式模板工程，包括滑模、爬模、飞模工程。

b. 混凝土模板支撑工程，包括搭设高度在 8m 及以上，搭设跨度在 18m 及以上，施工总荷载在 15kN/m^2 及以上，集中线荷载在 20kN/m^2 及以上等情形。

c. 承重支撑体系，包括用于钢结构安装等的满堂支撑体系，承受单点集中荷载 700kg 及以上。

③ 起重吊装及安装拆卸工程，包括采用非常规起重设备、方法，且单件起重量在 100kN 及以上的起重吊装工程；起重量在 300kN 及以上的起重设备安装工程；高度在 200m 及以上内爬起重设备的拆除工程。

④ 脚手架工程，包括搭设高度在 50m 及以上的落地式钢管脚手架工程，提升高度在 150m 及以上的附着式整体和分片提升脚手架工程，架体高度在 20m 及以上的悬挑式脚手架工程。

⑤ 拆除、爆破工程，包括采用爆破拆除的工程，码头、桥梁、高架、烟囱、水塔或拆除中容易引起有毒有害气（液）体或粉尘扩散、易燃易爆事故发生的特殊建（构）筑物的拆除工程，可能影响行人、交通、电力设施、通信设施或其他建（构）筑物安全的拆除工程，文物保护建筑、优秀历史建筑或历史文化风貌区控制范围的拆除工程。

⑥ 其他，包括施工高度在 50m 及以上的建筑幕墙安装工程，跨度在 36m 及以上的钢结构安装工程，跨度在 60m 及以上的网架和索膜结构安装工程，开挖深度超过 16m 的人工挖孔桩工程、地下暗挖工程、顶管工程、水下作业工程，采用新技术、新工艺、新材料、新设备及尚无相关技术标准的危险性较大的分部分项工程。

（6）施工现场安全生产检查汇总表。

项目经理部根据当地住房和城乡建设主管部门的规定，对施工现场的一些安顿措施、设施定期进行检查评价，用施工现场安全生产检查汇总表进行汇总并督促整改。

各项检查内容按专项表格进行。专项检查评分表，保证项目为 60 分，一般项目为 40 分。当保证项目中有一项不得分或保证项目小计得分不足 40 分时，此项检查表不应得分。将各专项检查的实际得分填入施工现场安全生产检查汇总表各相应项中，根据得分情况和保证项目达标情况分为优良、合格、不合格三个等级。

① 优良：保证项目达标，汇总表分值达 80 分及其以上。

② 合格：保证项目达标，汇总表分值达 70 分及其以上。

③ 不合格：汇总表得分不足 70 分；或有一份表未得分，且汇总表得分在 75 分以下；或起重吊装或施工机具分表未得分，且汇总表得分在 80 分以下。

（7）施工现场安全技术交底汇总表。

项目经理部应将各项安全技术交底按照作业内容及施工先后顺序依次汇总，存放于施工现场以备查验，并报项目监理部备案。

（8）施工现场安全技术交底表。

分部分项工程施工前及有特殊风险项目作业前，应由项目技术负责人对施工作业人员进行书面安全技术交底，并填写施工现场安全技术交底表，存放在施工现场以备查验。

（9）施工现场作业人员安全教育记录表。

项目经理部必须对新入场、转场及变换工种的施工人员进行安全教育，经考试合格后方准上岗作业；同时应对施工人员每年至少进行两次安全生产培训，并对被教育人员、教育内容、教育时间等基本情况按施工现场作业人员安全教育记录表进行记录。

（10）施工现场安全事故原因调查表。

施工现场凡发生生产安全事故的，应按照施工现场安全事故原因调查表的要求进行原因调查与分析并记录，报项目监理部备案。

（11）施工现场特种作业人员登记表。

电工、焊（割）工、架子工、起重机械操作工（包括司机、安装/拆卸工、信号工等）、场内机动车驾驶等特种作业人员上岗前，项目经理部应审查特种作业人员的上岗证，核对资格证原件后在复印件上盖章并由项目经理部存档，填入施工现场特种作业人员登记表，并报项目监理部核查。

（12）施工现场地上、地下管线保护措施验收记录表。

施工现场应在平整场地、槽、坑、沟土方开挖前，编制地上、地下管线保护措施，由项目技术负责人组织相关人员进行审查，填写施工现场地上、地下管线保护措施验收记录表，并报项目监理部审查。

（13）施工现场安全防护用品合格证及检测资料登记表。

项目经理部对采购和租赁的安全防护用品和涉及施工现场安全的重要物资应认真审核生产许可证、产品合格证、检测报告等相关文件，按施工现场安全防护用品合格证及检测资料登记表予以登记存档。

（14）施工现场施工安全日志表。

施工安全日志应由专职安全员按照日常安全活动和安全检查情况，逐日按施工现场施工安全日志表记录。施工安全日志应装订成册（防拆的），页次、日期应连续，不得缺页、缺日，填写出错可画"×"作废，但不能撕掉。工程项目部安全负责人应定期对施工安全日志进行检查，并签名以示负责。

（15）施工现场班（组）班前讲话记录表。

各作业班（组）长于每班工作开始前必须对本班（组）全体人员进行班前安全交底，并填写施工现场班（组）班前讲话记录表。本表可以班（组）为单位或工程项目为单位装订成册［由安全员将班（组）活动记录以天装订，然后按日期顺序成册］。其内容、活动情况应定期进行讲评。

（16）施工现场安全检查隐患整改记录表。

项目安全负责人检查过程中，应针对存在的安全隐患填写施工现场安全检查隐患整改记录表，包括检查情况及安全隐患、整改要求、整改后复查情况等内容，并签字负责。

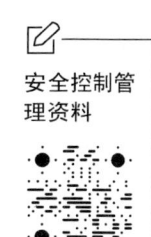

安全控制管理资料

（17）监理通知回复单。

项目负责人接到监理通知后应积极组织整改，整改自行检查符合要求后，填写监理通知回复单，报项目监理部复查。

（18）施工现场安全生产责任制。

项目经理部应将现场安全机构设置、制度、生产安全目标、管理责任书形成文字，公布在施工现场，并报项目监理部备案。

（19）施工现场总分包安全管理协议书。

总分包应签订安全管理协议书，落实有关安全事项，形成文件并报项目监理部备案。

(20) 施工现场施工组织设计及专项安全技术措施。

项目经理部应针对工程项目编制施工现场施工组织设计及专项安全技术措施,并报项目监理部备案。

(21) 施工现场冬雨风季施工方案。

项目经理部应对冬季、雨季、台风季节施工的项目制订有针对性的专项施工方案,即冬季施工方案、雨季防雨防涝方案、防台风方案等,并应有检查记录,以保证工程质量和施工正常进行,并报项目监理部备案。

(22) 施工现场安全资金投入记录。

项目经理部应在工程开工前编制施工现场安全资金投入计划,取得项目监理部的认可,并以月为单位对项目安全资金使用情况进行小结,并报项目监理部备案。

(23) 施工现场生产安全事故应急预案。

项目经理部应编制施工现场生产安全事故应急预案,成立应急救援组织,配备必要的应急救援器材和物资;应对全体施工人员进行培训,定期组织演练,且有相应的记录,并报建设单位、项目监理部备案。

(24) 施工现场安全标识。

项目经理部应对施工现场各类安全标识发放、使用情况进行登记;施工现场安全标识设置应与施工现场安全标识布置平面图相符,使安全标识起到应有的效果。

(25) 施工现场自身检查违章处理记录。

项目经理部应对施工现场的违章作业、违章指挥及处理整改情况及时记录,建立违章处理记录台账。

(26) 本单位上级管理部门、政府主管部门检查记录。

项目经理部应对本单位上级管理部门、政府主管部门来施工现场检查的有关情况,检查出的不足之处、整改建议等予以记录。

2. 危险等级为Ⅰ级、Ⅱ级的分部分项工程归档文件的内容及要求

(1) 专项施工方案及审批意见:由施工单位提供,建设单位、施工单位、监理单位共同保存。

(2) 专项施工方案修改、变更意见或文件,专家论证审查意见书:由施工单位提供,建设单位、施工单位、监理单位共同保存。

(3) 安全技术交底单:由施工单位提供,施工单位保存。

(4) 自行检查、巡查记录:由施工单位提供,施工单位保存。

(5) 安全技术措施实施验收记录:由施工单位提供,建设单位、施工单位、监理单位共同保存。

(6) 应急救援预案:由施工单位提供,建设单位、施工单位、监理单位共同保存。

3. 一般施工作业项目归档文件的内容及要求

(1) 安全技术措施:由施工单位提供,施工单位、监理单位共同保存。

(2) 安全技术措施交底单:由施工单位提供,施工单位保存。

(3) 自行检查、巡查记录:由施工单位提供,施工单位保存。

(4) 安全技术措施实施验收记录:由施工单位提供,施工单位、监理单位共同保存。

6.6.2 施工现场消防保卫安全管理资料的内容及归档要求

1. 施工现场消防保卫安全管理资料的内容及要求

(1) 施工现场消防重点部位登记表。

项目经理部应根据施工总平面图中消防设施的布置将施工现场消防重点部位进行登记,如施工现场消防重点部位发生变化,应重新进行登记,以保持与现场实际情况一致,并报建设单位、项目监理部备案。

(2) 施工现场用火作业审批表。

作业人员每次用火作业前,必须到项目经理部办理用火申请,并填写施工现场用火作业审批表,经项目经理部审批同意后,方可用火作业。

(3) 施工现场消防保卫定期检查表。

项目经理部安全负责人应根据施工消防的要求,定期组织有关人员对施工现场消防、保卫设施进行检查,并按施工现场消防保卫定期检查表进行记录。

(4) 施工现场居民来访记录。

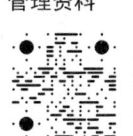

施工现场应设置居民来访接待室,对居民来访内容进行登记,并记录处理结果。

(5) 施工现场消防设备平面图。

施工现场消防设施、器材平面图应明确现场各类消防设施、器材的布置位置和数量,并报项目监理部核查。

(6) 施工现场消防保卫制度及应急预案。

项目经理部应制订施工现场的消防保卫制度、现场消防保卫管理方案、重大事件和重大节日管理方案、现场火灾应急救援预案和消防安全操作规程等相关技术文件,并将文件向相关人员进行交底,报项目监理部审查。

(7) 施工现场消防保卫协议。

建设单位与总包单位、总包单位与分包单位必须签订施工现场消防保卫协议,明确各方相关责任;协议必须履行签字、盖章手续,并报项目监理部备案。

(8) 施工现场消防保卫组织机构及活动记录。

施工现场应设立消防保卫组织机构,成立义务消防队,定期组织教育培训和消防演练;各项活动应有文字和图片记录,并报项目监理部备案。

(9) 施工现场消防审批手续。

项目经理部应在工程施工前,到当地消防部门进行申报登记,以便消防部门了解施工现场的消防布置,取得审批手续;应将消防安全许可证存档,以备查验,并报项目监理部核查。

(10) 施工现场消防设施、器材维修记录。

施工现场各类消防设施、器材,应经项目经理部验收合格,并应定期对消防设施、器材进行检查,以及按使用期限及时更换、补充、维修等;应对此形成文字记录。

(11) 施工现场防火等高温作业施工安全措施及交底。

施工现场防火等高温作业施工时,应制定相关的防中暑、防火灾的安全防范技术措施,并对所有参与防火作业的施工人员进行书面交底,所有被交底人必须履行签字手续,并报项目监理部备案。

（12）施工现场警卫人员值班、巡查工作记录。

警卫人员应在每班作业后填写施工现场警卫人员值班、巡查工作记录，对当班期间主要事项进行登记。

2. 施工现场消防保卫安全归档文件的内容及要求

（1）防火安全技术方案：由施工单位提供，建设单位、施工单位、监理单位共同保存。

（2）消防设备、设施平面布置图：由施工单位提供，施工单位、监理单位共同保存。

（3）消防设备、设施、器材、材料验收记录：由施工单位提供，施工单位、监理单位及其他相关单位共同保存。

（4）临时用房防火技术措施：由施工单位提供，施工单位、监理单位共同保存。

（5）在建工程防火技术措施：由施工单位提供，施工单位、监理单位共同保存。

（6）消防安全技术交底单：由施工单位提供，施工单位保存。

（7）消防设施、器材检查维修记录：由施工单位提供，施工单位保存。

（8）消防安全自行检查、巡查记录：由施工单位提供，施工单位保存。

（9）动火审批证：由施工单位提供，施工单位、监理单位共同保存。

（10）应急救援预案：由施工单位提供，施工单位、监理单位共同保存。

6.6.3 安全防护管理资料的内容及归档要求

1. 脚手架安全管理资料的内容及要求

（1）施工现场钢管扣件式脚手架支撑体系验收表。

对钢管扣件式脚手架支撑体系，应根据实际情况分段、分部位，由施工单位项目技术负责人组织相关单位人员验收；六级以上大风及大雨后、停用超过一个月后均要进行相应的检查验收，并报项目监理部备案。

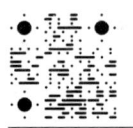
安全防护管理资料

（2）施工现场落地式（悬挑）脚手架搭设验收表。

落地式（悬挑）脚手架搭设完成后，施工单位项目技术负责人应组织相关单位人员验收；六级以上大风及大雨后、停用超过一个月后均要进行相应的检查，并报项目监理部备案。

（3）施工现场工具式脚手架安装验收表。

工具式脚手架包括门式外挂脚手架、吊篮脚手架、附着式升降脚手架、卸料平台等。工具式脚手架安装完成后，施工单位项目技术负责人应组织相关单位人员验收，并报项目监理部备案。

（4）施工现场脚手架、卸料平台和支撑体系设计及施工方案。

落地式钢管扣件式脚手架、工具式脚手架、卸料平台及支撑体系等，应在施工前编制相应的专项施工方案，并按施工方案进行搭设、安装，以保证脚手架安全。施工方案应存放在施工现场备查，并报项目监理部备案。

2. 基坑支护与模板工程安全管理资料内容及要求

（1）施工现场基坑支护验收表。

基坑支护完成后，施工单位应组织相关单位人员按照设计文件、施工组织设计、施工专项方案及相关规范进行验收，并报项目监理部审查。

（2）施工现场基坑支护沉降观测记录表、水平位移观测记录表。

施工单位和专业承包单位应按规定指派专人对基坑、土方、护坡开挖及开挖后的支护结构进行监测，并按施工现场基坑支护沉降观测记录表或施工现场基坑支护水平位移观测记录表进行数据记录；项目监理部对监测的程序进行审核，如发现观测数据异常，应立即采取必要的纠正措施。

（3）施工现场人工挖孔桩防护检查（验收）表。

人工挖孔桩工程应编制专项施工方案，超过16m时应进行专家论证；项目经理部应每天派专人对人工挖孔桩作业进行安全检查；项目监理部应定期对检查表及实物进行抽查，并用施工现场人工挖孔桩防护检查（验收）表进行记录。

（4）施工现场特殊部位气体检测记录表。

对人工挖孔桩和密闭空间等施工中可能存在有毒有害气体的场所，应有专项施工方案；应在每班作业前进行气体检测，按施工现场特殊部位气体检测记录表进行记录，并报项目监理部备案。

（5）施工现场模板工程验收表。

模板工程应按工程施工质量验收规范进行验收。对一些特殊的模板工程，如高度大于8m或跨度大于18m的梁模板，施工总荷载大于$15kN/m^2$，集中荷载大于$20kN/m^2$，以及大面积满堂红支模等，在施工组织设计、专项施工方案中应明确进行稳定性、强度等安全验收，即除按规范验收外，还应专门对其安全性进行验收，按施工现场模板工程验收表进行记录，并报项目监理部审查。

（6）施工现场基坑、土方、护坡及模板施工方案。

基坑、土方、护坡及模板施工必须按有关规定做到有方案、有审批，模板工程还应有设计计算书。方案应报项目监理部审查认可。

3. "三宝""四口"及"临边"防护安全管理资料内容及要求

（1）施工现场"三宝""四口"及"临边"防护检查记录表。

施工现场"三宝""四口"及"临边"防护，应按当地住房和城乡建设主管部门的规定定期进行检查；当地没有具体规定的，每周至少应检查一次；凡出现风、雨天气后及每升高一层施工时，都应及时进行检查，并报项目监理部备案。

每发现一个人、一处存在安全防护措施不到位的情况，均应及时做出处理，并责成立即改正。

（2）施工现场"三宝""四口"及"临边"防护措施方案。

项目经理部应在施工组织设计或有关专项安全技术方案中，对"三宝""四口"及"临边"防护做出详细规定，包括材料器具的品种、规格、数量、安装方式、质量要求、安装时间及责任人等。

4. 安全防护归档文件内容及要求

（1）安全防护专项施工方案：由施工单位提供，施工单位、监理单位共同保存。

（2）修改、变更防护方案意见或文件：由施工单位提供，施工单位、监理单位共同保存。

（3）防护技术交底单：由施工单位提供，施工单位保存。

（4）防护设施验收记录：由施工单位提供，施工单位、监理单位共同保存。

（5）防护设施检查、巡查记录：由施工单位提供，施工单位保存。

（6）防护用品验收记录：由施工单位提供，施工单位、监理单位及其他相关单位共同保存。

（7）应急救援预案：由施工单位提供，施工单位、监理单位共同保存。

6.6.4 临时用电安全管理资料的内容及归档要求

1. 临时用电安全管理资料的内容及要求

（1）施工现场施工临时用电验收表。

施工现场临时用电架设安装完成后，必须由总包单位组织验收，合格后方可使用，验收时可根据施工进度分项、分回路进行；项目监理部应对验收资料及实物进行核查。

（2）施工现场电气线路绝缘强度测试记录表。

电气线路绝缘强度测试包括临时用电动力、照明线路等绝缘强度测试，可按系统回路进行，测试结果报项目监理部备案。

（3）施工现场临时用电接地电阻测试记录表。

临时用电接地电阻测试包括临时用电系统和设备的重复接地、防雷接地、保护接地及设计有要求的接地电阻测试，测量结果报项目监理部备案。

（4）施工现场电工巡检维修记录表。

施工现场电工应按有关要求进行巡检维修，并由值班电工每日填写记录表；项目安全负责人要定期进行检查，以保证巡检维修到位、有效。

（5）施工现场临时用电施工组织设计及变更资料。

临时用电设备在5台及以上或设备总容量在50kW及以上者，均应编制临时用电施工组织设计，并按《施工现场临时用电安全技术规范》（JGJ 46—2005）的要求进行审批；如发生变更，应重新办理审批手续，并报项目监理部备案。

（6）施工现场总、分包临时用电安全管理协议。

总包单位、分包单位必须订立临时用电管理协议，明确各方相关责任；协议必须履行签字、盖章手续，并报项目监理部备案。

（7）施工现场电气设备测试技术资料。

电气设备的测试、检验单和精度记录，应由设备生产者或专业维修者提供。

2. 临时用电安全归档文件的内容及要求

（1）用电组织设计或方案：由施工单位提供，建设单位、施工单位、监理单位共同保存。

（2）修改用电组织设计的意见或文件：由施工单位提供，建设单位、施工单位、监理单位共同保存。

（3）用电技术交底单：由施工单位提供，施工单位保存。

（4）用电工程检查验收表：由施工单位提供，施工单位、监理单位共同保存。

（5）电气设备试验单、检验单和调试记录：由施工单位提供，施工单位保存。

（6）接地电阻、绝缘电阻和漏电保护器漏电参数测定记录表：由施工单位提供，施工单位保存。

（7）定期检（复）查表：由施工单位提供，施工单位保存。

（8）电工安装、巡检、维修、拆除记录：由施工单位提供，施工单位保存。

（9）应急救援预案：由施工单位提供，施工单位、监理单位共同保存。

6.6.5 施工机械机具安全管理资料的内容及归档要求

1. 施工升降机安全管理资料的内容及要求

（1）施工现场施工升降机安装/拆卸任务书。

施工升降机械安装/拆卸均应有明确的任务书，以保证安装质量和落实安装/拆卸的安全责任。

（2）施工现场施工升降机安装/拆卸安全和技术交底记录表。

施工升降机安装/拆卸任务书下达后，安装/拆卸单位安全负责人、技术负责人应对升降机安装/拆卸的安全、技术措施进行详细的安全技术交底，以保证安装/拆卸质量和安全。

（3）施工现场施工升降机基础验收表。

施工升降机基础验收应根据升降机安装技术要求的承载力、强度、基础尺寸、地脚螺栓规格数量等进行；基础完工后应达到一定强度，升降机安装前应进行全面验收。

（4）施工现场施工升降机安装/拆卸过程记录表。

施工升降机在安装/拆卸施工中，应对各安装/拆卸环节情况进行记录，包括各项工作的分工、每个施工人员的工作内容及周围环境安装/拆卸过程中的一些情况，以便验收时了解安装/拆卸全过程的情况。

（5）施工现场施工升降机安装验收记录表。

施工升降机安装完毕后，由安装单位组织相关单位负责人进行全面验收，判断其是否符合标准，特别是试运行、坠落试验及安全装置，应经过实地试验和检查，并报项目监理部核查。日常和定期检查参照此表执行。

（6）施工现场施工升降机接高验收记录表。

施工升降机每次接高都应经过验收后才能运行使用；在接高过程中应按施工现场施工升降机安装/拆卸过程记录表进行记录，接高完成后应按施工现场施工升降机接高验收记录表的内容检查验收记录，并报项目监理部核查。

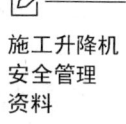
施工升降机安全管理资料

（7）施工现场施工升降机运行记录表。

施工升降机在使用过程中，每日应对运行情况进行记录，并对发生的事项详细记录；每周使用单位的负责人应检查记录。

（8）施工现场施工升降机维修保养记录表。

施工升降机应由产权单位负责定期维修保养并做出记录。

（9）施工现场机械租赁、使用、安装/拆卸安全管理协议书。

出租和承租双方应签订租赁合同和安全管理协议书，明确双方的安全责任和义务，并报项目监理部备案。

（10）施工现场施工升降机安装/拆卸方案。

施工升降机安装前，应编制设备的安装/拆卸方案，经安装/拆卸单位技术负责人审核批准后方可进行作业。

（11）施工现场施工升降机安装/拆卸报审报告。

施工升降机安装/拆卸报审报告，按当地住房和城乡建设主管部门的规定执行。

（12）施工现场施工升降机使用登记台账。

施工单位应建立施工现场施工升降机使用登记台账，对每台机械使用情况详细记录。

（13）施工现场施工升降机登记备案记录。

内容包括设备登记编号、使用情况登记资料、安装告知手续等。

2. 塔式起重机及起重吊装安全管理资料的内容及要求

（1）施工现场塔式起重机安装/拆卸任务书。

塔式起重机安装/拆卸均应有专项任务书，以保证安装质量和落实安装/拆卸的安全责任。

（2）施工现场塔式起重机安装/拆卸安全和技术交底书。

塔式起重机安装/拆卸任务下达后，安装/拆卸单位的安全负责人、技术负责人应对塔式起重机安装/拆卸的安全和技术措施进行详细交底，以确保安装/拆卸的质量和安全。

（3）施工现场塔式起重机基础验收记录表。

塔式起重机基础应根据塔式起重机安装技术要求的承载力、场地环境、固定支脚、基础尺寸、平整度，以及预埋螺栓情况、接地电阻等，在塔式起重机安装前进行一次全面验收，以保证塔式起重机安装和使用期间的安全。

（4）施工现场塔式起重机轨道验收记录表。

轨道行走式塔式起重机的轨道应根据安装技术要求，对其路基碎石厚度、钢轨接头、轨距、轨顶面倾斜度及接地装置等在钢轨铺设完成、塔式起重机安装前进行全面检查验收。

（5）施工现场塔式起重机安装/拆卸过程记录表。

塔式起重机在安装/拆卸过程中，应对安装/拆卸过程中的有关环节情况进行记录，包括各项工作的分工、每个人员的工作内容、重点环节的检查等一些情况，以便验收检查时了解安装/拆卸过程的情况。

（6）施工现场塔式起重机附着检查记录表。

塔式起重机安装过程中或安装后或每次提升后增加的附着，都应进行全面检查，以保证合格。

（7）施工现场塔式起重机顶升检验记录表。

塔式起重机需要顶升的，应委托原安装单位或具有相应资质的安装单位按照专项施工方案实施；每次顶升完毕，使用单位应组织相关人员进行检查验收，合格后才能投入使用，并报项目监理部备案。

(8) 施工现场塔式起重机安装验收记录表。

塔式起重机安装完成后，安装/拆卸单位应先自行检查合格；总包单位应组织施工单位、有关分包单位等相关人员进行全面检查验收，须进行检测的应委托有相应资质的检测单位检测合格后才能投入使用，并报项目监理部审查。日常和定期检查参照此表执行。

(9) 施工现场塔式起重机安装垂直度测量记录表。

塔式起重机安装完成后，其安装垂直度应由安装单位测量，按施工现场塔式起重机安装垂直度测量记录表记录，报施工单位及租赁单位。

(10) 施工现场塔式起重机运行记录表。

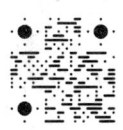

塔式起重机及起重吊装安全管理资料

这是一张通用表格。施工现场使用的塔式起重机、施工电梯、移动式起重机、物料提升机等起重机械操作人员应在每班作业后填写，运行中如发现设备有异常情况，应立即停机检查报修，排除故障后方可继续运行。运行记录通常装订成册，连续编页码，不得缺页数。施工现场塔式起重机运行记录表每个台班都必须填写；产权单位安全负责人至少应每周审查一次，签字负责。该记录表由设备产权单位和使用单位存档。

(11) 施工现场塔式起重机维修保养记录表。

塔式起重机在使用过程中，应按设备使用说明书要求定期请专业人员对设备进行维修保养；维修保养工作应由设备租赁单位或产权单位负责按期进行。机械设备都应在维修保养的有效期内使用。

(12) 施工现场塔式起重机检查记录表。

由施工单位组织相关人员定期或雨天、风天、停用一周之后进行检查。

(13) 施工现场塔式起重机租赁、使用、安装/拆卸安全管理协议书。

租赁的塔式起重机等施工机具，出租和承租双方应签订租赁合同，并签订使用、安装/拆卸过程中的安全管理协议书，明确双方在租赁、使用期间及安装/拆卸过程中的安全责任和义务；委托安装/拆卸单位安装/拆卸塔式起重机时，还应签订安装/拆卸合同，也应明确安装/拆卸安全责任。塔式起重机的安装/拆卸单位资质、相关人员的资格证书及设备统一编号应存档备查，并报项目监理部备案。

(14) 施工现场塔式起重机安装/拆卸方案及群塔作业方案、起重吊装作业专项施工方案。

塔式起重机安装/拆卸、起重吊装作业等必须编制专项施工方案，涉及群塔（2台及以上）作业时必须制定相应的方案和措施，确保各相邻塔式起重机之间的安全距离；应制定起重作业的安全措施，并绘制平面布置图，报项目监理部核查。

(15) 施工现场塔式起重机安装/拆卸报审报告。

该报审报告按当地住房和城乡建设主管部门的规定执行。

(16) 施工现场塔式起重机机组与信号工安全技术交底。

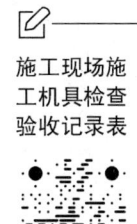

施工现场施工机具检查验收记录表

塔式起重机使用前，总承包单位与机械出租单位应共同对塔式起重机机组人员和信号工进行联合安全技术交底，并做好记录。

3. 施工机具安全管理资料的内容及要求

(1) 施工现场施工机具检查验收记录表。

施工机具包括物料提升机械、电动吊篮、龙门吊、打桩及钻孔机械、挖掘机、装载机、混凝土泵、混凝土搅拌机、钢筋机械、木工机械等中小型机械。施工机具的检查验收，由租赁单位主动向施工单位提供已经过检查的有关资料及必须现场检查的部位情况，并按施工现场施工机具检查验收记录表进行记录，有关负责人签字，报项目经理部核查（其中1~8每台一验，9~10台可每棚、每房一验）。

施工现场施工机具维修保养记录表

（2）施工现场施工机具安装验收记录表。

为保证施工机具正常运行和安全使用，凡进入施工现场需安装的机具都应根据实际情况进行安装验收，并填写施工现场施工机具安装验收记录表。

（3）施工现场施工机具维修保养记录表。

施工现场施工机具的维修保养应填写施工现场施工机具维修保养记录表，施工单位自有施工机具由项目经理部负责，租赁的施工机具由出租单位负责，应建立机械设备的检查、维修和保养制度，编制设备保修计划。

（4）施工现场施工机具使用单位与租赁单位租赁、使用、安装/拆卸安全管理协议。

凡是租赁来的施工机具，使用单位与租赁单位应签订租赁、使用、安装/拆卸过程中的安全管理协议，明确双方的责任和义务；凡由租赁单位负责维修保养及安全责任管理的，由租赁单位建立施工机具检查、维修和保养制度，编制保修计划，保证施工机具的安全使用。

（5）施工现场施工机具安装/拆卸施工方案。

凡需安装/拆卸的施工机具，都必须由安装单位编制安装/拆卸施工方案，并经技术负责人批准，按施工方案进行安装/拆卸。

4. 建筑起重机械安全归档文件的内容及要求

（1）建筑起重机械备案证明、使用登记证明：由施工单位提供，施工单位、监理单位及其他相关单位共同保存。

（2）起重设备、自升式架设设施安装/拆卸工程专项施工方案：由施工单位提供，施工单位、监理单位共同保存。

（3）安装/拆卸、使用安全技术交底单：由施工单位提供，施工单位保存。

（4）设备、设施安装工程自查与验收记录：由施工单位提供，施工单位、监理单位共同保存。

（5）定期自行检查记录、定期维护保养记录、维修和技术改造记录：由施工单位提供，施工单位及其他相关单位共同保存。

（6）运行故障记录：由施工单位提供，施工单位保存。

（7）累计运转记录：由施工单位提供，施工单位保存。

（8）应急救援预案：由施工单位提供，施工单位、监理单位共同保存。

6.6.6 施工现场文明生产安全管理资料的内容及归档要求

（1）施工现场施工噪声监测记录表。

施工现场作业过程中，各类设备产生的噪声在场界边缘应符合国家有关标准；项目经理部应定期在施工现场场地边界对噪声进行监测，将监测结果填入施工现场施工噪声监测记录表，并报项目经理部备案。

（2）施工现场文明生产定期检查表。

项目经理部项目安全负责人应根据施工安全制度及施工现场文明施工的情况，组织有关人员定期对各项内容等进行检查，并按施工现场文明生产定期检查表记录。

（3）施工现场办公室、生活区、食堂等卫生管理制度。

办公区、生活区、食堂等各类场所应制定相应的卫生管理制度、卫生设施布置图，明确各区域负责人。

（4）施工现场应急药品、器材的登记及使用记录表。

施工现场应配备必要的应急药品和器材，并对应急药品、器材的配备品种、数量及使用情况进行登记。

（5）施工现场急性职业中毒应急预案。

施工现场应编制急性职业中毒应急预案，并应定期演练，保证发生中毒事故时能有效启动。

（6）施工现场食堂卫生许可证及炊事人员的卫生、培训、体检证件。

施工现场设置食堂时，必须办理卫生许可证和炊事人员的健康合格证、培训证，并将相关证件在食堂明示，复印件存档备案。

（7）施工现场各阶段现场存放材料堆放平面图及责任区划分，材料保存、保管制度。

施工现场应绘制材料堆放平面图，现场内各种材料应按照平面图进行堆放，并明确各责任区的划分，确定责任人；各种材料应建立保存、保管、领取、使用的相关制度，并抄报项目监理部备案。

（8）施工现场成品保护措施。

施工现场应制定各类成品、半成品的保护措施，并将措施落实到相关管理部门和作业人员，并报项目监理部审查。

（9）施工现场各种垃圾存放、消纳管理制度。

项目经理部应对施工现场的垃圾、建筑渣土建立处理制度，对处理结果进行检查，并及时对运输和处理情况进行记录，报项目监理部审查。

（10）施工现场环境保护管理方案。

项目经理部应识别和评价作业过程中可能出现的环境危害因素，制定环境污染控制措施，编制项目环境保护管理方案，全方位、全地域、全过程加强生态环境保护[①]；应成立由项目经理负责的环境保护管理机构，制定相关责任制度，明确责任人，并报项目监理部审查。

---

① 引自党的二十大报告一、过去五年的工作和新时代十年的伟大变革。

项目小结

按照工程建设过程中参建单位的不同，可将建设工程施工现场安全管理资料划分为三大类：建设单位施工现场安全管理资料（A类）、监理单位施工现场安全管理资料（B类）及施工单位施工现场安全管理资料（C类）。

建设单位施工现场安全管理资料主要包括：施工现场安全生产监管备案登记表，施工现场变配电站、变压器、地上和地下管线及毗邻建筑物、构筑物资料移交单，建筑工程施工许可证，夜间施工审批手续，施工合同，施工现场安全生产防护、文明施工措施费用支付统计，建设单位向当地住房和城乡建设主管部门报送的危险性较大的分部分项工程清单，上级主管部门、政府主管部门检查记录等。

监理单位施工现场安全管理资料主要包括：工程技术文件报审表，施工现场施工起重机械安装/拆卸报审表，施工现场施工起重机械验收核查表，施工现场安全隐患报告书，工作联系单，监理通知，工程暂停令，工程复工报审表，安全生产防护、文明施工措施费用支付申请表，安全生产防护、文明施工措施费用支付证书，施工单位安全生产管理体系审核资料，施工单位专项安全施工方案及工程项目应急救援预案审核资料等。

施工单位施工现场安全管理资料主要包括：安全控制管理资料，施工现场消防保卫安全管理资料，安全防护管理资料，临时用电安全管理资料，施工机械机具安全管理资料，施工现场文明生产安全管理资料等。

习 题

一、选择题

1. 工程质量监督，由（　　）到质量监督机构办理履行工程质量监督的手续，由质量监督机构负责提供。

　　A. 建设单位　　　　B. 施工单位　　　　C. 监理单位　　　　D. 设计单位

2. 所谓检验，就是对检验项目中的性能进行量测、检查、试验等，并将结果与（　　）要求进行比较，以确定每项性能是否合格所进行的活动。

　　A. 标准规定　　　　B. 监理　　　　　　C. 建设单位　　　　D. 常规

3. 建筑工程中，对安全、卫生、环境保护和公众利益起决定性作用的检验项目为（　　）项目。

　　A. 主控　　　　　　B. 关键　　　　　　C. 重要　　　　　　D. 主检

4. 监理文件管理的对象是（　　），它们是工程建设监理信息的主要载体之一。

　　A. 监理文件资料　　　　　　　　　　　B. 监理质量控制资料

　　C. 施工单位资料　　　　　　　　　　　D. 监理管理资料

5. 工程开/复工报审表属于（　　）资料。
   A. 监理管理　　　　　　　　　　　B. 监理质量控制
   C. 监理进度控制　　　　　　　　　D. 监理造价控制

6. 工程竣工预验收合格后，由（　　）向建设单位提交工程质量评估报告。
   A. 总监理工程师代表　　　　　　　B. 监理工程师
   C. 项目总监理工程师　　　　　　　D. 监理单位法人代表

7. 工程质量评估报告，由总监理工程师及（　　）签字，并加盖公章。
   A. 总监理工程师代表　　　　　　　B. 监理工程师
   C. 监理单位技术负责人　　　　　　D. 监理单位法人代表

8. 施工单位在接到监理通知之后，对通知中提到的问题应认真分析、制定措施，及时整改，并把整改的结果填写（　　），经项目经理签字、项目部盖章后报项目监理部复查。
   A. 整改单　　　　　　　　　　　　B. 复查表
   C. 联系函　　　　　　　　　　　　D. 监理通知回复单

9. 单位工程安全和功能检验资料核查及主要功能抽查记录由（　　）签字，并加盖岗位资格章。
   A. 施工单位项目经理　　　　　　　B. 总监理工程师
   C. 建设单位项目负责人　　　　　　D. 施工单位项目经理和总监理工程师

10. 两个以上施工单位在同一作业区域内进行可能危及对方安全生产的施工活动，未签订安全生产管理协议，责令（　　）。
    A. 立即改正　　　　　　　　　　　B. 限期改正
    C. 立即停工　　　　　　　　　　　D. 停工改正

11. （　　）依法对本单位的安全生产全面负责。
    A. 施工单位主要负责人　　　　　　B. 安全员
    C. 项目经理　　　　　　　　　　　D. 施工员

12. 施工单位发生生产安全事故，实行施工总承包的建设工程，由（　　）单位负责上报事故。
    A. 分包　　　　　　　　　　　　　B. 总承包
    C. 监理　　　　　　　　　　　　　D. 建设

13. 施工单位应当对从业人员进行安全生产教育和培训，未经安全生产教育和培训合格的从业人员，不得（　　）。
    A. 进入工地　　B. 不得录用　　C. 不得从业　　D. 上岗作业

14. 组织应建立完善的信息管理制度和安全（　　）制度，坚持全过程管理的原则。
    A. 教育　　　　B. 检查　　　　C. 交底　　　　D. 责任

15. 根据《建设工程安全生产管理条例》规定，施工单位的主要负责人、项目负责人、（　　）应当经建设行政主管部门或者其他有关部门考核合格后方可任职。
    A. 资料员　　　　　　　　　　　　B. 技术员
    C. 总工程师　　　　　　　　　　　D. 专职安全生产管理人员

二、简答题

1. 简述安全管理资料的管理要求。
2. 简述建设单位施工现场归档文件内容及要求。

 拓展活动

整理一份建筑工程施工安全管理资料。

项目6
在线答题

项目 7　建筑工程资料的归档组卷与移交

任务提出

建筑工程档案是在工程建设活动中直接形成的具有保存价值的文字、图表、声像等各种形式的历史记录，这些记录经整理形成档案。建筑工程资料是对工程进行检查、验收、管理、使用、维护、改建和扩建的依据，它全面反映了建筑工程的质量状况，是建筑工程进行竣工验收和竣工核定的必要条件，是城市建设档案的重要组成部分。建筑工程资料应随工程进度同步发生并按规定收集、整理，建筑工程资料填写应采用国家及地方规定的表格，统一归类。

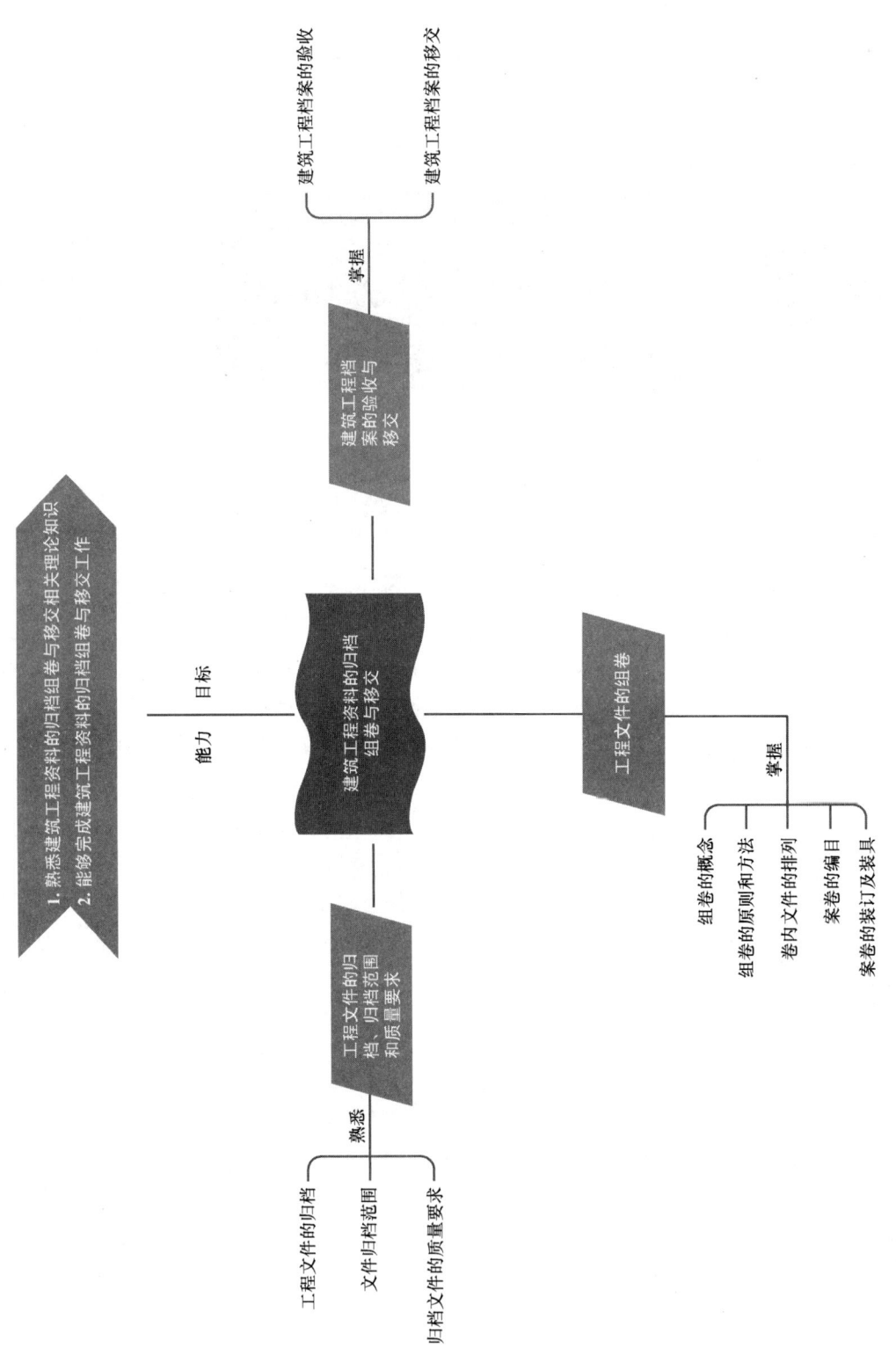

项目7思维导图

任务 7.1　工程文件的归档、归档范围和质量要求

1. 工程文件的归档

工程文件的归档是指工程文件形成单位即建设、勘察、设计、施工、监理等单位完成其工作任务,将工程建设过程中形成的文件整理、组卷后,按规定移交档案管理机构。

工程文件的归档应符合以下规定。

(1) 归档文件必须完整、准确、系统,能够反映工程建设单位活动的全过程。文件材料归档范围及质量应符合有关要求。

(2) 归档文件必须经过分类整理,并应组成符合要求的案卷。

(3) 根据建设程序和工程特点,归档可以分阶段、分期进行,也可以在单位工程或分部工程通过竣工验收后进行。

(4) 勘察、建设单位应当在完成任务时,施工、监理单位应当在工程竣工验收前,将各自形成的有关工程档案向建设单位归档。

(5) 勘察、设计、施工单位在收齐工程文件并整理、组卷后,建设单位、监理单位应依据城建档案管理机构的要求,对档案文件的完整、准确、系统情况和案卷质量进行审查。审查合格后移交建设单位。

(6) 工程档案一般不少于两套,一套由建设单位保管,一套(原件)移交当地城建档案馆。

(7) 勘察、设计、施工、监理等单位向建设单位移交档案时,应编制移交清单,双方签字盖章后方可交接。

(8) 凡勘察、设计、施工、监理等单位需要向本单位归档文件,应按国家有关规定和规范要求单独组卷归档。

2. 文件归档范围

对工程建设单位有关的重要活动、记载工程建设主要过程和现状、具有保存价值的各种载体的文件,均应收集齐全,整理、组卷后归档。具体归档范围应符合附录 A 的要求。

3. 归档文件的质量要求

(1) 归档的工程文件应为原件。

(2) 工程文件的内容及深度必须符合国家有关工程勘察、设计、施工、监理等方面的技术规范、标准和规程。

(3) 工程文件的内容必须真实、准确,与工程实际符合。

(4) 工程文件应采用耐久性强的书写材料,如碳素墨水、蓝黑墨水,不得使用易退色的书写材料,如红墨水、纯蓝墨水、圆珠笔、复写纸、铅笔等。

(5) 工程文件应字迹清楚,图样清晰,图表整洁,签字、盖章手续完备。

（6）工程文件中文字材料幅面尺寸规格宜为 A4 幅面（297mm×210mm）。图纸一般宜采用国家标准图幅。

（7）工程文件的纸张应采用能长期保存的韧性大、耐久性长的纸张。图纸一般应采用蓝晒图，竣工图应是新蓝图。计算机出图必须清晰，不得使用计算机所出图纸的复印件。所有竣工图均应加盖竣工图章。

任务 7.2　工程文件的组卷

1. 组卷的概念

组卷是指按照一定的原则和方法，将有保存价值的文件分门别类地整理成案卷，亦称立卷。案卷是指由互有联系的若干文件组成的档案保管单位。

2. 组卷的原则和方法

（1）组卷应遵循工程文件的自然形成规律，保持卷内文件的有机联系，便于档案的保管和利用。

（2）一个建筑工程由多个单位工程组成时，工程文件应按单位工程组卷。

（3）组卷可采用以下方法。

① 建筑工程文件可按建筑程序划分为工程准备阶段文件、监理文件、施工文件、竣工文件、竣工验收文件五部分。

② 工程准备阶段文件可按建设程序、专业、形成单位等组卷。

③ 监理文件可按单位工程、分部工程、专业、阶段等组卷。

④ 施工文件可按单位工程、分部工程、专业、阶段等组卷。

⑤ 竣工图可按单位工程、专业等组卷。

⑥ 竣工验收文件可按单位工程、专业等组卷。

（4）组卷要遵循以下要求。

① 案卷不宜过厚，一般不超过 40mm。

② 案卷内不应有重份文件，不同载体的文件一般应分别组卷。

3. 卷内文件的排列

（1）文字材料按事项、专业顺序排列。同一事项的批复与请示、同一文件的印本与定稿、主件与附件不能分开，并按批复在前请示在后、印本在前定稿在后、主件在前附件在后的顺序排列。

（2）图纸按专业排列，同专业图纸按图号顺序排列。

（3）既有文字材料又有图纸的案卷，如果文字是针对整个工程或某个专业进行的说明或指示，文字材料排前、图纸排后；如果文字是针对某一图幅或某一问题或局部的一般说明，则图纸排前、文字材料排后。

4. 案卷的编目

（1）编制卷内文件页号的有关规定。

① 卷内文件均按有书写内容的页面编号。每卷单独编号，页号从"1"开始。

② 页号编写位置：单面书写的文件在右下角；双面书写的文件，正面在右下角，背面在左下角；折叠后的图纸一律在右下角。

③ 成套图纸或印刷成册的科技文件材料自成一卷的，原目录可代替卷内目录，不必重新编写页码。

④ 案卷封面、卷内目录、卷内备考表不编写页码。

（2）案卷封面编制的有关规定。

① 式样：宜符合表7-2-1的要求，案卷封面印刷在卷盒、卷夹的正表面，也可采用内封面形式。

② 档号：应由分类号、项目号和档案号组成，由档案保管单位填写。

③ 档案馆代号：应填写国家给定的本档案馆的编号，由档案馆填写。

④ 案卷题名：应简明、准确地揭示卷内文件的内容，包括工程名称、专业名称、卷内文件的内容。

⑤ 编制单位：应填写案卷内文件的形成单位或主要责任者，即组卷单位。

⑥ 编制日期：应填写案卷内全部文件形成的起止日期。

⑦ 密级：分绝密、机密、秘密三种。同一案卷内有不同密级的文件时，应以高密级为本卷密级。

⑧ 保管期限：分永久、长期、短期三种期限。永久是指工程档案需永久保存，长期是指工程档案的保存期限等于该工程的使用寿命，短期是指工程档案保存20年以下。同一案卷有不同保管期限的文件时，该案卷保管期限应从长。各类文件的保管期限详见附录B。

表7-2-1 案卷封面

```
       档      号 _____
      档案馆代号 _____


       案卷题名 _____
                _____
                _____

       编制单位 _____
       编制日期 _____
       密    级 _____ 保管期限 _____
              共 ____ 卷 第 ____ 卷
```

（3）制作要求。

卷内目录、卷内备考表、案卷内封面应用70g以上白色书写纸制作，幅面统一采用A4幅面。

（4）卷内目录编制的有关规定。

① 式样：宜符合表7-2-2的要求。

② 序号：以一份文件为单位，按文件的排列用阿拉伯数字从"1"依次标注。

③ 文件编号：填写工程文件原有的文号或图号。

④ 责任者：填写文件的直接形成单位和个人。有多个责任者时，选择两个主要责任者，其余用"等"代替。

⑤ 文件题名：填写文件标题的全称。

⑥ 日期：填写文件形成的日期。

⑦ 页次：填写文件在卷内所排的起始页号。最后一份文件填写起止页号。

⑧ 备注：填写需要说明的问题。

⑨ 卷内目录位置：排列在卷内文件首页之前。

表 7-2-2 卷内目录

序 号	文件编号	责任者	文件题名	日 期	页 次	备 注

（5）卷内备考表编制的有关规定。

① 式样：宜符合表 7-2-3 的要求。

② 页数：填写卷内文件材料的总页数、各类文件页数（照片张数），以及组卷单位对案卷情况的说明。

③ 时间：填写完成组卷时间，年代编写四位数。

④ 卷内备考表位置：排列在卷内文件的尾页之后。

表 7-2-3　卷内备考表

本案卷共有文件材料　　页，其中：
文字材料　页，图样材料　页，照片　张。
说明：
组卷人：　　　　　　　　　　　　　　　　　　审核人：
年　月　日　　　　　　　　　　　　　　　　年　月　日

5. 案卷的装订及装具

（1）案卷的装订形式。

案卷可采用装订和散装两种形式。文字材料必须装订，既有文字材料又有图纸的案卷应装订。案卷的装订应采用线绳三孔左侧装订法，要整齐、牢固，便于保管和利用。装订时必须剔除金属物。

（2）案卷的装具。

案卷装具一般采用卷盒、卷夹两种形式。卷盒、卷夹应采用无酸纸制作。卷盒的外表尺寸为310mm×220mm，厚度分别为20mm、30mm、40mm和50mm。卷夹的外表尺寸为310mm×220mm，厚度一般为20～30mm。

（3）案卷脊背。

案卷脊背的内容包括档号和案卷题名。

任务 7.3　建筑工程档案的验收与移交

1. 建筑工程档案的验收

列入城建档案馆（室）档案接受范围的工程，建设单位在组织工程竣工验收前，应提请城建档案管理机构对工程档案进行预验收。建设单位未取得城建档案管理机构出具的认可文件，不得组织工程竣工验收。

城建档案管理机构在进行工程档案预验收时，应重点验收以下内容。

（1）工程档案齐全、系统、完整。

（2）工程档案的内容真实、准确地反映了工程建设活动和工程实际状况。

（3）工程档案已整理、组卷，组卷符合规范的规定。

（4）竣工图绘制法、图式及规定等符合专业技术要求，图面整洁，盖有竣工图章。

（5）文件的形式、来源符合实际；要求单位和个人签章的文件，其签章手续完备。

（6）文件材质、幅面、书写、绘图、用墨、托裱等符合要求。

2. 建筑工程档案的移交

对于不同类别的工程，其档案移交的步骤各自如下。

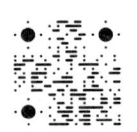

工程资料、城建档案封面与目录填写范例

（1）列入城建档案馆（室）档案接受范围的工程，建设单位在工程竣工验收后 3 个月内，必须向城建档案馆（室）移交一套符合规定的工程档案。

（2）停建、缓建工程的档案，暂由建设单位保管。

（3）对改建、扩建和维修工程，建设单位应当组织设计、施工单位据实修改、补充和完善原工程档案。对改变的部位，应当重新编制工程档案，并在工程竣工验收后 3 个月内，向城建档案馆（室）移交。

（4）建设单位向城建档案馆（室）移交工程档案时，应办理移交手续，填写移交目录，双方签字、盖章后交接。

项目小结

工程文件的归档是指工程文件形成单位即建设、勘察、设计、施工、监理等单位完成其工作任务，将工程建设过程中形成的文件整理、组卷后，按规定移交档案管理机构。

组卷是指按照一定的原则和方法，将有保存价值的文件分门别类地整理成案卷，亦称立卷。案卷是指由互有联系的若干文件组成的档案保管单位。

列入城建档案馆（室）档案接受范围的工程，建设单位在组织工程竣工验收前，应提请城建档案管理机构对工程档案进行预验收。建设单位未取得城建档案管理机构出具的认可文件，不得组织工程竣工验收。

习 题

一、选择题

1. 归档文件必须（　　）、准确、系统，能够反映工程建设单位活动的全过程。
   A. 完整　　　　B. 齐全　　　　C. 全面　　　　D. 系统

2. 工程档案一般不少于（　　）。
   A. 一套　　　　B. 两套　　　　C. 三套　　　　D. 四套

3. 归档的工程文件应为（　　）。
   A. 原件　　　　B. 复印件　　　C. 原件或复印件　D. 原件及复印件

4. 工程文件中文字材料幅面尺寸规格宜为（　　）幅面。
   A. A1　　　　　B. A2　　　　　C. A3　　　　　D. A4

5. 案卷不宜过厚，一般不超过（　　）。
   A. 20mm　　　　B. 30mm　　　　C. 40mm　　　　D. 50mm

6. 卷内文字均按有书写内容的页面编号。每卷单独编号，页号从（　　）开始。

A. "0"　　　　B. "1"　　　　C. "2"　　　　D. "3"

7. 保管期限的短期是指工程档案保存（　　）年以下。

A. 10　　　　B. 20　　　　C. 30　　　　D. 40

8. 列入城建档案馆（室）档案接受范围的工程，建设单位在工程竣工验收后（　　）内，必须向城建档案馆（室）移交一套符合规定的工程档案。

A. 1个月　　　B. 2个月　　　C. 3个月　　　D. 4个月

二、简答题

1. 工程文件的归档应符合哪些规定？
2. 城建档案管理机构在进行工程档案预验收时，应重点验收哪些内容？

 拓展活动

收集某具体工程的建筑工程资料，根据其工程建设的特点及内容，试完成该资料的归档工作。

项目7
在线答题

项目 8　建筑工程资料管理软件

任务提出

软件不但能完成工程项目建设各个阶段的建筑工程资料的规范填写、全面收集、系统整理、精确查询、科学组卷、清晰打印等工作,还提供了丰富的资料库及数据统计、管理功能,全面实现了从原始数据录入到信息检索、汇总、维护一体化管理的目标。智能化的软件让人们的学习和工作更加轻松愉快,成为人类的好助手。

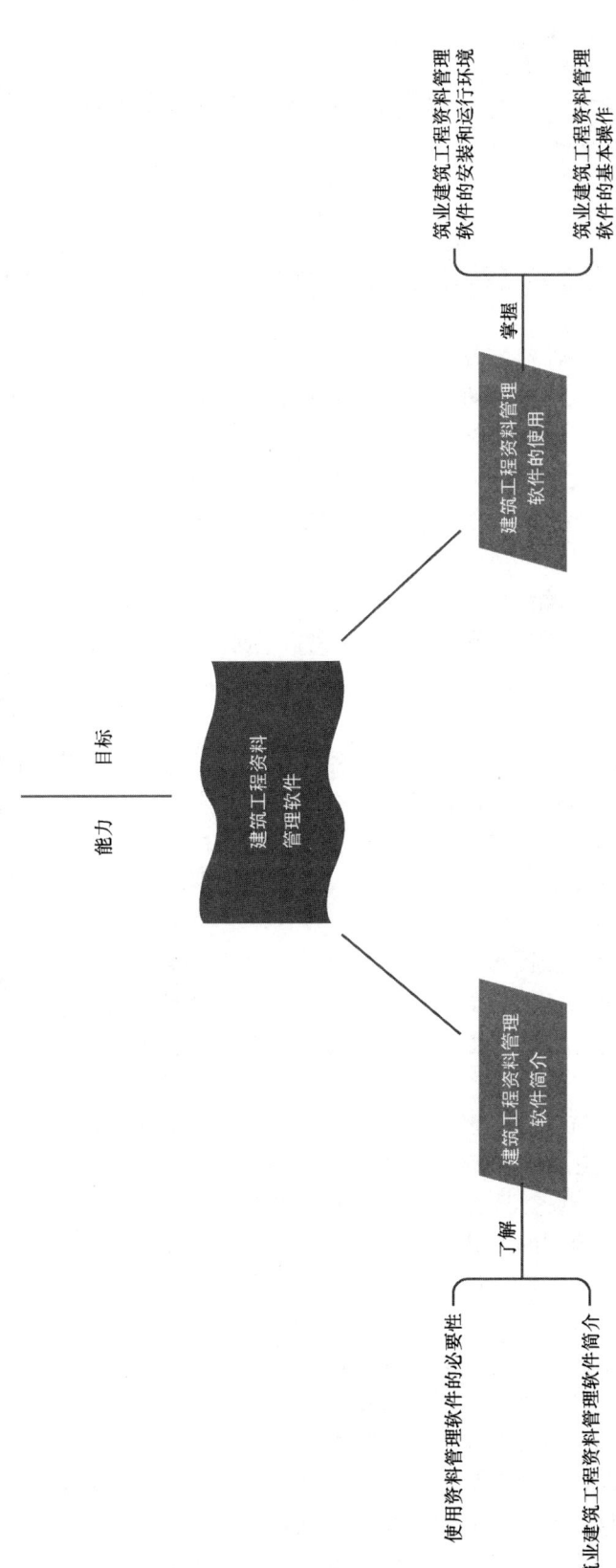

项目8思维导图

任务 8.1　建筑工程资料管理软件简介

8.1.1　使用资料管理软件的必要性

信息时代的到来，标志着一种新的生产力的出现，其主要生产工具就是计算机系统。新生产力的出现必然导致新的生产关系，即企业管理不再是对人、财、物的某单一方面的强化管理，而是对人、财、物、信息等资源的全面综合管理。建筑业只有尽快提高自身的信息化应用，才能提升竞争力，满足服务于国民经济发展的时代要求。

1. 信息技术的应用是时代发展的必然趋势

这个判断是基于以下理由。

（1）各级建设行政主管部门把政府管理信息化和电子政务建设与政府管理体制创新相结合，大力推进电子政务，提高了行政效率。从各部门的具体业务入手，通过信息网络技术，重组、规范和优化行政流程，既加大了政务透明度，又转变了管理方式，加大了管理力度。

（2）信息化施工更多基于互联网平台。很多开发商已经把互联网平台的网络概念彻底引进来，这也是我国建筑业快速发展的一个重要标志。

（3）信息技术便于高效管理。随着建设工程项目的类型和特征日趋复杂化，工程服务方式多样化、市场化的进程使得各类业主对项目管理的精益程度要求越来越高。由于传统的管理手段很难实现精确、高效的项目管理，因此建筑业必然将信息技术用于复杂工程的项目管理，把发展信息技术作为提升行业竞争力的重点。

2. 管理模式的创新提升建设工程施工企业的竞争优势

重视信息化是建筑企业提升竞争力或服务能力的必然趋势，这可以从以下五个方面来理解。

（1）现在的建筑产品已逐渐步入精细生产阶段，建筑产品已成为精细产品，需要精细加工，这也对建筑业的生产管理方式提出了越来越高的要求。另外，在精细生产的同时，实际建造速度也比传统建造方式的工期大为提前。

（2）随着产业模式的发展，建筑业对总承包的需求越来越多。服务模式的转变，也意味着项目管理方式的调整，设计施工一体化已成为一个很现实的需求。这也对管理水平相应提出了更高的要求。

（3）现在住房和城乡建设部与各地建设行政主管部门正在大力推行项目管理公司和政府投资方式改革。长期以来，我国的政府投资工程管理方式比较落后，由传统的筹建处等非专业人士和机构去搞项目管理，实际上也意味业主项目管理水平的低下。由于业主自身项目管理水平不高，也导致承包商有再高的项目管理水平也无用武之地。因此，业主的非专业的低水平项目管理实际上极易抑制行业的发展。

（4）项目风险管理控制的重要性日益突出。加强风险管理不论对业主还是对承包商都是要特别重视的，而要提高项目的风险管理控制水平就必须依靠信息化建设来提高自身的集约化管理水平。

（5）信息技术的应用，使得微观决策宏观化，宏观决策微观化，因此社会结构、经济结构的变化，将促使建筑业进一步加速采用信息技术的步伐。面对激烈的市场竞争，企业组织机构必须具有灵活应变的弹性才能适应业主个性化、柔性化的服务需求，这必然改变传统的建立在等级分明基础上的决策架构，导致组织机构的扁平化，这时必须使整个团队对于工作目标有清晰的理解，全体能针对目标做出快速的反应。网络化社会的形成导致许多传统管理手段、管理方式派不上用场，这就促使我们必须利用现代化的管理手段特别是信息技术来进一步提高管理水平，构筑核心竞争能力。

3. 推动企业运用信息技术进行施工资料管理

施工资料是建设工程施工中的一项重要组成部分，是有关各方面在建设管理、质量控制及技术措施等方面的原始记录，是工程竣工验收的重要依据之一，也是对工程进行检查、维护、管理、使用、改建和扩建的原始依据。任何一项工程如果技术资料不符合标准规定，即可判定该工程为不合格，对工程质量具有否决权。因此，建筑施工资料、施工安全资料和市政施工资料的收集、整理和管理工作，直接反映了工程项目的施工质量管理和施工安全管理的水平。

在这种环境下，应运而生的一些施工企业资料管理软件以国家现行的标准、规范及强制性条文为基础，结合国家与各省、市地区的有关法律、法规和行政规章等，参照行政主管部门对建筑工程资料管理的具体要求，在应用过程中规范了建筑施工资料和施工安全资料的收集和整理，确保了建筑工程资料的完整性，有助于各施工企业实现工程质量目标、减少安全隐患、提高施工质量和安全管理水平，用信息化的手段实现了工程施工和安全资料管理的规范化和标准化，加快了建筑行业的信息化发展进程。

8.1.2 筑业建筑工程资料管理软件简介

筑业建筑工程资料管理软件经过多年与施工现场使用者的合作已日趋完善，大幅提高了施工现场建筑工程资料管理的工作效率，是建筑行业广大施工技术人员的必备工具。

该软件有以下特点。

（1）具备完善的建筑工程资料数据库管理功能，可方便地查询、修改、统计汇总、组卷、打印。

（2）实现了表格数据简单录入、快捷统改的填写方式。

（3）可以设置软件登录和工程登录两级密码保护，保护用户工程信息。

（4）提供自动备份功能，即便工地用电环境恶劣造成工程文件损坏，也能找回最后一次正确数据进行恢复，最大限度地减少损失。

（5）新建表格后，工程信息、验收部位等信息可自动填充，省去重复填写的烦恼。

（6）为表格提供大量填写范例，用户可以参照，即使没有做过资料管理的人员也可迅速掌握。

（7）可一键分部、分项汇总和一键报验，操作更简单。

（8）表格自动计算、自动填充等功能，使填表更快捷。

(9) 可根据检验批一般项目和主控项目数据，自动判定是否合格。
(10) 可以多用户同时做项目，最后将几个工程文件合并成一个文件。
(11) 可以同时打开多个工程，通过比较填表。
(12) 做好的建筑工程资料可以保存起来，下次做相同类型工程时，导入工程后同步工程信息即可。
(13) 可以导入自定义模板，随意编辑模板。
(14) 可以跨专业、跨规范借用表格，一个工程中可以有多个不同规范的表格。

筑业建筑工程资料管理软件的主要功能见表8-1-1。

表8-1-1　筑业建筑工程资料管理软件的主要功能

序号	功能	实现效果
1	自动填表	自动导入工程常用信息；可以在常用信息中进行编辑，直接修改常用信息的内容
2	自动计算	所有包含计算的表格，用户只需填写基础数据即可，软件会自动完成计算，用户可以自行输入或修改计算公式
3	查找替换	超级方便的查找功能，工程通用信息可统一替换
4	自动生成分部、分项表	根据检验批表格自动生成分部、分项表
5	工程表格相互导入	表格可以在不同工程之间相互导入、移动
6	自动编号	自动填写表格编号，对当前模板下已编号的表格，可以重新编号
7	排序	上下移动用来调整客户建立表格的顺序，左右移动可以改变表格的从属关系，随意移动可以把建好的表格随意拖动
8	导入、导出	方便地导入Excel、Word、文本文件和批量导入文件夹，导出pdf文件
9	智能评定	软件根据国家标准或企业标准自动评定检验批质量验收表格的检测值等级，自动添加○和△，标记不合格点值
10	企业标准设置	用户可以修改检验批资料国家标准数据，形成企业标准；软件可自动根据企业标准进行评定
11	表格套打	对于有特殊需要的使用者，提供了表格套打功能
12	工程表格批量打印	表格填写完成后，可以批量打印整个工程表格，也可以按照编制日期进行分批打印；可随意设置是否打印表格、打印表格张数、图章是否打印等
13	电子组卷	做完工程后，软件可对工程数据进行分类组卷
14	盖章、电子签名	可根据当地规定设置盖章、电子签名，并实现电子存档
15	数据自动保存	用户只需把数据填写完成，软件即可自动保存所填的内容；还可以自动备份工程，也可人工备份来确保数据的安全

项目 8　建筑工程资料管理软件

续表

序　号	功　　能	实现效果
16	画图	软件自带画图工具,可以插入不同版本的 CAD 软件,可以直接调入 CAD 画板,还可以截图
17	附件管理	工程中的所有附件可以统一进行管理
18	用户管理	有使用者权限才能访问软件
19	回收站功能	表格删除可以轻松找回
20	在线服务	如果在线,可以进行在线服务,进行在线升级
21	规范自由切换	新版本资料可以同一个软件不同规范之间自由切换,大大方便客户随时调用不同规范的表单,不用同时打开两个程序
22	资料库查找	软件赠送了大量的资料、规程、图样、标准、施工组织、技术交底和安全交底,方便客户随时查看相关资料的电子版

任务 8.2　建筑工程资料管理软件的使用

8.2.1　筑业建筑工程资料管理软件的安装和运行环境

本章以"筑业资料北京版"为例进行讲解。

1. 软件的安装

(1) 把安装光盘放入光驱,打开光盘,选择"工程资料管理软件",双击"筑业资料北京版"后开始安装。

(2) 在弹出的安装界面中,只需单击"立即安装"按钮即可实现一键安装,如图 8-2-1~图 8-2-3 所示。

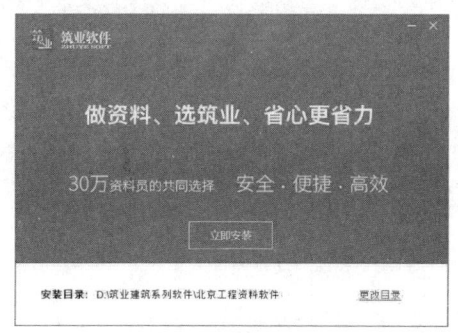

软件的安装

图 8-2-1　筑业建筑工程资料管理软件安装界面 1

图 8-2-2　筑业建筑工程资料管理软件安装界面 2

图 8-2-3　筑业建筑工程资料管理软件安装界面 3

（3）在安装过程中会弹出筑业施工交底软件的安装界面，单击"立即安装"按钮开始安装即可，如图 8-2-4～图 8-2-5 所示。

图 8-2-4　筑业施工交底软件安装界面 1

项目 8　建筑工程资料管理软件

图 8-2-5　筑业施工交底软件安装界面 2

安装完成，单击"立即体验"按钮，可以直接打开软件。

2. 软件的运行环境

该软件可安装运行在普通微机环境下。

硬件环境要求：PC586 或以上，内存 64MB 或以上。

软件环境要求：操作系统为中文 Windows 98/ME/NT/2000/XP，同时兼容 Windows VISTA、Windows 7、Windows 8 和 Windows 10 系统等。

8.2.2　筑业建筑工程资料管理软件的基本操作

1. 主界面及各功能模块

软件安装完成后，在桌面上将生成快捷方式如"筑业资料北京版"。双击桌面图标，即可启动筑业建筑工程资料管理软件。

（1）软件注册。

插上加密锁打开软件，如果出现"资料注册"对话框，则说明用户的资料需要注册；如果没有出现"资料注册"对话框，则说明用户的软件是已注册好的。

注册方法如下。

① 扫微信二维码，关注微信，选择"享服务-我要注册码"，依次填入信息码、姓名、电话，获取软件注册码。

② 单击"资料注册"对话框上方的"加 QQ 获取注册码"进行注册，如图 8-2-6 所示。

（2）账户登录。

第一次打开软件，会提示用户账户登录，这是北京筑业志远软件开发有限公司的通用账户；如果没有账户，可以单击左下角的"账户注册"按钮直接注册一个账户，登录账号后可享受直接下载程序、在线升级、直通网站、获得筑业币等服务。选中"记住密码""自动登录"，下次打开软件就会自动登录，而不会弹出"账户登录"对话框了，如图 8-2-7 所示。

图 8-2-6 "资料注册"对话框

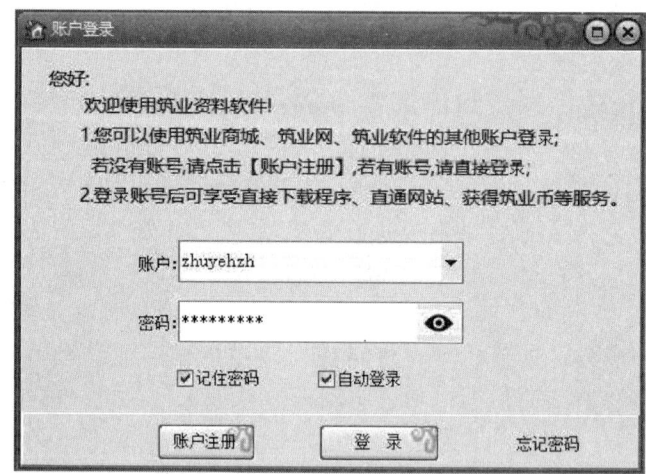

图 8-2-7 "账户登录"对话框

可直接关闭"账户登录"对话框，不会影响软件基本功能的使用。

(3) 在线升级。

目前该软件最新版的程序已有在线升级功能，当有软件升级时，打开软件会自动弹出系统提示（图 8-2-8），提示发现升级文件，询问是否升级，单击"是"按钮会弹出"升级程序"界面（图 8-2-9），选择升级的下载方式，按提示操作就可以升级为最新的软件了。如果没有登录注册账号，请登录注册账户，没有注册账户的用户可以免费单击"账户注册"按钮，进行注册即可。

项目 **8** 建筑工程资料管理软件

图 8-2-8 "工程向导"对话框

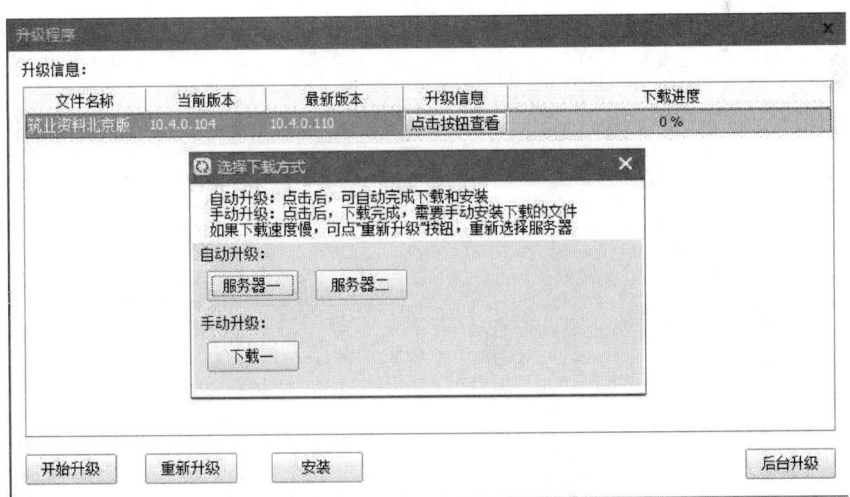

图 8-2-9 "升级程序"界面

（4）软件主界面。

图 8-2-10 所示为软件主界面。打开软件后，主界面上会自动弹出"工程向导"对话框（图 8-2-11），第一次使用时只需要在"工程名称"栏输入即可，"近期打开的文件"为最近几次打开过的工程文件。

建筑工程资料管理

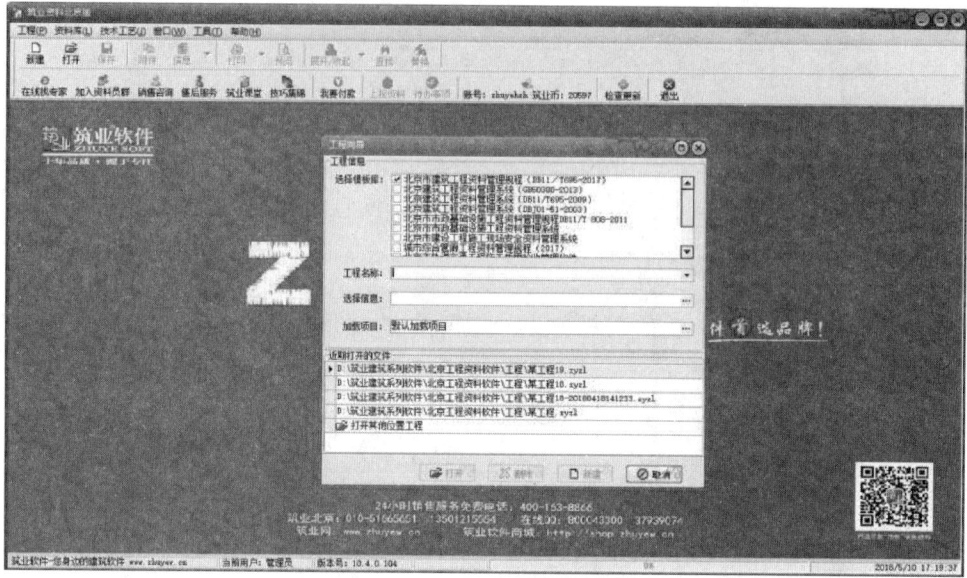

图 8-2-10 软件主界面

2. 新建工程

图 8-2-11 所示为单击"新建工程"选项后弹出的"工程向导"对话框。

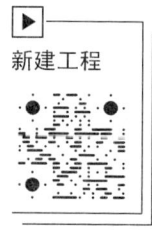
新建工程

图 8-2-11 "工程向导"对话框

选择相应的类型,在"工程名称"位置输入新建工程的名称,然后单击"新建"按钮,即可新建工程。

单击"新建"按钮后会有初始化操作,请耐心等待。软件初始化操作完毕后会弹出"设置-工程信息"窗口,在页面中可输入工程信息,包括工程项目名称、单位(子单位)

工程名称、施工标准及编号、建筑结构类型、工程地址（建设地点）等，如图 8-2-12 所示。

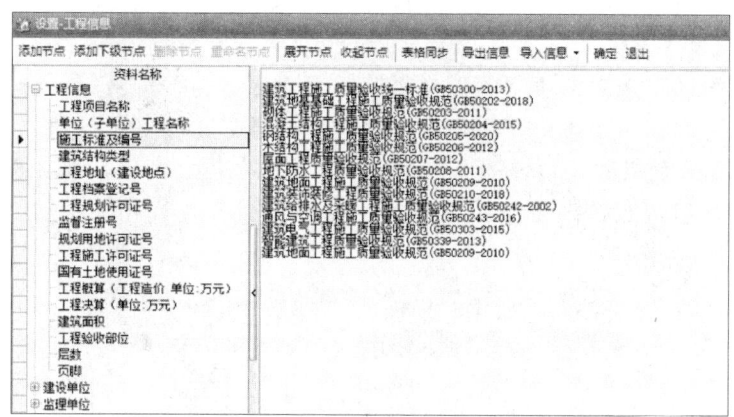

图 8-2-12 "设置-工程信息"窗口

一份规范的建筑工程资料，在填写工程基本信息时应注意以下几点。

① 工程信息必须填写正确、完整。

② 在同一项中有多条内容时，可按 Enter 键换行加入这些内容。

③ 在填写完工程信息退出后，若需要再次编辑，可选择"系统维护"菜单下的"工程信息"项或单击工具栏中的"信息"按钮对工程信息进行再次修改。"工程信息"修改完成后，可单击"表格同步"按钮更新表格中错误的工程信息。

"工程信息"中主要包括"工程基本信息"和"相关单位信息"，这些信息都是填写表格时所必需的，可在以后新建表格时将用户所填的信息自动导入表格中。因此，完整、规范地输入这些信息，可极大地提高填表效率。

3. 资料编辑

用户填完工程信息后，即进入编辑操作界面，如图 8-2-13 所示。

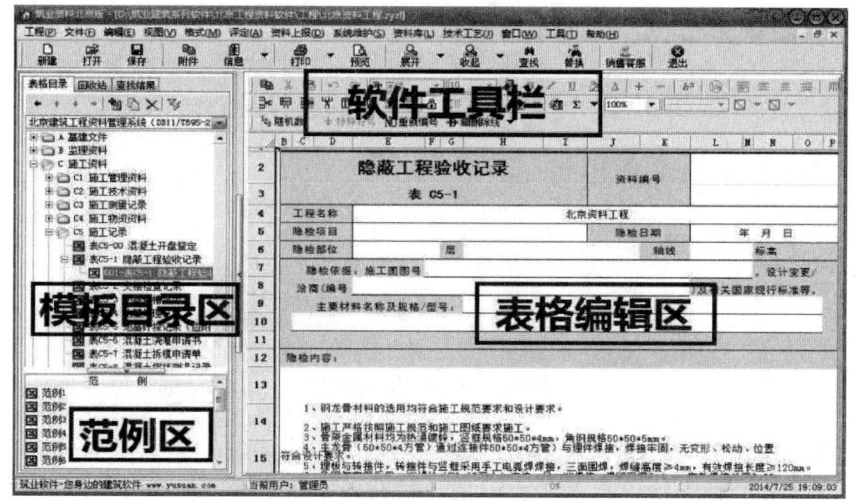

图 8-2-13 编辑操作界面

(1) 模板目录区：软件自带标准模板，分别按"工程资料管理规程"和"组卷目录"排序，用于显示软件自带的资料表格模板。

注意：软件自带的标准模板不允许删除，只有在新建表格之后，才能对其进行填写、编辑等处理操作。

(2) 表格编辑区：是表格填写的工作区域，用于显示和编辑当前所选表格的内容。

(3) 软件工具栏：用于集中显示与表格填写、编辑有关的工具按钮。新版资料管理软件还给使用者增加了资料库，包含施工方案、施工工法与施工工艺、施工验收规范、图库、应急预案、资料管理规程、施工组织设计等，方便使用者查找相关资料，如图 8-2-14 所示。

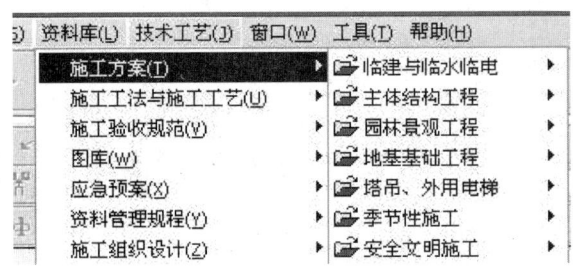

图 8-2-14 软件工具栏

(4) 范例区：此功能供用户填写表格示例参考。可直接导出范例表格到软件目录对应表下进行编辑修改。

下面将按照表格填写的常规步骤，介绍相关的详细操作。

(1) 浏览模板目录。

该软件模板目录如图 8-2-15 所示。

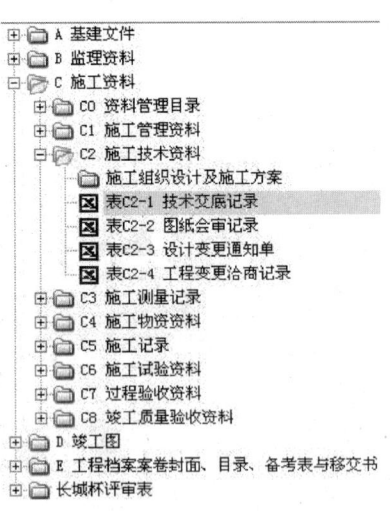

图 8-2-15 模板目录

图中呈现了资料管理软件自带的表格模板目录。想要查找一种表格时，首先要确认表格所属编制单位（基建文件、监理资料、施工资料等）并找到相应的目录，然后展开该级目录进行查找，单击"＋"即可展开模板目录。例如可从中选择"表 C2-1 技术交底记录"的表格模板,所选的表格将在用户表格编辑区中显示,这样就完成了对表格模板的选择。

(2) 新建与删除表格。

① 新建表格:在模板目录中查找或通过工具栏的"查找"按钮查找实际工程所需要的表格,然后右击选择"新建表格"或在所需的表格模板上双击,即可新建表格,如图 8-2-16 所示。

新建表格

在弹出的"新建表格"对话框中可修改默认的表格名称,如图 8-2-17 所示。

图 8-2-16 "新建表格"菜单

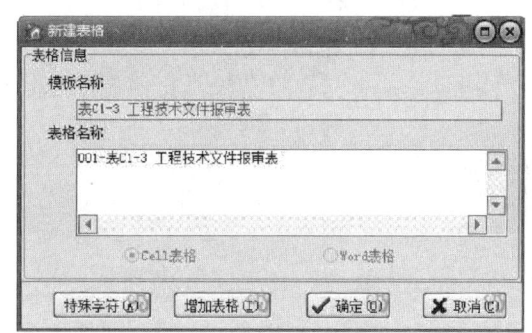

图 8-2-17 "新建表格"对话框

注意:用户可在"表格名称"栏中修改表格的名称,还可以选择新建表格的数量;但模板名称是软件默认的,不允许修改。

② 删除表格:在新建表格完成后,因为各种原因可能需要将其删除,这时可在需要删除的表格上右击选择"删除表格",如图 8-2-18 所示。

在如图 8-2-19 所示的"系统提示"对话框中选择"是",表格将被删除到软件的回收站中(注意并不是操作系统的回收站中),选择"否"则不删除,如图 8-2-19 所示。

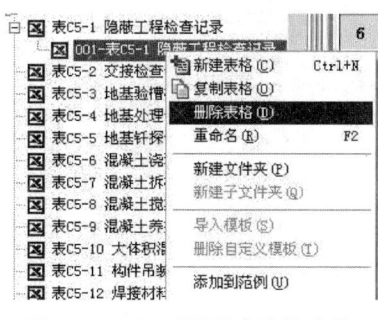

图 8-2-18 "删除表格"菜单

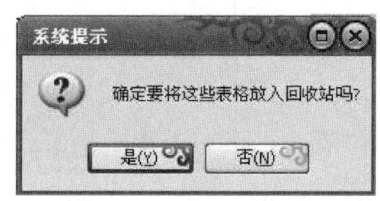

图 8-2-19 "系统提示"对话框

表格删除后将寄存在软件的回收站中,在这里可以通过右击相关目录选择"清空回收站""还原表格""删除表格"等操作。"回收站"选项卡如图 8-2-20 所示。

注意:将软件回收站中的表格再次删除后,表格将彻底不可恢复。

图 8-2-20 "回收站"选项卡

(3) 填写表格。

完成了新建表格的基本操作后,接下来就是如何填写表格了。该软件提供了多种方便、快捷的表格填写功能,如自动导入表头信息、智能填充、自动评定、自动计算、汇总、自动生成统计表等。

下面详细介绍填写表格的操作方法。

① 填写工程基本信息:新建表格后,软件自动将用户设置的工程基本信息和相关单位信息导入该表格中,如工程名称、分部(子分部)工程名称、施工单位等。如果表格中某个栏目的信息存在多种选择(如工程中存在两个分包单位),则可双击该单元格,从弹出的对话框中进行选择,如图8-2-21所示。

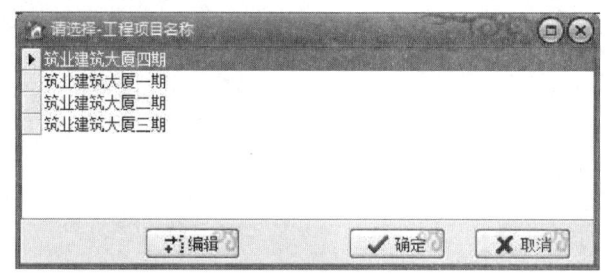

图 8-2-21 "请选择-工程项目名称"对话框

根据实际工程数据可修改自动导入的表头信息。单击对话框中的"编辑"按钮进入编辑框,输入实际数据,然后退出,再双击该单元格弹出多项选择。

该软件还提供了工程信息表格同步功能,可以很方便地完成统一修改,替换自动填表的内容。直接在工程信息里把相应节点下的第一条信息修改后,单击工具栏的"表格同步"按钮,会自动弹出"提示"对话框,单击"是"按钮就可以同步更新工程信息了,如图8-2-22所示。

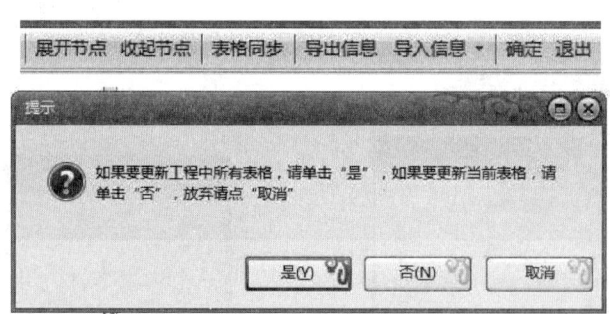

图 8-2-22 "提示"对话框

② 填写评定结果:检验批表格的评定结果部分,包括"施工单位检查评定结果"和"监理(建设)验收结论"两个栏目。该软件对这两个栏目的评语做了规范化处理,列出了常用评语,实际填写时一般只需从中选择即可。当然,也可以根据工程实际情况直接输入自己的评语。

该软件新增加和优化的评定功能:混凝土评定标准改成了现行标准,并可以考虑同条件养护的1.1系数问题;如果一张表格的某项评定单元格不够用,则可以在附表中进行评定；表格评定时，可以对不同的分部工程根据主控项目和一般项目进行评定。

③ 添加相关资料：在进行表格整理时，有时候需要将一些其他资料（如复印件）作为附件与表格一起收集整理，针对这种情况，该软件提供了附件管理功能来添加附件。

具体操作步骤如下。

首先将这些作为附件的资料（如通过扫描）保存为电子文件，然后单击工具栏的"附件"按钮，会弹出"附件管理"窗口，如图 8-2-23 所示。

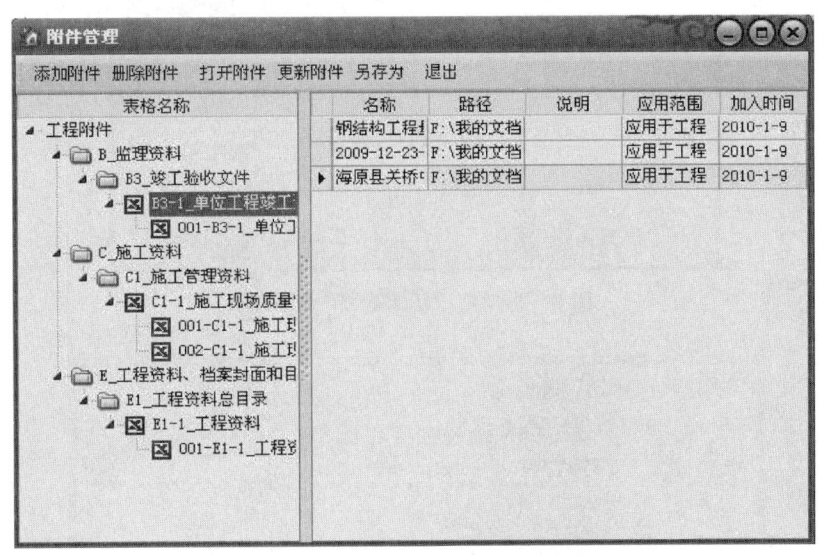

图 8-2-23 "附件管理"窗口

添加相关资料时，选择要添加附件的表格，然后单击"添加附件"按钮，在弹出的窗口中选择所要添加的附件，并对调入后的电子文件加上标题和简要说明。

查看已添加的附件时，只要单击"附件"按钮，在弹出的"附件管理"窗口就能查看到。

（4）分部分项表格自动生成。

以下通过填写检验批表格的流水方式介绍分部分项功能的使用。该软件可根据检验批表格自动生成分项表格，由分项表格生成子分部表格，再由子分部表格生成分部表格的汇总。具体的使用方法如下。

① 首先新建一张检验批表格，如以建筑工程施工质量验收表格库中主体结构的模板工程为例。

② 在左边的目录树中找到模板工程检验批表格，右击选择"新建表格"，会弹出"新建表格"对话框，如图 8-2-24 所示。

③ 在"新建表格"对话框中输入验收部位名称，按 Enter 键可以输入多个部位名称，这样可以新建多张不同部位的表格。选中"自动填充随机数"，然后单击"确定"按钮。所有检验批表格填写完成后，单击"分部分项"按钮，会自动生成分级显示的表格目录，如图 8-2-25 所示。

④ 软件将自动生成两张表格，由上到下依次为分部表格、分项表格。软件将根据检验批表格的验收部位、评定结果，自动生成分项工程质量验收记录，如图 8-2-26 所示。

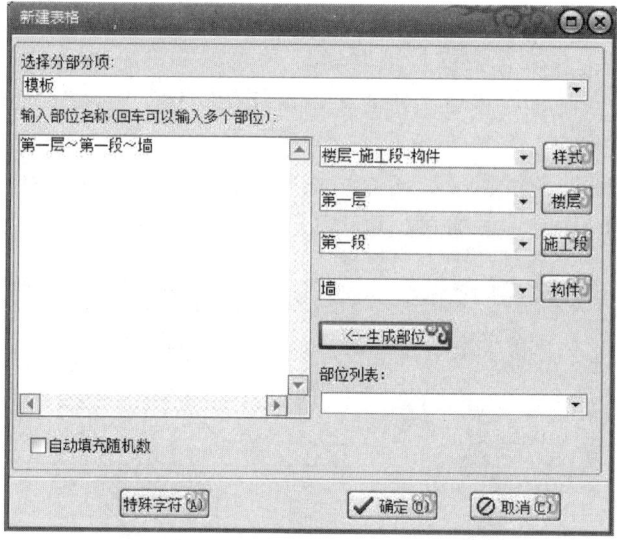

图 8-2-24 "新建表格"对话框

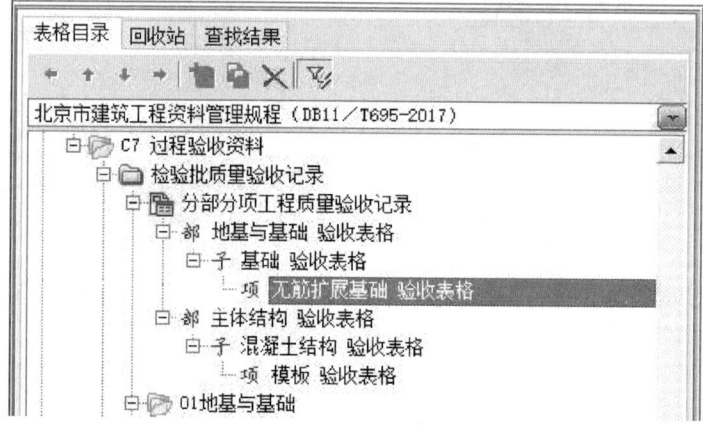

图 8-2-25 分级显示的表格目录

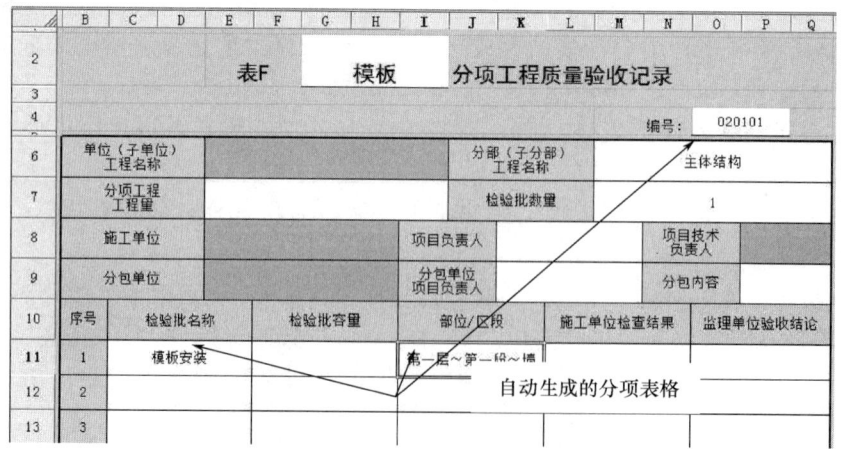

图 8-2-26 分项工程质量验收记录

自动生成的分部工程质量验收记录如图 8-2-27 所示。

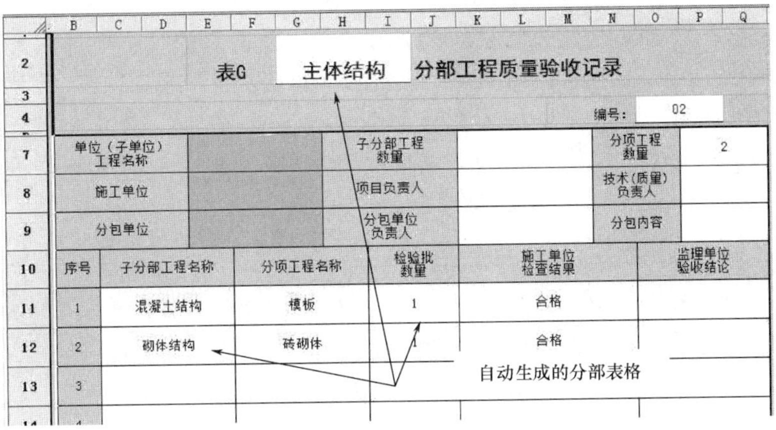

图 8-2-27 分部工程质量验收记录

图 8-2-27 中箭头所指部位为软件自动汇总填写的内容。

（5）常用操作与技巧。

① 工具栏介绍。

下面简要介绍主要的工具栏，如通用工具栏、格式工具栏、表格常用工具栏。

通用工具栏如图 8-2-28 所示。

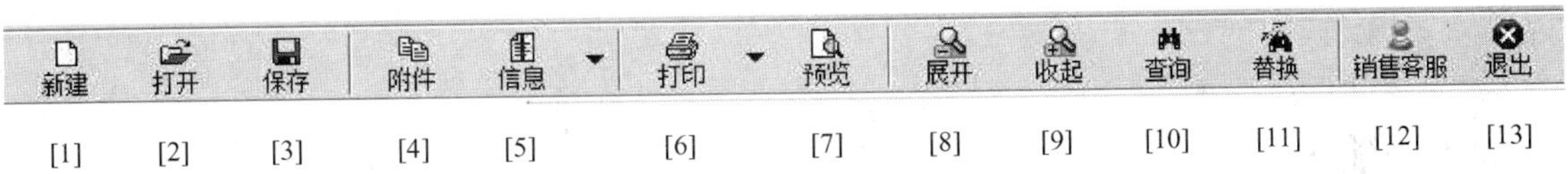

图 8-2-28 通用工具栏

工具栏主要是为了操作方便而设置的，其按钮在主菜单的命令中都有对应。图中各按钮功能如下。

[1] 新建工程文件。

[2] 打开工程文件。

[3] 保存工程文件。

[4] 以附件形式添加工程附加的文件。

[5] 填写工程信息、通用信息、系统信息。

[6] 打印，单击下三角按钮可引出更多自定义打印选项。

[7] 预览。

[8] 展开目录。

[9] 收起目录。

[10] 通过表格名称或编号查询。

[11] 替换表格内容。

[12] 联系销售客服。

[13] 退出工程文件。

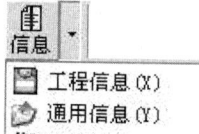

图 8-2-29　"信息"按钮

其中"信息"按钮是为了方便用户在填写表格的过程中，查看、编辑或增加工程的相关信息而设置的。该按钮下拉有"工程信息""通用信息""系统信息"三个选项，如图 8-2-29 所示。

常用工具栏如图 8-2-30 所示。该工具栏主要是对当前所编辑表格内容进行一些常用设置，如表格的字体样式、大小、对齐方式等。

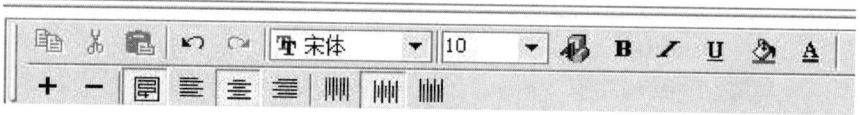

图 8-2-30　常用工具栏

单击"视图"菜单下的"格式工具栏"即可显示"格式工具栏"，如图 8-2-31 所示。

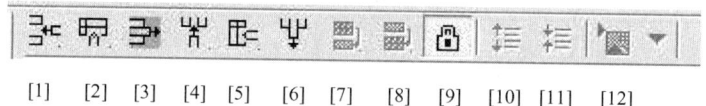

图 8-2-31　格式工具栏

图中各按钮功能如下。

［1］插入列。

［2］追加行。

［3］删除行。

［4］插入列。

［5］追加列。

［6］删除列。

［7］组合单元格。

［8］取消组合单元格。

［9］单元格解锁/锁定。

［10］放大单元格行间距。

［11］缩小单元格行间距。

［12］导入图片。

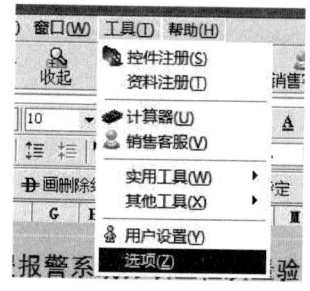

图 8-2-32　工具菜单栏

格式工具栏的主要功能是对用户表格的一些单元格进行设置，如插入或删除行、列，表格的画线、抹线，属性的一般设置等。

② 工具选项。

单击工具菜单栏（图 8-2-32）下的"选项"命令，会弹出"设置"对话框，如图 8-2-33 所示。

在"设置"对话框中可以对工程历史记录数量、自动备份文件保存数量、新建工程和组卷文件默认存放路径、截屏和随机数填充快捷键等进行修改设置，大大提高了工作效率。

③ 随机数选项设置。

如图8-2-34所示，单击"系统维护"菜单下的"设置"→"工程设置"→"随机数选项设置"等命令会弹出"设置"对话框（图8-2-35），在"设置"对话框中可以对评定标准、默认填充范围等进行灵活的设置。如果有小数，还可以设置保留小数位数。另外软件还提供对合格点数百分比进行自定义设置，方便对准确率的控制，如对填充随机数时正值前面是否填入"+"号、新建检验批类表格时是否自动填充随机数、填充值是否折行显示都可以设置。这些功能可极大地加快填表速度和数值准确率。

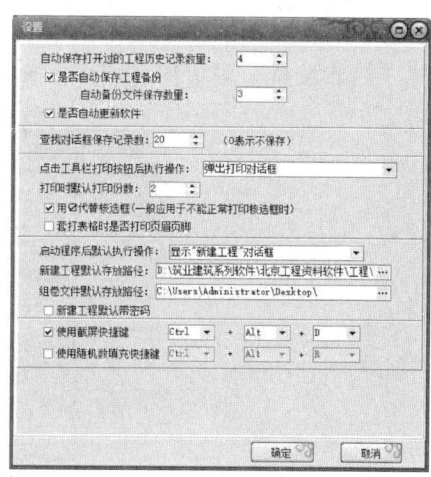

图8-2-33 "设置"对话框

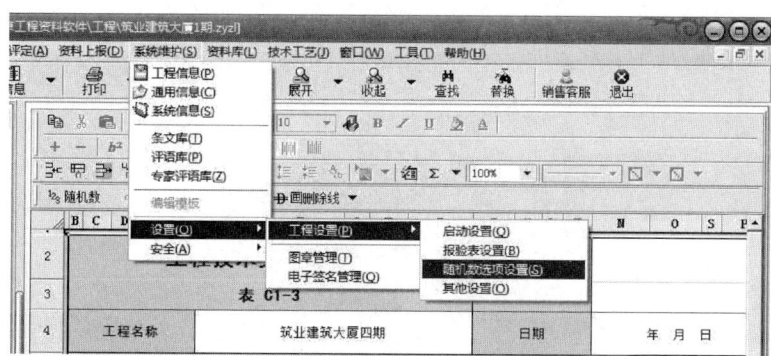

图8-2-34 "设置"菜单

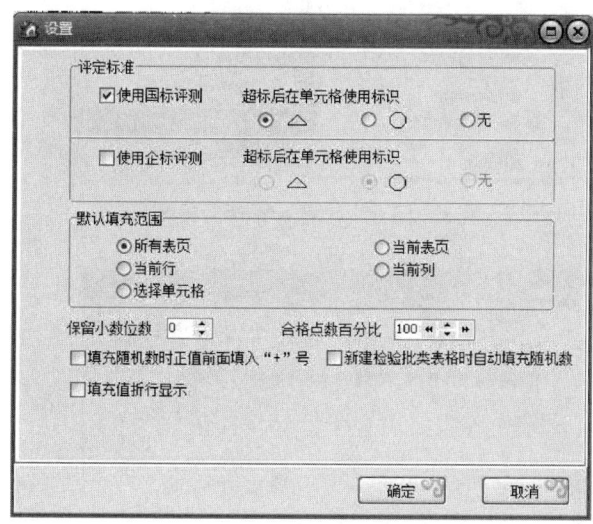

图8-2-35 "设置"对话框

选中需要设置评定范围的单元格，右击选择"设置评定标准"，会弹出如图 8-2-36 所示的"标准设置"对话框，即可对标准及其上下限进行设置。

图 8-2-36 "标准设置"对话框

④ 文件导入、导出。

a. 导入 Excel 文件：选择要导入的 Excel 文件的文件夹或模板，如图 8-2-37 所示，右击文件夹或模板选择"导入文件"→"Excel 文件"，会弹出"读入 Excel 文件"对话框（图 8-2-38）。

导入、导出
电子表格

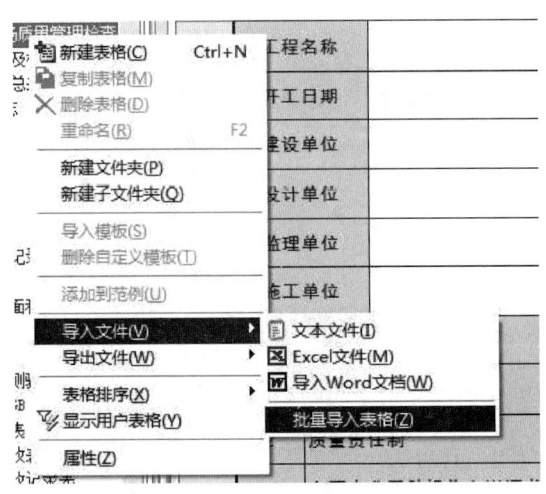

图 8-2-37 "导入文件"菜单栏

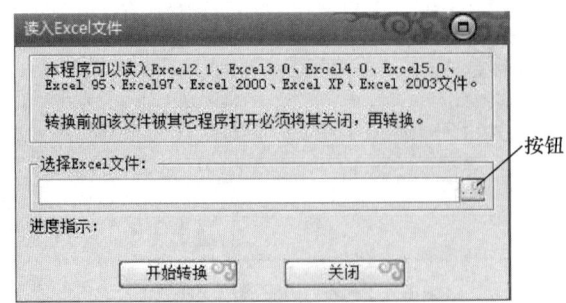

图 8-2-38 "读入 Excel 文件"对话框

在弹出的对话框中单击"…"按钮,会弹出"选择 Excel 文件"对话框,如图 8-2-39 所示。

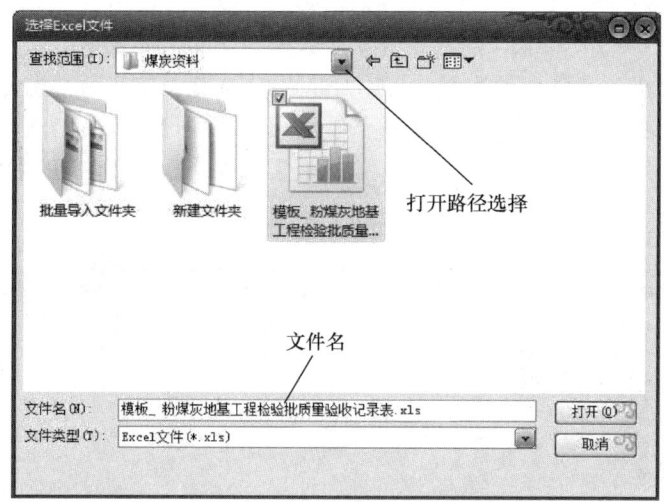

图 8-2-39 "选择 Excel 文件"对话框

在图 8-2-39 所示的对话框中选择所要导入的文件,单击"打开"按钮返回"读入 Excel 文件"对话框,单击"开始转换"按钮,将表格导入当前目录下,名为"导入表格"即可。

b. 导入文本文件:选择要导入文本文件的文件夹,右击文件夹选择"导入文件"→"导入文本文件",会弹出"读入文本文件"对话框,如图 8-2-40 所示。

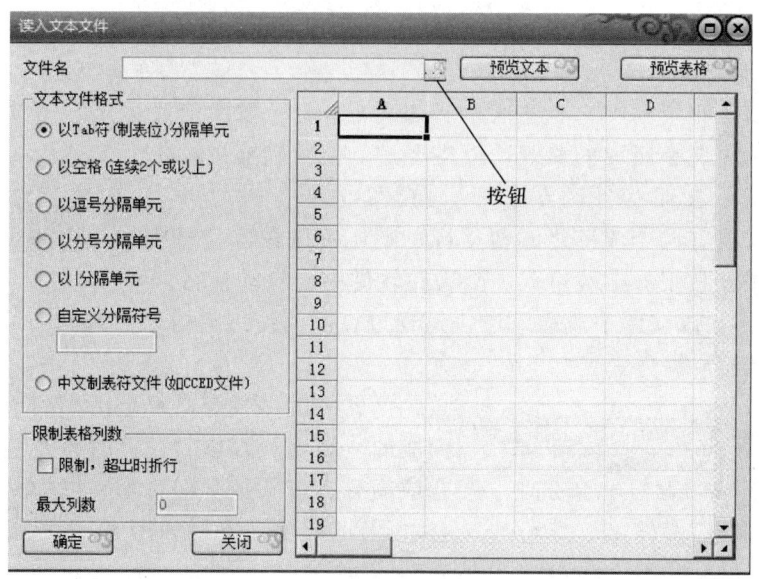

图 8-2-40 "读入文本文件"对话框

单击"…"按钮,在弹出的对话框中选择所要导入的文件,单击"打开"按钮返回"读入文本文件"对话框,然后根据所需的样式选择相应的文本显示样式及预览样式,单击"确定"按钮即可。

c. 导入 Word 文档：方法跟导入 Excel 表格一样。

d. 批量导入表格：软件新增加了批量导入表格的功能，方便用户实现统一导入。右击选择"批量导入表格"后会弹出"浏览文件夹"窗口，找到相应的文件夹单击"确定"按钮，在目录下就会增加一个文件夹，文件夹里的 Excel 表格和 Word 表格就能批量一次性导入软件中。

e. 导出文件：该软件中的表格可以输出生成 pdf 文件，方法是选择要导出生成 pdf 文件的表格，右击选择"导出文件"→"导出 pdf 文件"，将弹出"导出到 pdf 文件"对话框，在其中进行选择并保存即可，如图 8-2-41 所示。

图 8-2-41 "导出到 pdf 文件"对话框

⑤ 换行和缩进。

在实际建筑工程资料中，有些表格（如表 C2-1 技术交底记录）需要输入大量的文本数据，这时为了文字版面的美观，就需要进行换行和缩进操作。

a. 换行操作：按住 Ctrl 键再按 Enter 键即可。

注意：如果要在两个段落之间留空行，则还应该在该空行中加一个 Space 键；如果是整段数据，请不要按 Enter 键换行，因为在软件中会自动换行。

b. 缩进操作：该软件中段前缩进，是通过在段前使用空格来实现的。

⑥ 单元格组合/拆分。

图 8-2-42 单元格组合/拆分的操作工具栏

该软件中每张表格都是由小的单元格经过组合而成的，在填写表格时，有时需要将单元格进行组合或拆分，以满足实际填写表格的需要。单元格组合/拆分的操作工具栏如图 8-2-42 所示。

a. 单元格组合：单击"视图"→"格式工具栏"，打开单元格格式的设置工具栏，如图 8-2-42 所示。进行单元格组合的操作很简单，首先选中要进行组合的"连续单元格"（最少两个），然后单击工具栏中的"组合单元格"按钮，即可将所选单元格组合为一个大的单元格，如图 8-2-43 所示。

图 8-2-43 单元格组合示意图

b. 单元格拆分：单元格拆分与单元格组合的操作相反。选中要拆分的单元格，然后单击工具栏上的"取消单元格组合"按钮，即可将所选单元格拆分为若干个小的单元格。

⑦ 插入 Windows 特殊符号/工程专用特殊符号。

在填写资料表格时，往往会遇见特殊符号的填充问题。虽然有些输入法中也提供这些特殊符号，但仅提供了一般常见的符号。为了方便用户，该软件将较多的特殊符号汇集在一起，如 Windows 特殊符号、工程专用特殊符号，供用户选择使用。

若需插入特殊符号，首先单击要插入特殊符号的单元格，然后选择"编辑"→"插入特殊符号"→"插入工程专用符号"，会弹出"建筑常用评语及特殊符号"对话框，如图 8-2-44 所示。

图 8-2-44 "建筑常用评语及特殊符号"对话框

该对话框提供了软件自带的工具类特殊符号，从中选择所需特殊符号并单击"插入"按钮，即可将所选特殊符号插入相应的单元格中。

"插入特殊符号"对话框由多个选项卡组成，包括单位符号、标点符号、数字序号、特殊符号、拼音符号、数学符号。只需在相应卡片中选中所需特殊符号，单击"确定"按钮，即可将所选特殊符号插入单元格中，如图 8-2-45 所示。

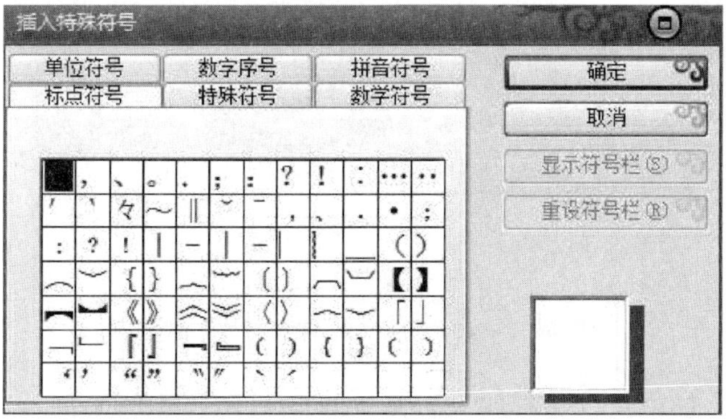

图 8-2-45 "插入特殊符号"对话框

⑧ 画斜线"/"。

进行表格填写时，有时候根据实际工程数据需要在单元格中画斜线"/"，该软件提供了方便的画斜线"/"的功能。操作时，选中要画斜线的单元格，如画右斜线，则单击工具栏上的"画右斜线"按钮，即可将所选单元格画出右斜线，如图8-2-46所示。有时为了表格的美观，也可以用键盘中的"/"来替代右斜线。图8-2-47所示为在单元格中画的左右斜线。

图 8-2-46 画斜线菜单

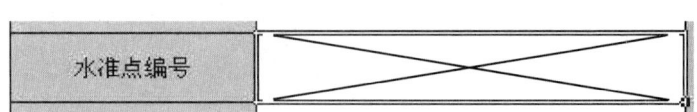

图 8-2-47 左右斜线

⑨ 插入图片/清除图片。

有些表格按照要求需要在单元格中插入图片（如表C3-1 工程定位测量记录），该软件可以十分方便地将图片插入单元格中，并且在插入图片的同时还可以输入说明性文字（在仅使用图片无法清楚表达问题的情况下，就需要在插入图片的同时还输入说明性的文字）。其操作命令如图8-2-48所示。

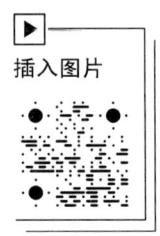

图 8-2-48 "从文件导入图片"菜单

在单元格中插入图片的方法有四种：从文件导入图片、绘制图片、直接复制CAD图到绘图工具和截屏插入图片。插入背景是供各地方要求带水印背景图而设置的。

a. 从文件插入图片：选中要插入图片的单元格，单击"格式"→"插入图片"（或右击选择"插入图片"）→"从文件导入图片"，会弹出"插入图片"对话框，如图 8-2-49 所示。

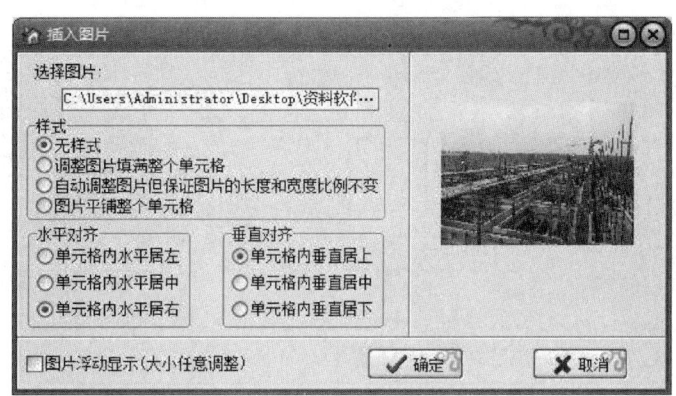

图 8-2-49 "插入图片"对话框

从弹出的对话框中选择要插入的图片（该图片最好为 jpg 格式），单击"打开"按钮即可将该图片导入"插入图片"框中。

在"插入图片"对话框中可设置图片效果，如选中"图片浮动显示（大小任意调整）"，则插入的图片在表格中可以任意调整大小；单击"确定"按钮，即可将图片插入表格中。

b. 绘制图片：选中要插入图片的单元格，单击"格式"→"插入图片"（或右击选择"插入图片"）→"绘制图片"，会弹出"筑业绘图工具"窗口，可以在其中使用软件自带的画图控件绘制图片；绘制完成后关闭绘图工具，在弹出的"是否将图形保存并更新"提示框中选择"是"，就可以自动将绘制好的图片插入当前单元格中，如图 8-2-50～图 8-2-51 所示。

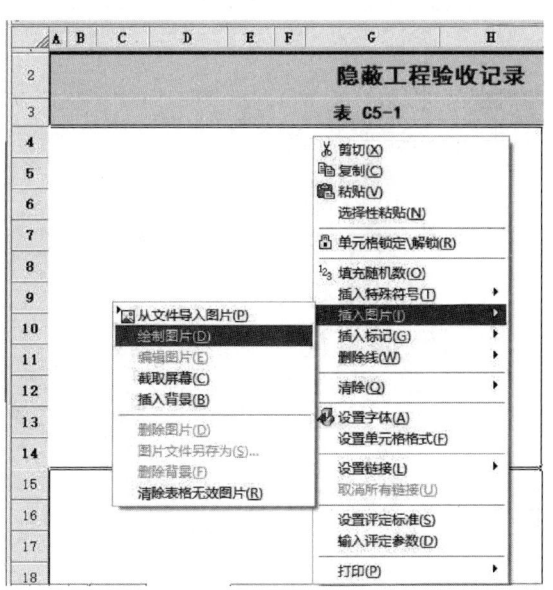

图 8-2-50 "绘制图片"菜单

建筑工程资料管理

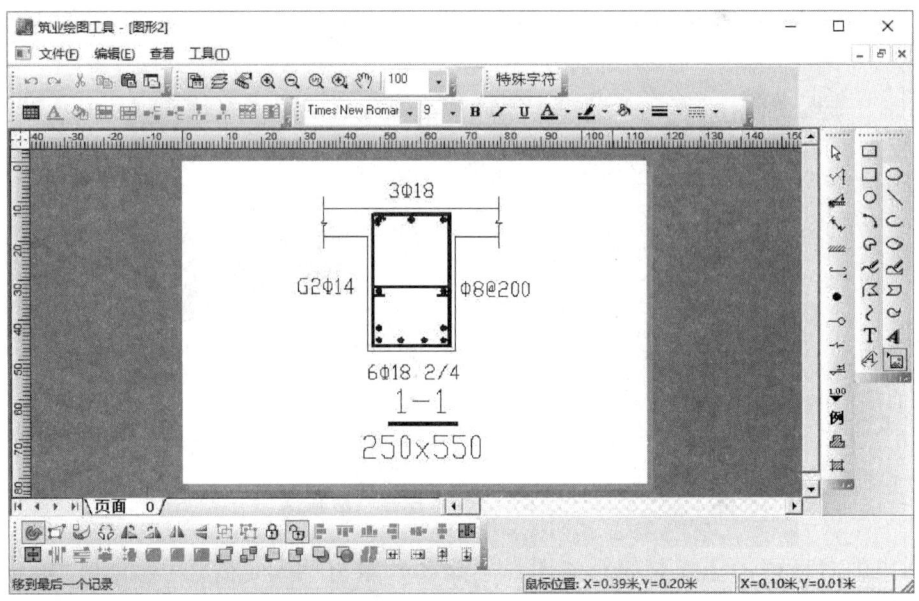

图 8-2-51 "筑业绘图工具"窗口

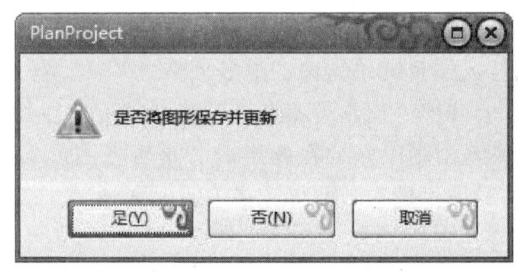

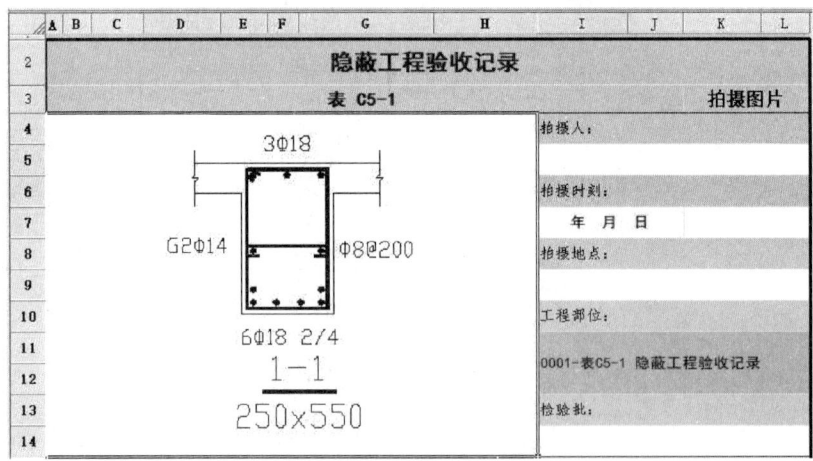

图 8-2-52 图片插入文件

c. 直接复制 CAD 图到绘图工具：用户如果有自己画好的 CAD 图需要插入表格中，可以直接打开 CAD 图，选中需要添加到表格中的内容，右击选择"复制"，如图 8-2-53 所示。

项目 **8** 建筑工程资料管理软件

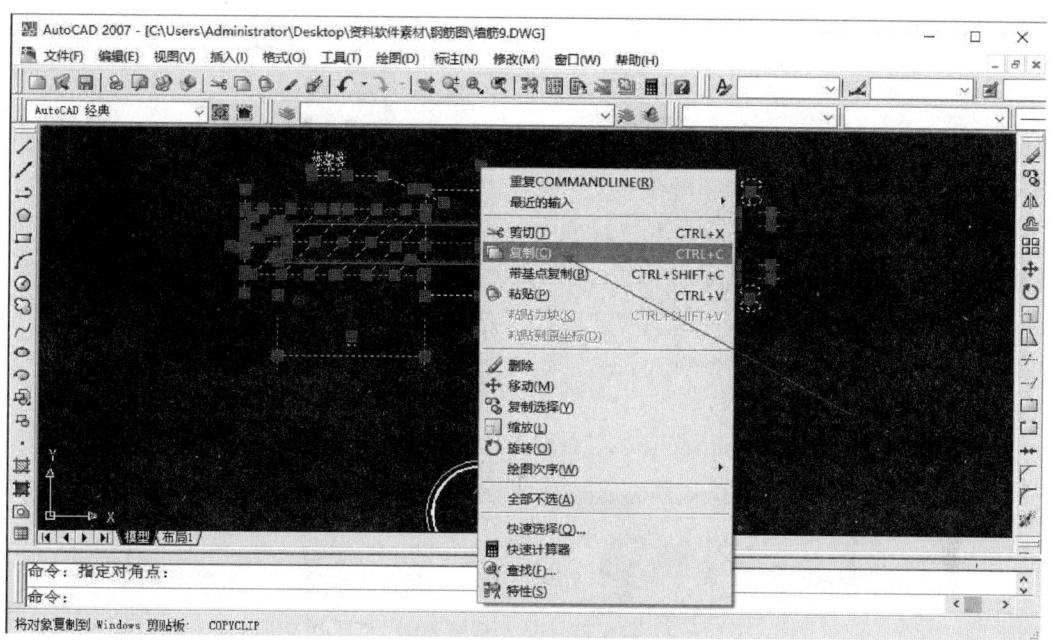

图 8-2-53 复制 CAD 图

然后打开该软件的绘图工具，直接在绘图区右击选择粘贴，就可以把 CAD 图复制到绘图工具中了，然后可以按前述方法将其插入单元格，并可以调整大小、位置并添加文字和图形等，这样极大地方便了使用者处理 CAD 图插入的问题，如图 8-2-54～图 8-2-56 所示。

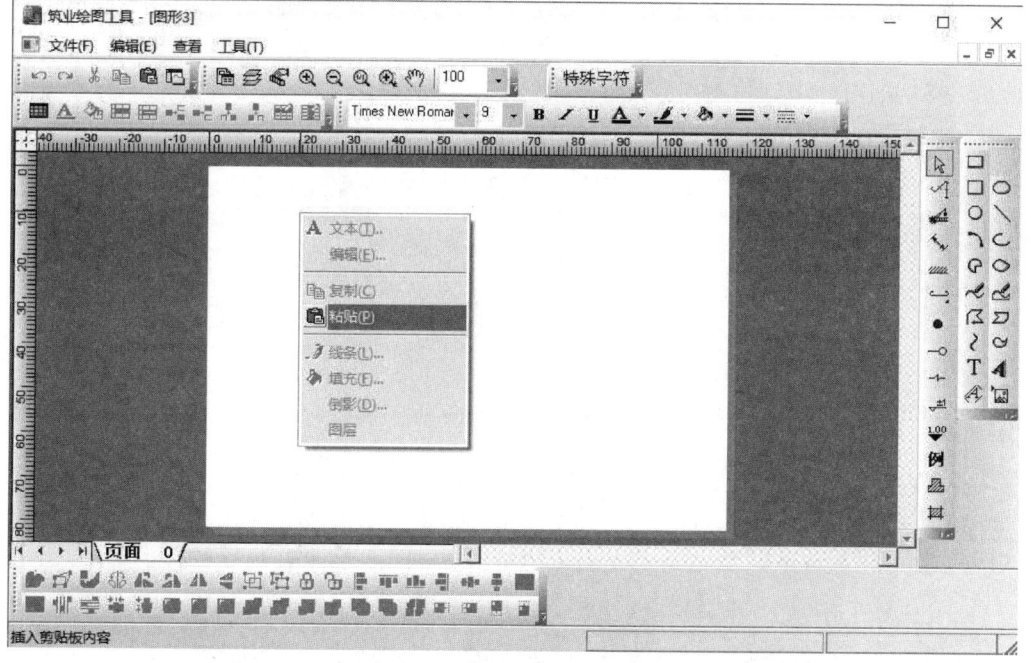

图 8-2-54 粘贴 CAD 图

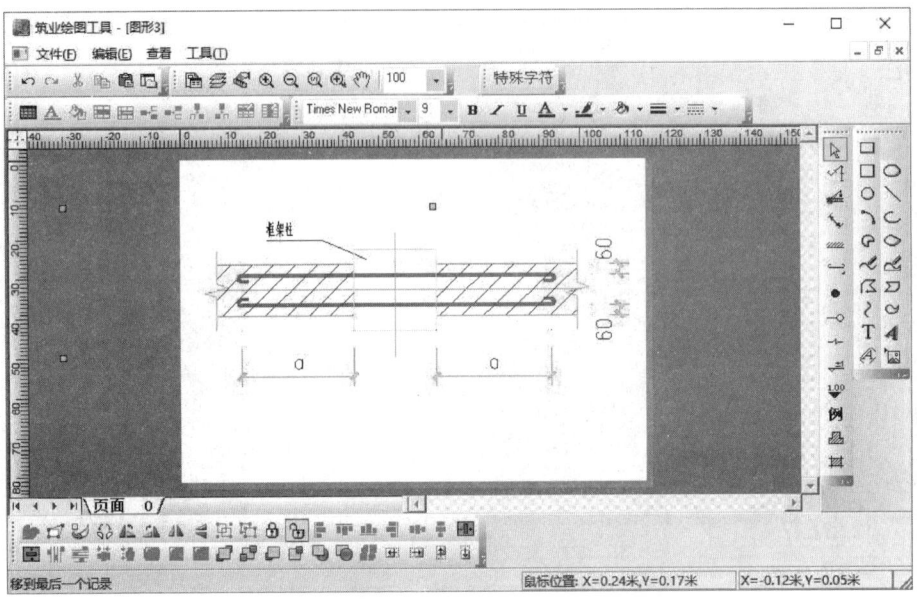

图8-2-55 粘贴完成

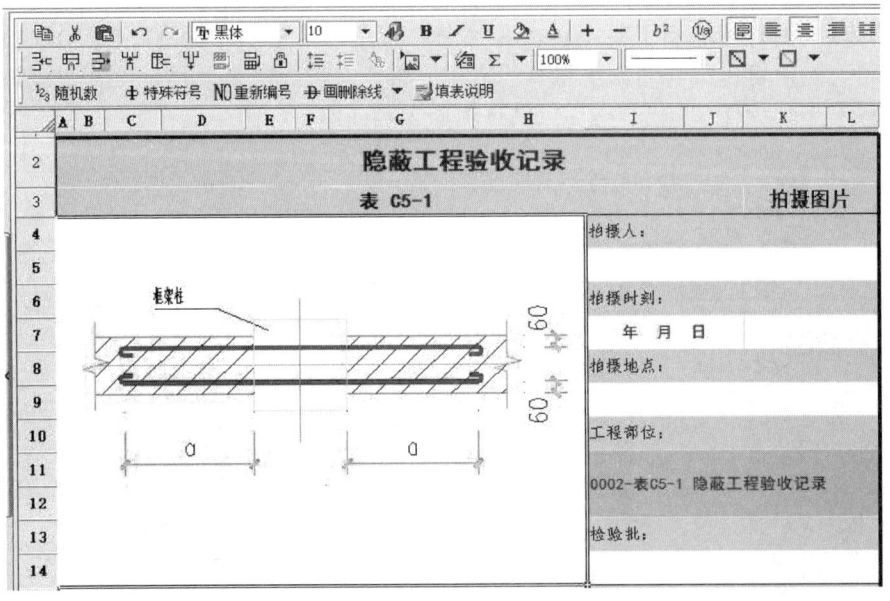

图8-2-56 图片插入文件

d. 截屏插入图片：选中要插入图片的单元格，单击"编辑"→"插入图片"（或右击选择"插入图片"）→"截取屏幕"，在计算机右下角将出现如图8-2-57所示的提示内容。

图8-2-57 截取屏幕

同时按下 Ctrl＋Alt＋D 键后将出现如图 8-2-58 所示的截屏窗口。

捕捉到的图片双击后，就可以将图片插入单元格中。

e. 插入背景图片：在表格中任意选中单元格，单击"格式"→"插入图片"（或右击选择"插入图片"）→"插入背景"，会弹出"插入图片"对话框，如图 8-2-59 所示。

图 8-2-58　截屏窗口

图 8-2-59　"插入图片"对话框

选择要作为背景的图片后，设置放置形式及范围，单击"确定"按钮，就可以将所选的图片作为表格的背景了（此功能一般用于添加各地需要的水印背景图）。

f. 清除图片/清除背景：选择已经插入图片的单元格，右击选择"插入图片"→"删除图片"或"删除背景"，即可清除该单元格中的图片、表格背景或无效图片，如图 8-2-60 所示。

g. 图片文件的另存和打开：选择已经插入图片的单元格，右击选择"插入图片"→"图片文件的另存为"，即可将其存为 zyf 格式的筑业图形文件，可以在绘图工具里直接打开再编辑使用，如图 8-2-61～图 8-2-62 所示。

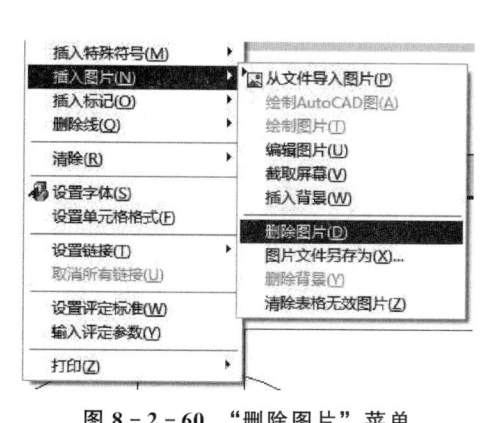

图 8-2-60　"删除图片"菜单

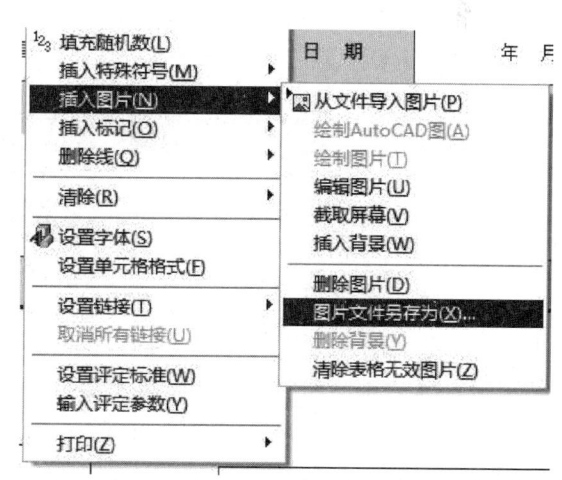

图 8-2-61　"图片文件另存为"菜单

⑩ 调整文字/图片位置。

为了表格的美观，可以调整文字和图片位置。调整文字和图片位置的操作比较简单，使用工具栏上的字体格式和对齐方式按钮便可设置。

a. 调整文字的对齐方式：选择要调整文字位置的单元格，单击工具栏上的对齐按钮即可，如图 8-2-63 所示。

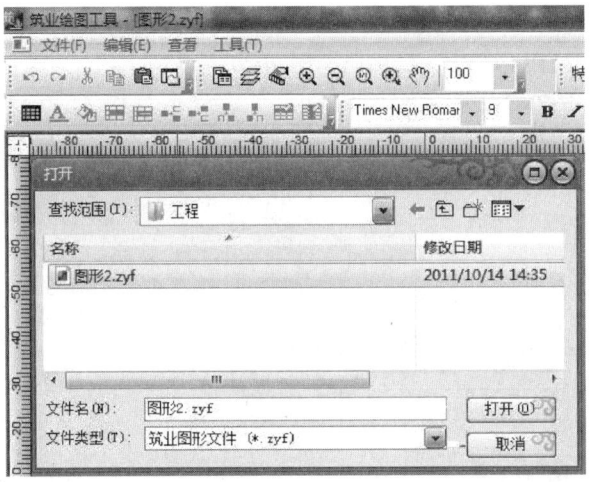

图 8-2-62 打开图片

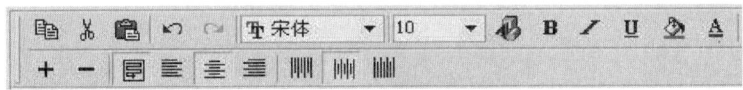

图 8-2-63 工具栏对齐按钮

b. 调整图片位置：选择要调整图片位置的单元格，右击选择"单元格格式"项，将弹出"单元格属性"对话框，在该对话框中选择"对齐"选项卡，如图 8-2-64 所示。根据需要选择相应的图片对齐方式，然后单击"确定"按钮即可。

c. 调整字体：单击工具栏上的"设置字体"按钮或右击选择"设置字体"，如图 8-2-65 所示。设置完成后单击"确定"按钮，会弹出如图 8-2-66 所示的"确认字体修改"对话框。根据需要在其中选择后，单击"确定"按钮即可以灵活调整字体。

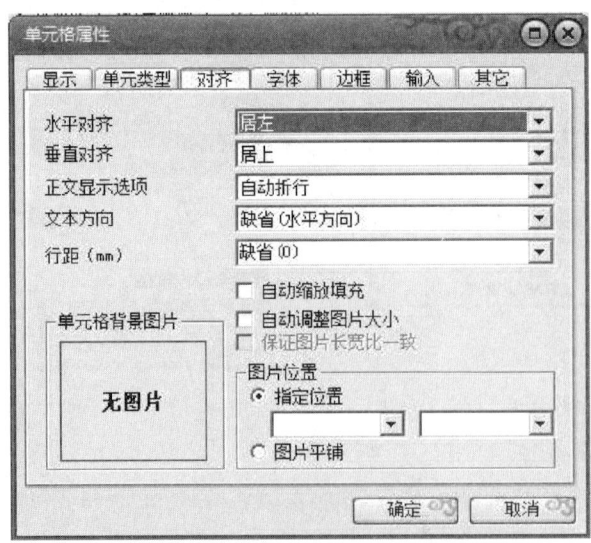

图 8-2-64 "单元格属性"对话框

⑪ 调整行高和列宽。

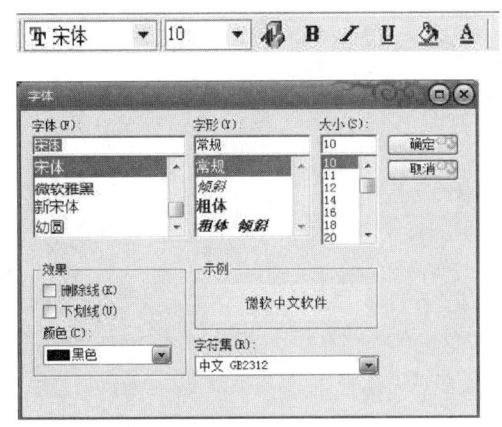

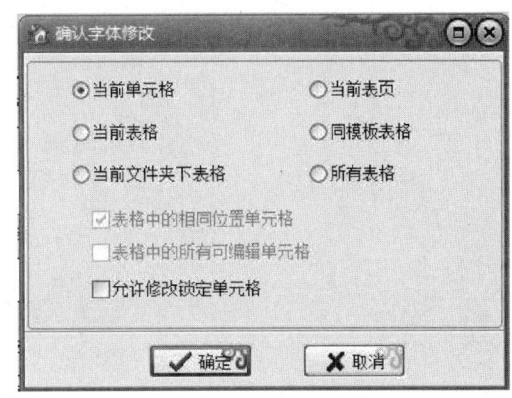

图 8-2-65 "字体"对话框　　　　图 8-2-66 "确认字体修改"对话框

实际填写资料时，有些表格中的单元格需要根据实际填写的内容调整行高和列宽。具体操作时，首先选择要调整单元格行高和列宽的表格，然后单击"视图"→"行列标"，即可显示该表格的行标和列标，如图 8-2-67 所示。

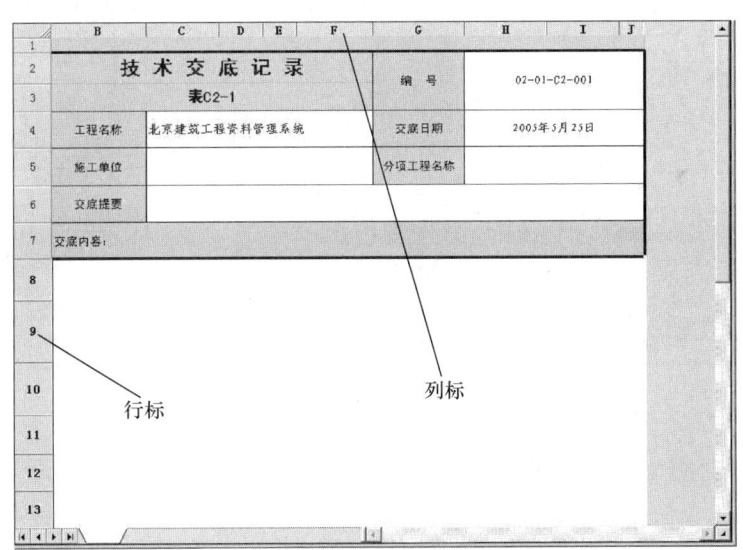

图 8-2-67　表格的行标和列标

将鼠标指针放置在行标的边界或列标的边界，然后向下或向右拖动鼠标，即可调整出合适的行高度或列宽度。

⑫ 资料搜索。

如果要在资料表格模板中搜索一种表格，则可在工具栏上单击"查找"按钮或按 F3 键，将弹出"查找表格"对话框，如图 8-2-68 所示。

在该对话框中输入所要查找的关键字，设置其中的选项、起始位置、查找范围和查找方向，选择"查找全部"按钮，软件将在表格模板目录中进行搜索；搜索到目标后，软件将在查找结果中显示所查到的相关表格；也可选择"查找下一个"按钮，手动一个个地显

269

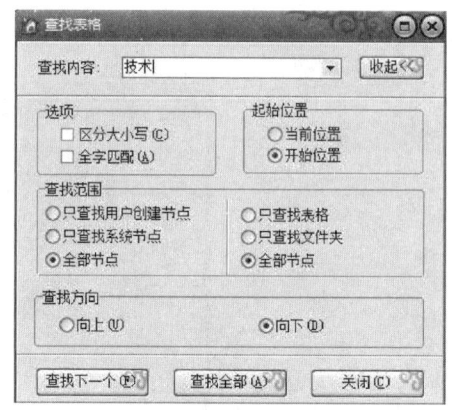

图 8-2-68 "查找表格"对话框

示所查到的相关表格。

选择所需要的表格,再回到表格目录中,软件将自动定位在所选的表格中,如图 8-4-69 所示。

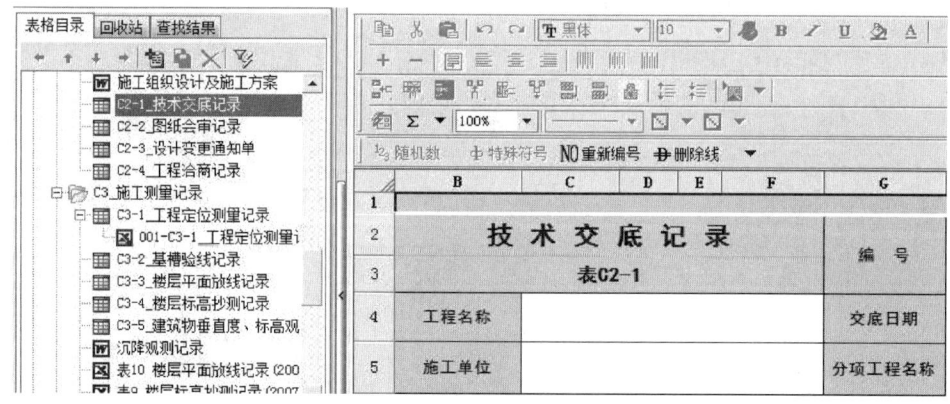

图 8-2-69 选择表格菜单

⑬ 替换工程通用信息。

这个功能是对表格中的工程通用信息进行统一修改。例如把工程名称"筑业建筑大厦 1 期"修改为"筑业建筑大厦 2 期",单击工具栏上的"替换"按钮,会弹出如图 8-2-70

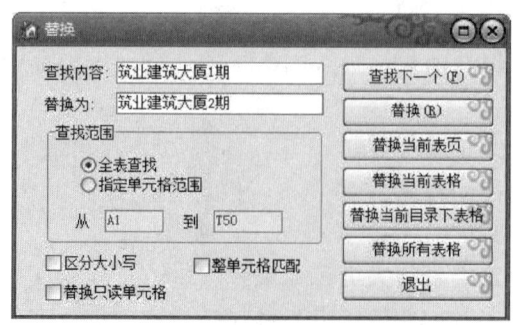

图 8-2-70 "替换"对话框

所示的"替换"对话框,在该对话框的"查找内容"中输入"筑业建筑大厦1期",在"替换为"中输入"筑业建筑大厦2期",单击"替换"按钮即可对当前单元格内容进行替换,单击"替换所有表格"按钮则可对工程中所有表格中的工程名称进行替换。此外,还可以对当前表页、表格或当前目录下的表格统一调整;如果选中"替换只读单元格",还可以对锁定单元格的文字进行替换。

⑭ 调整目录结构。

该软件允许用户调整当前建筑工程资料的目录结构;如左移移动目标节点与父节点同级;右移移动目标节点为上一节点的子节点;上移或下移,在同一级别移动目标节点的位置。

注意:在当前工程目录中,可对使用者新建的数据表格进行移动,但表格模板不能移动;当某表格为节点中最高或最低级别时,也不能移动。

⑮ 其他操作。

a. 展开/收起表格目录:该软件中表格模板资料、建筑工程资料都是以章节目录树结构组织的,如果要展开或收起这些资料,只需双击该章节或单击章节前面显示的"+""-"符号即可。另外,软件还提供了"展开、收起"工具。

b. 隐藏/显示资料模板区和范例区:在填写资料表格时,可以将资料表格模板区域和范例区域隐藏,以便表格编辑区获得较大的屏幕显示,单击模板区与填表区或模板区与范例区中的"隐藏/显示"按钮即可;也可以用鼠标拖动相应的"隐藏/显示"按钮来调节隐藏/显示的范围,如图8-2-71所示。

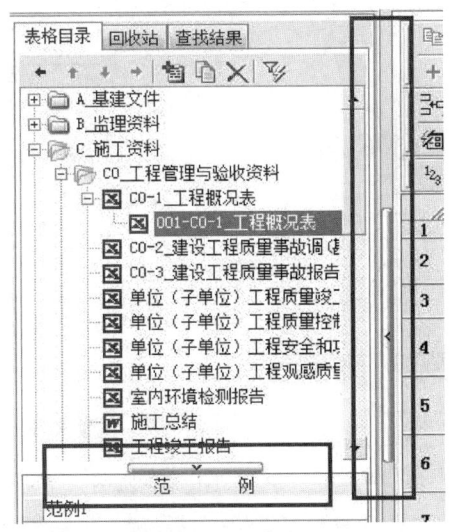

图 8-2-71 隐藏/显示范例区

c. 填表说明:在填写资料表格时,将自动显示所选表格的填表说明,以便查看。工具栏上还带有一个"填表说明"按钮,方便使用者隐藏/显示填表说明内容,如图8-2-72所示。

(6) 盖章和电子签名。

该软件可对图章和电子签名进行设置管理,也就是将有图章和电子签名的电子文件添加到软件中,可单击"系统维护"→"签章设置"进行添加设置。

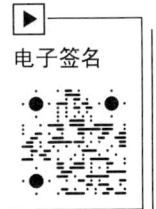

电子签名

注意：电子签名必须设置密码，添加完后通过单击"视图"→"图章签名设置"，把图章或电子签名加到表格中，还可单击"编辑"菜单下的"图章"或"电子签名"选项进行编辑处理，如图8-2-73～图8-2-76所示。

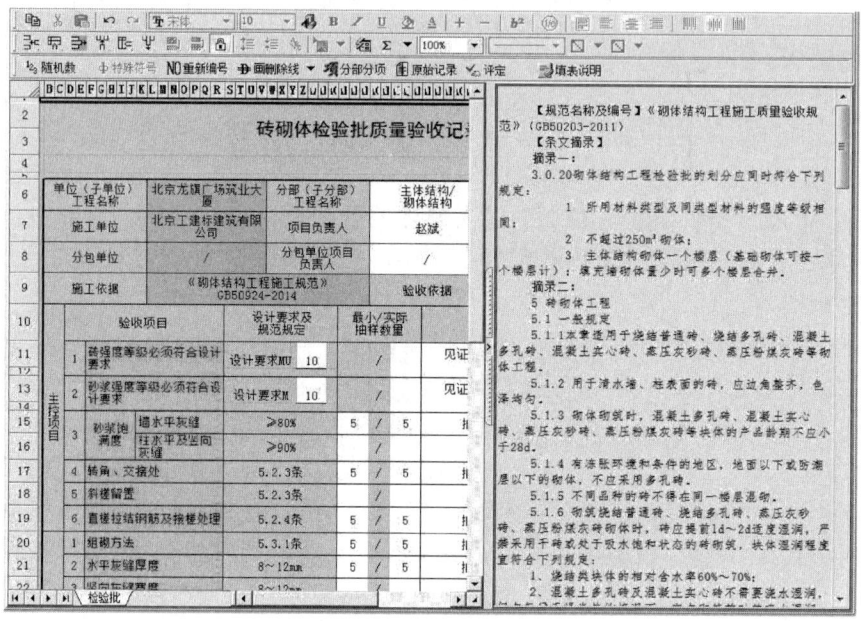

图8-2-72 填表说明

图8-2-73 签章设置

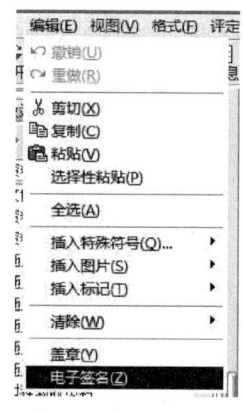

图8-2-74 "电子签名"菜单

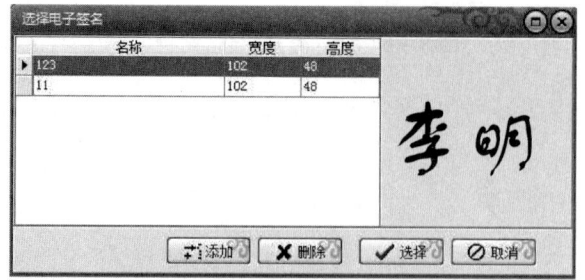

图8-2-75 选择电子签名

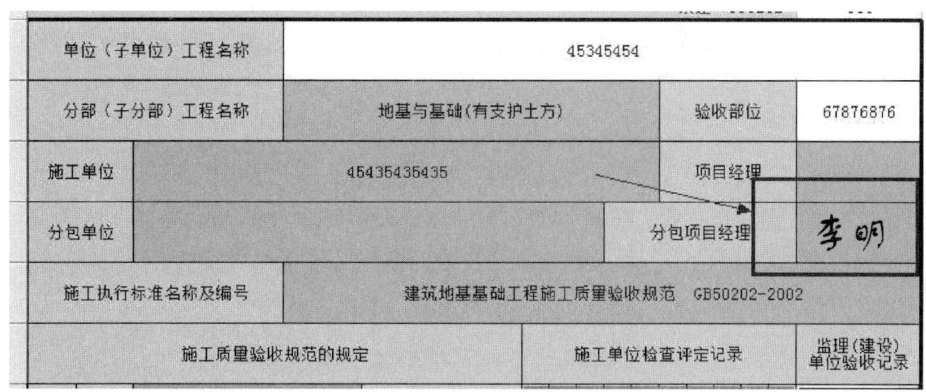

图 8-2-76 添加电子签名到表格

例如,在陕西省建筑工程资料管理软件中就使用了盖章功能,分为陕西省章和西安市章。

① 在新建的陕西省验收表格后单击"图章"按钮,选择"打印陕西章",然后单击"预览"按钮就能看到盖章后的相应表格,如图 8-2-77。

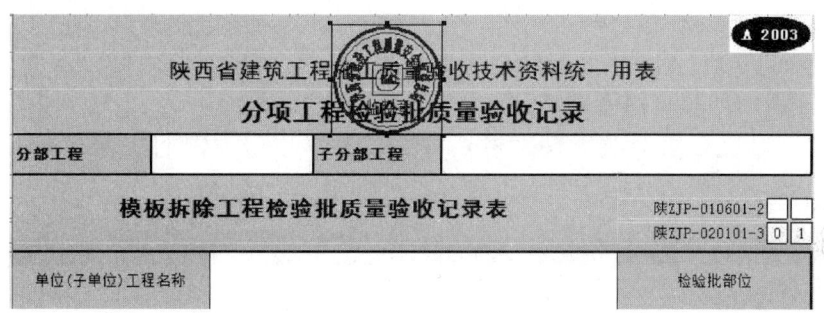

图 8-2-77 表格盖章

② 在新建的西安市验收表格后单击"图章"按钮,选择"打印西安章",然后单击"预览"按钮也能看到盖章后的相应表格,如图 8-2-78 所示。

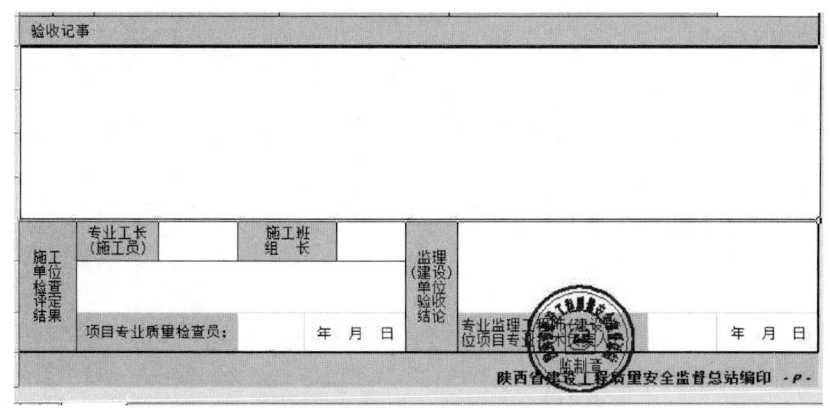

图 8-2-78 表格盖章

如果有些表格不需要盖章，新建表格后可单击"图章"按钮，选择"全部不打印"；或者单击"视图"→"图章签名设置"对单张表格进行打印、锁定图章的设置，如图 8-2-79 所示。

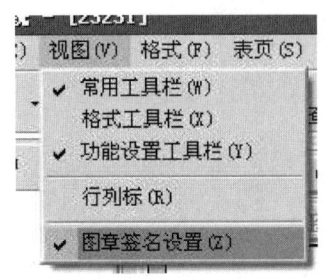

图 8-2-79　图章签名设置

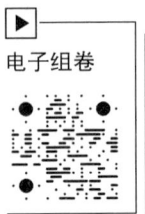

电子组卷

4. 电子组卷

（1）资料组卷归档。

① 单位组卷归档。

在建筑工程资料表格填写完成后，单击"资料上报"→"电子组卷"项，会弹出"电子组卷"窗口，如图 8-2-80 所示。

图 8-2-80　"电子组卷"窗口

找到表格在当前工程与组卷设置区域参与单位的对应关系，选中所选表格对应的单位类别，便可手动组入所属的单位卷中。

单击"开始组卷"按钮，会弹出"组卷设置"对话框，如图8-2-81所示。

在其中选择所需的组卷单位后，单击"确定"按钮，即可自动在系统桌面上生成以单位工程名称命名的文件夹，在文件夹中可直接用组卷浏览器查看。

对于软件自动组卷的表格，如果要根据实际需要调整该表格在卷目录中的位置，也可以使用上述操作。

② 浏览组卷资料。

组卷（归档）完成后，进入文件夹中双击打开组卷浏览器，默认为以该组卷单位的表格进行

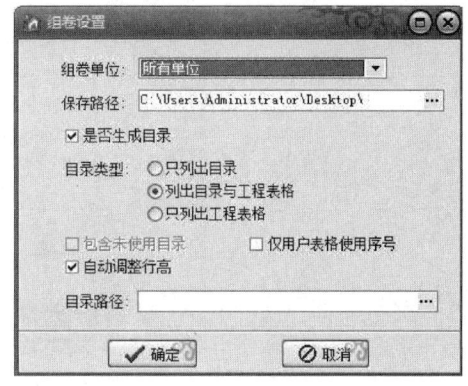

图8-2-81 "组卷设置"对话框

浏览，也可在"文件"菜单中选择"打开文件"选项，打开文件即可浏览组卷的资料；可以进行单页打印或整个组卷资料的打印。有了此功能，可以随时随地将组卷资料移动到任何计算机上浏览及打印（但必须拷贝整个文件夹），如图8-2-82所示。

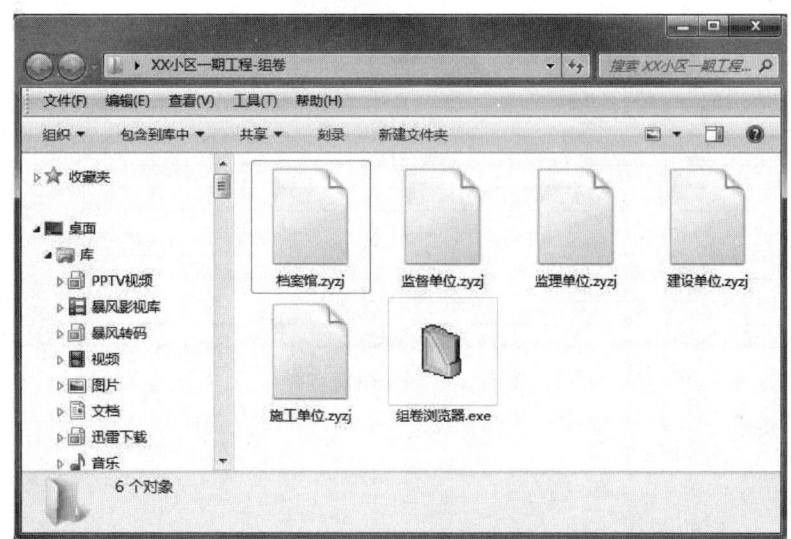

图8-2-82 "组卷"菜单

（2）生成组卷目录。

在"电子组卷"窗口中单击"组卷"→"目录"，会弹出"目录设置"对话框，如图8-2-83所示。

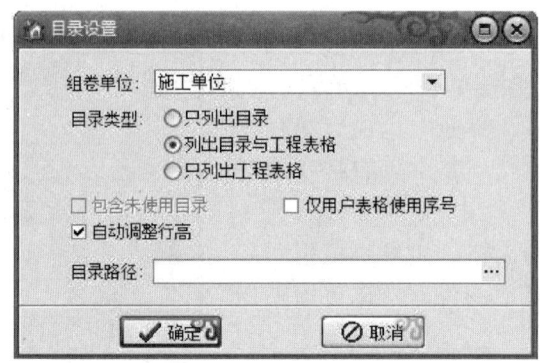

图 8-2-83 "目录设置"对话框

在"目录设置"对话框中设置完成后单击"确定"按钮，会出现"电子组卷"窗口，在窗口中单击"目录另存"按钮，输入保存文件名及保存路径将组卷目录以 Excel 文件保存，如图 8-2-84 所示。

图 8-2-84 组卷目录

5. 打印表格

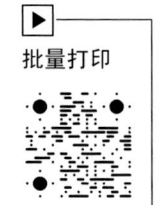

批量打印

（1）打印单张表格。

打印单张表格方法如下。

① 选择要打印的表格，直接单击工具栏上的"打印"按钮即可打印。

② 单击工具栏上的"预览"按钮，可在预览界面中设置页面格式后打印，如图 8-2-85 所示。

③ 单击工具栏上"打印"按钮右侧的下拉按钮，选择"打印表格"选项，在弹出的"打印设置"对话框中设置打印份数、打印范围等即可打印，如图 8-2-86 所示。

项目 **8** 建筑工程资料管理软件

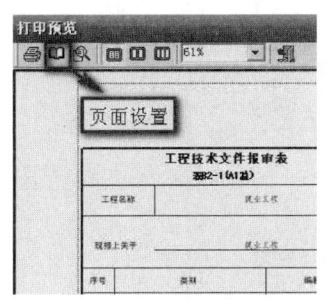

图 8-2-85 "打印预览"窗口

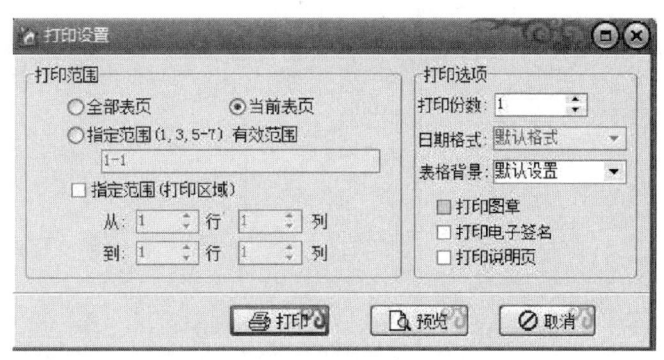

图 8-2-86 "打印设置"对话框

④ 表格套打,即只打印表格内的填写内容,模板内容不打印。

(2) 打印工程。

打印建筑工程资料表格操作步骤如下。

① 选择"工程"→"自定义打印工程",会弹出"自定义打印"窗口,可以从中设置打印份数、是否套打、是否打印图章、打印时间等,如图 8-2-87 所示。

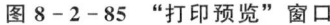

图 8-2-87 "自定义打印"窗口

a. 打印全部:将所做的表格全部打印。

b. 按时间打印:可以选择一个时间段进行打印。

c. 选择单位打印:根据实际情况,选择所需单位的表格进行打印。

② 设置打印时间和打印单位,打印所需要的建筑工程资料表格。

(3) 页面设置。

在"页面设置"对话框中,对打印操作各个细节的控制功能都十分强大,可以设置打印内容、打印机、页眉/页脚、页边距、表首/表尾、表页选项等,根据实际需要选择即可,如图 8-2-88 所示。

建筑工程资料管理

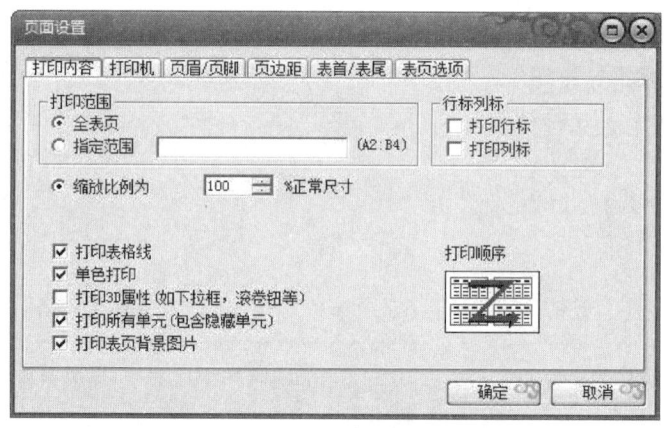

图 8-2-88 "页面设置"对话框

注意：该软件中所有表格的页边距都是按照档案的备案要求来设置的，请慎改。

项目小结

建筑工程资料管理软件如"筑业建筑工程资料管理软件"具备完善的建筑工程资料数据库管理功能；可方便地对建筑工程资料进行查询、修改、统计汇总、组卷和打印；实现了表格数据简单录入、快捷统改的填写方式；可以设置软件登录和工程登录两级密码，保护用户工程信息；提供自动备份功能，即便工地用电环境恶劣造成文件损坏，也能找回最后一次正确数据进行恢复，最大限度地减少损失；新建表格后，工程信息、验收部位等信息可自动填充，省去了重复填写的烦恼；为表格提供了大量填写范例，用户可以参照，即使没有做过资料管理的人员也可迅速掌握；可一键分部、分项汇总和一键报验，操作更简单；表格自动计算、自动填充等功能，使填表更快捷；可根据检验批一般项目和主控项目数据，自动判定是否合格；可以多用户同时做项目，然后将几个工程文件合并成一个完整文件；可以同时打开多个工程，通过比较填表；做好的建筑工程资料可以保存起来，下次做相同类型工程时，导入工程后同步工程信息即可；可以导入自定义模板，随意编辑模板；可以跨专业、跨规范借用表格，一个工程中可以有多个不同规范的表格等。

习 题

一、选择题

1. 建筑工程资料管理软件可以根据国家标准或企业标准，自动评定检验批质量验收表格的检测值等级，自动添加○和△，标记（　　）点值。

　　A. 合格　　　　　B. 达标　　　　　C. 不合格　　　　　D. 标准

2. 主要对当前所编辑表格内容进行一些常用设置，如表格的字体样式、大小、对齐方式等的工具栏是（　　）。

A. 常用工具栏　　　B. 格式工具栏　　　C. 表格常用工具栏　　　D. 信息工具栏

3. 如果要在资料表格模板中搜索一种表格，可在工具栏上单击"查找"按钮或按（　　）键，将弹出"查找"窗口。

A. F1　　　　　　B. F2　　　　　　C. F3　　　　　　D. F4

4. 截屏插入图片快捷键是（　　）。

A. Ctrl+Alt+A　　B. Ctrl+Alt+B　　C. Ctrl+Alt+C　　D. Ctrl+Alt+D

5. 电子组卷会将组卷目录以（　　）文件形式保存。

A. Word　　　　　B. Excel　　　　　C. PPT　　　　　D. PDF

二、简答题

1. 简述筑业建筑工程资料管理软件的特点。
2. 简述电子组卷的步骤。

 拓展活动

下载建筑工程资料管理软件，进行软件的操作练习。

项目8
在线答题

附录 A 建筑工程文件归档范围表

类别	归档文件	保存单位				
		建设单位	设计单位	施工单位	监理单位	城建档案馆
工程准备阶段文件（A 类）						
A1	立项文件					
1	项目建议书批复文件及项目建议书	▲				▲
2	可行性研究报告批复文件及可行性研究报告	▲				▲
3	专家论证意见、项目评估文件	▲				▲
4	有关立项的会议纪要、领导批示	▲				▲
A2	建设用地、拆迁文件					
1	选址申请及选址规划意见通知书	▲				▲
2	建设用地批准书	▲				▲
3	拆迁安置意见、协议、方案等	▲				△
4	建设用地规划许可证及其附件	▲				▲
5	土地使用证明文件及其附件	▲				▲
6	建设用地钉桩通知单	▲				▲
A3	勘察、设计文件					
1	工程地质勘察报告	▲	▲			▲
2	水文地质勘察报告	▲	▲			▲

续表

类别	归档文件	保存单位				
		建设单位	设计单位	施工单位	监理单位	城建档案馆
3	初步设计文件（说明书）	▲	▲			
4	设计方案审查意见	▲	▲			▲
5	人防、环保、消防等有关主管部门（对设计方案）审查意见	▲	▲			▲
6	设计计算书	▲	▲			△
7	施工图设计文件审查意见	▲	▲			▲
8	节能设计备案文件	▲				▲
A4	招投标文件					
1	勘察、设计招投标文件	▲	▲			
2	勘察、设计合同	▲	▲			▲
3	施工招投标文件	▲		▲	△	
4	施工合同	▲		▲	△	▲
5	工程监理招投标文件	▲			▲	
6	监理合同	▲			▲	▲
A5	开工审批文件					
1	建设工程规划许可证及其附件	▲		△	△	▲
2	建筑工程施工许可证	▲		▲	▲	▲
A6	工程造价文件					
1	工程投资估算材料	▲				
2	工程设计概算材料	▲				
3	招标控制价格文件	▲				
4	合同价格文件	▲		▲		△
5	结算价格文件	▲		▲		△
A7	工程建设基本信息					
1	工程概况信息表	▲		△		▲
2	建设单位工程项目负责人及现场管理人员名册	▲				▲
3	监理单位工程项目总监理工程师及监理人员名册	▲			▲	▲

续表

类别	归档文件	保存单位				
		建设单位	设计单位	施工单位	监理单位	城建档案馆
4	施工单位工程项目经理及质量管理人员名册	▲		▲		▲
监理文件（B类）						
B1	监理管理文件					
1	监理规划	▲			▲	▲
2	监理实施细则	▲		△	▲	▲
3	监理月报	△			▲	
4	监理会议纪要	▲		△	▲	
5	监理工作日志				▲	
6	监理工作总结				▲	▲
7	工作联系单	▲		△	△	
8	监理工程师通知	▲		△	△	△
9	监理工程师通知回复单	▲		△	△	△
10	工程暂停令	▲		△	△	▲
11	工程复工报审表	▲		▲	▲	▲
B2	进度控制文件					
1	工程开工报审表	▲		▲	▲	▲
2	施工进度计划报审表	▲		△	△	
B3	质量控制文件					
1	质量事故报告及处理资料	▲		▲	▲	▲
2	旁站监理记录	△		△	▲	
3	见证取样和送检人员备案表	▲		▲	▲	
4	见证记录	▲		▲	▲	
5	工程技术文件报审表				△	
B4	造价控制文件					
1	工程款支付	▲		△	△	
2	工程款支付证书	▲		△	△	
3	工程变更费用报审表	▲		△	△	
4	费用索赔申请表	▲		△	△	
5	费用索赔审批表	▲		△	△	

附录 A　建筑工程文件归档范围表

续表

类别	归档文件	保存单位				
		建设单位	设计单位	施工单位	监理单位	城建档案馆
B5	工期管理文件					
1	工期延期申请表	▲		▲	▲	▲
2	工期延期审批表	▲			▲	▲
B6	监理验收文件					
1	竣工移交证书	▲		▲	▲	▲
2	监理资料移交书	▲			▲	
施工文件（C类）						
C1	施工管理文件					
1	工程概况表	▲		▲	▲	△
2	施工现场质量管理检查记录			△	△	
3	企业资质证书及相关专业人员岗位证书	△		△	△	△
4	分包单位资质报审表	▲		▲	▲	▲
5	建设单位质量事故勘察记录	▲		▲	▲	▲
6	建设工程质量事故报告书	▲		▲	▲	▲
7	施工检测计划	△		△	△	
8	见证试验检测汇总表	▲		▲	▲	▲
9	施工日志			▲		
C2	施工技术文件					
1	工程技术文件报审表	△		△	△	
2	施工组织设计及施工方案	△		△	△	△
3	危险性较大分部分项工程施工方案	△		△	△	△
4	技术交底记录			△		
5	图纸会审记录	▲	▲	▲	▲	▲
6	设计变更通知单	▲	▲	▲	▲	▲
7	工程洽商记录（技术核定单）	▲	▲	▲	▲	▲
C3	进度造价文件					
1	工程开工报审表	▲	▲	▲	▲	▲
2	工程复工报审表	▲	▲	▲	▲	▲

续表

类 别	归档文件	保存单位				
		建设单位	设计单位	施工单位	监理单位	城建档案馆
3	施工进度计划报审表			△	△	
4	施工进度计划			△	△	
5	人、机、料动态表			△	△	
6	工程延期申请表	▲		▲	▲	▲
7	工程款支付申请表	▲		△	△	
8	工程变更费用报审表	▲		△	△	
9	费用索赔申请表	▲		△	△	
C4	施工物资出厂质量证明及进场检测文件					
	出厂质量证明文件及检测报告					
1	砂、石、砖、水泥、钢筋、隔热、保温、防腐材料、轻骨料出厂证明文件	▲		▲	▲	△
2	其他物资出厂合格证、质量保证书、检测报告和报关单或商检证等	△		▲	△	
3	材料、设备的相关检验报告、型式检测报告、3C强制认证合格证书或3C标志	△		▲	△	
4	主要设备、器具的安装使用说明书	▲		▲	△	
5	进口的主要材料设备的商检证明文件	△		▲		
6	涉及消防、安全、卫生、环保、节能的材料、设备的检测报告或法定机构出具的有效证明文件	▲		▲	▲	△
7	其他施工物资产品合格证、出厂检验报告					
	进场检验通用表格					
1	钢材试验报告	▲		▲	▲	▲

续表

类别	归档文件	保存单位				
		建设单位	设计单位	施工单位	监理单位	城建档案馆
2	水泥试验报告	▲		▲	▲	▲
3	砂试验报告	▲		▲	▲	▲
4	碎(卵)石试验报告	▲		▲	▲	▲
5	外加剂试验报告	△		▲	▲	▲
6	防水涂料试验报告	▲		▲	△	
7	防水卷材试验报告	▲		▲	△	
8	砖(砌块)试验报告	▲		▲	▲	▲
9	预应力筋复试报告	▲		▲	▲	▲
10	预应力锚具、夹具和连接器复试报告	▲		▲	▲	
11	装饰装修用门窗复试报告	▲		▲	△	
12	装饰装修用人造木板复试报告	▲		▲	△	
13	装饰装修用花岗石复试报告	▲		▲	△	
14	装饰装修用安全玻璃复试报告	▲		▲	△	
15	装饰装修用外墙面砖复试报告	▲		▲	△	
16	钢结构用钢材复试报告	▲		▲	▲	▲
17	钢结构用防火涂料复试报告	▲		▲	▲	▲
18	钢结构用焊接材料复试报告	▲		▲	▲	▲
19	钢结构用高强度大六角头螺栓连接副复试报告	▲		▲	▲	▲
20	钢结构用扭剪型高强螺栓连接副复试报告	▲		▲	▲	▲
21	幕墙用铝塑板、石材、玻璃、结构胶复试报告	▲		▲	▲	▲
22	散热器、供暖系统保温材料、通风与空调工程绝热材料、风机盘管机组、低压配电系统电缆的见证取样复试报告	▲		▲	▲	▲
23	节能工程材料复试报告	▲		▲	▲	▲
24	其他物资进场复试报告					

续表

类 别	归档文件	保存单位				
		建设单位	设计单位	施工单位	监理单位	城建档案馆
C5	施工记录文件					
1	隐蔽工程验收记录	▲		▲	▲	▲
2	施工检查记录			△		
3	交接检查记录			△		
4	工程定位测量记录	▲		▲	▲	▲
5	基槽验线记录	▲		▲	▲	▲
6	楼层平面放线记录			△	△	△
7	楼层标高抄测记录			△	△	△
8	建筑物垂直度、标高测量记录	▲		▲	△	△
9	沉降观测记录	▲		▲		▲
10	基坑支护水平位移监测记录			△	△	
11	桩基、支护测量放线记录			△	△	
12	地基验槽记录	▲	▲	▲	▲	▲
13	地基钎探记录	▲		△	△	▲
14	混凝土浇灌申请书			△	△	
15	预拌混凝土运输单			△		
16	混凝土开盘鉴定			△	△	
17	混凝土拆模申请单			△	△	
18	混凝土预拌测温记录			△		
19	混凝土养护测温记录			△		
20	大体积混凝土养护测温记录			△		
21	大型构件吊装记录	▲		△	△	▲
22	焊接材料烘焙记录			△		
23	地下工程防水效果检查记录	▲		△	△	
24	防水工程试水检查记录	▲		△	△	
25	通风（烟）道、垃圾道检查记录	▲		△	△	
26	预应力筋张拉记录	▲		▲	△	▲
27	有黏结预应力结构灌浆记录	▲		▲	△	▲
28	钢结构施工记录	▲		▲	△	
29	网架（索膜）施工记录	▲		▲	△	▲

续表

类别	归档文件	保存单位				
		建设单位	设计单位	施工单位	监理单位	城建档案馆
30	木结构施工记录	▲		▲	△	
31	幕墙注胶检查记录	▲		▲	△	
32	自动扶梯、自动人行道的相邻区域检查记录	▲		▲	△	
33	电梯电气装置安装检查记录	▲		▲	△	
34	自动扶梯、自动人行道电气装置检查记录	▲		▲	△	
35	自动扶梯、自动人行道整机安装质量检查记录	▲		▲	△	
36	其他施工记录文件					
C6	施工试验记录及检测文件					
	通用表格					
1	设备单机试运转记录	▲		▲	△	△
2	系统试运转调试记录	▲		▲	△	△
3	接地电阻测试记录	▲		▲	△	△
4	绝缘电阻测试记录	▲		▲	△	△
	建筑与结构工程					
1	锚杆试验报告	▲		▲	△	△
2	地基承载力检验报告	▲		▲	△	▲
3	桩基检测报告	▲		▲	△	▲
4	土工击实试验报告	▲		▲	△	▲
5	回填土试验报告（应附图）	▲		▲	△	▲
6	钢筋机械连接试验报告	▲		▲	△	△
7	钢筋焊接连接试验报告	▲		▲	△	△
8	砂浆配合比申请书、通知单			△	△	△
9	砂浆抗压强度试验报告	▲		▲	△	▲
10	砌筑砂浆试块强度统计、评定记录	▲		▲		△
11	混凝土配合比申请书、通知单	▲		△	△	△
12	混凝土抗压强度试验报告	▲		▲	△	▲

续表

类别	归档文件	保存单位				
		建设单位	设计单位	施工单位	监理单位	城建档案馆
13	混凝土试块强度统计、评定记录	▲		▲	△	△
14	混凝土抗渗试验报告	▲		▲	△	△
15	砂、石、水泥放射性指标报告	▲		▲	△	△
16	混凝土碱总量计算书	▲		▲	△	△
17	外墙饰面砖样板黏结强度试验报告	▲		▲	△	△
18	后置埋件抗拔试验报告	▲		▲	△	△
19	超声波探伤报告、探伤记录	▲		▲	△	△
20	钢构件射线探伤报告	▲		▲	△	△
21	磁粉探伤报告	▲		▲	△	△
22	高强度螺栓抗滑移系数检测报告	▲		▲	△	△
23	钢结构焊接工艺评定		△	△	△	△
24	网架节点承载力试验报告	▲		▲	△	△
25	钢结构防腐、防火涂料厚度检测报告	▲		▲	△	△
26	木结构胶缝试验报告	▲		▲	△	△
27	木结构构件力学性能试验报告	▲		▲	△	△
28	木结构防腐剂试验报告	▲		▲	△	△
29	幕墙双组分硅酮结构胶混匀性及拉断试验报告	▲		▲	△	△
30	幕墙的抗风压性能、空气渗透性能、雨水渗透性能及平面内变形性能检测报告	▲		▲	△	△
31	外门窗的抗风压性能、空气渗透性能和雨水渗透性能检测报告	▲		▲	△	△
32	墙体节能工程保温板材与基层黏结强度现场拉拔试验	▲		▲	△	△
33	外墙保温浆料同条件养护试件试验报告	▲		▲	△	△

续表

类别	归档文件	保存单位				
		建设单位	设计单位	施工单位	监理单位	城建档案馆
34	结构实体混凝土强度验收记录	▲		▲	△	△
35	结构实体钢筋保护层厚度验收记录	▲		▲	△	△
36	围护结构现场实体检验	▲		▲	△	△
37	室内环境检测报告	▲		▲	△	△
38	节能性能检测报告	▲		▲	△	▲
39	其他建筑与结构施工试验记录与检测文件					
给水排水及供暖工程						
1	灌（满）水试验记录	▲		△	△	
2	强度严密性试验记录	▲		▲	△	△
3	通水试验记录	▲		△	△	
4	冲（吹）洗试验记录	▲		▲	△	
5	通球试验记录	▲		△	△	
6	补偿器安装记录			△	△	
7	消火栓试射记录	▲		▲	△	
8	安全附件安装检查记录			▲	△	
9	锅炉烘炉试验记录			▲	△	
10	锅炉煮炉试验记录			▲	△	
11	锅炉试运行记录	▲		▲	△	
12	安全阀定压合格证书	▲		▲	△	
13	自动喷水灭火系统联动试验记录	▲		▲	△	△
14	其他给水排水及供暖施工试验记录与检测文件					
建筑电气工程						
1	电气接地装置平面示意图表	▲		▲	△	△
2	电气器具通电安全检查记录	▲		△	△	
3	电气设备空载试运行记录	▲		▲	△	
4	建筑物照明通电试运行记录	▲		▲	△	△

续表

类别		归档文件	保存单位				
			建设单位	设计单位	施工单位	监理单位	城建档案馆
	5	大型照明灯具承载试验记录	▲		▲	△	
	6	漏电开关模拟试验记录	▲		▲	△	
	7	大容量电气线路结点测温记录	▲		▲	△	
	8	低压配电电源质量测试记录	▲		▲	△	
	9	建筑物照明系统照度测试记录	▲		△	△	
	10	其他建筑电气施工试验记录与检测文件					
智能建筑工程							
	1	综合布线测试记录	▲		▲	△	△
	2	光纤损耗测试记录	▲		▲	△	△
	3	视频系统末端测试记录	▲		▲	△	△
	4	子系统检测记录	▲		▲	△	△
	5	系统试运行记录	▲		▲	△	△
	6	其他智能建筑施工试验记录与检测文件					
通风与空调工程							
	1	风管漏光检测记录	▲		△	△	
	2	风管漏风检测记录	▲		▲	△	
	3	现场组装除尘器、空调漏风检测记录			△	△	
	4	各房间室内风量测量记录	▲		△	△	
	5	管网风量平衡记录	▲		△	△	
	6	空调系统试运转调试记录	▲		▲	△	△
	7	空调水系统试运转调试记录	▲		▲	△	△
	8	制冷系统气密性试验记录	▲		▲	△	△
	9	净化空调系统检测记录	▲		▲	△	△
	10	防排烟系统联合试运行记录	▲		▲	△	△
	11	其他通风与空调施工试验记录与检测文件					
电梯工程							

续表

类别	归档文件	保存单位				
		建设单位	设计单位	施工单位	监理单位	城建档案馆
1	轿厢平层准确度测量记录	▲		△	△	
2	电梯层门安全装置检测记录	▲		▲	△	
3	电梯电气安全装置检测记录	▲		▲	△	
4	电梯整机功能检测记录	▲		▲	△	
5	电梯主要功能检测记录	▲		▲	△	
6	电梯负荷试运行试验记录	▲		▲	△	△
7	电梯负荷运行试验曲线图表	▲		▲		
8	电梯噪声测试记录	△		△		
9	自动扶梯、自动人行道安全装置检测记录	▲		▲		
10	自动扶梯、自动人行道整机性能、运行试验记录	▲		▲	△	△
11	其他电梯施工试验记录与检测文件					
C7	施工质量验收文件					
1	检验批质量验收记录	▲		△	△	
2	分项工程质量验收记录	▲		▲	▲	
3	分部（子分部）工程质量验收记录	▲		▲	▲	▲
4	建筑节能分部工程质量验收记录	▲		▲	▲	▲
5	自动喷水系统验收缺陷项目划分记录	▲		△	△	
6	程控电话交换系统分项工程质量验收记录	▲		▲	△	
7	会议电视系统分项工程质量验收记录	▲		▲	△	
8	卫星数字电视系统分项工程质量验收记录	▲		▲	△	
9	有限电视系统分项工程质量验收记录	▲		▲	△	

续表

类 别	归档文件	保存单位				
		建设单位	设计单位	施工单位	监理单位	城建档案馆
10	公共广播与紧急广播系统分项工程质量验收记录	▲		▲	△	
11	计算机网络系统分项工程质量验收记录	▲		▲	△	
12	应用软件系统分项工程质量验收记录	▲		▲	△	
13	网络安全系统分项工程质量验收记录	▲		▲	△	
14	空调与通风系统分项工程质量验收记录	▲		▲	△	
15	变配电系统分项工程质量验收记录	▲		▲	△	
16	公共照明系统分项工程质量验收记录	▲		▲	△	
17	给水排水系统分项工程质量验收记录	▲		▲	△	
18	热源和热交换系统分项工程质量验收记录	▲		▲	△	
19	冷冻和冷却系统分项工程质量验收记录	▲		▲	△	
20	电梯和自动扶梯系统分项工程质量验收记录	▲		▲	△	
21	数据通信接口分项工程质量验收记录	▲		▲	△	
22	中央管理工作站及操作分站分项工程质量验收记录	▲		▲	△	
23	系统实时性、可维护性、可靠性分项工程质量验收记录	▲		▲	△	
24	现场设备安装及检测分项工程质量验收记录	▲		▲	△	
25	火灾自动报警及消防联动系统分项工程质量验收记录	▲		▲	△	

续表

类别	归档文件	保存单位				
		建设单位	设计单位	施工单位	监理单位	城建档案馆
26	综合防范功能分项工程质量验收记录	▲		▲	△	
27	视频安防监控系统分项工程质量验收记录	▲		▲	△	
28	入侵报警系统分项工程质量验收记录	▲		▲	△	
29	出入口控制（门禁）系统分项工程质量验收记录	▲		▲	△	
30	巡更管理系统分项工程质量验收记录	▲		▲	△	
31	停车场（库）管理系统分项工程质量验收记录	▲		▲	△	
32	安全防范综合管理系统分项工程质量验收记录	▲		▲	△	
33	综合布线系统安装分项工程质量验收记录	▲		▲	△	
34	综合布线系统性能检测分项工程质量验收记录	▲		▲	△	
35	系统集成网络连接分项工程质量验收记录	▲		▲	△	
36	系统数据集成分项工程质量验收记录	▲		▲	△	
37	系统集成整体协调分项工程质量验收记录					
38	系统集成综合管理及冗余功能分项工程质量验收记录	▲		▲	△	
39	系统集成可维护性和安全性分项工程质量验收记录	▲		▲	△	
40	电源系统分项工程质量验收记录	▲		▲	△	
41	其他施工质量验收文件					
C8	施工验收文件					

续表

类别	归档文件	保存单位				
		建设单位	设计单位	施工单位	监理单位	城建档案馆
1	单位（子单位）工程竣工预验收报验表	▲		▲		▲
2	单位（子单位）工程质量竣工验收记录	▲	△	▲		▲
3	单位（子单位）工程质量控制资料核查记录	▲		▲		▲
4	单位（子单位）工程安全和功能检验资料核查及主要功能抽查记录	▲		▲		▲
5	单位（子单位）工程观感质量检查记录	▲		▲		▲
6	施工资料移交书	▲		▲		
7	其他施工验收文件					
竣工图（D类）						
1	建筑竣工图	▲		▲		▲
2	结构竣工图	▲		▲		▲
3	钢结构竣工图	▲		▲		▲
4	幕墙竣工图	▲		▲		▲
5	室内装饰竣工图	▲		▲		▲
6	建筑给水排水及供暖竣工图	▲		▲		▲
7	建筑电气竣工图	▲		▲		▲
8	智能建筑竣工图	▲		▲		▲
9	通风与空调竣工图	▲		▲		▲
10	室外工程竣工图	▲		▲		▲
11	规划红线内的室外给水、排水、供热、供电、照明管线等竣工图	▲		▲		▲
12	规划红线内的道路、园林绿化、喷灌设施等竣工图	▲		▲		▲
工程竣工验收文件（E类）						
E1	竣工验收与备案文件					

附录 A 建筑工程文件归档范围表

续表

类 别	归档文件	保存单位					
		建设单位	设计单位	施工单位	监理单位	城建档案馆
1	勘察单位工程质量检查报告	▲		△	△	▲
2	设计单位工程质量检查报告	▲	▲	△	△	▲
3	施工单位工程竣工报告	▲		▲	△	▲
4	监理单位工程质量评估报告	▲		△	▲	▲
5	工程竣工验收报告	▲	▲	▲	▲	▲
6	工程竣工验收会议纪要	▲	▲	▲	▲	▲
7	专家组竣工验收意见	▲	▲	▲	▲	▲
8	工程竣工验收证书	▲	▲	▲	▲	▲
9	规划、消防、环保、民防、防雷等部门出具的认可文件或准许使用文件	▲	▲	▲	▲	▲
10	房屋建筑工程质量保修书	▲				▲
11	住宅质量保证书、住宅使用说明书	▲		▲		▲
12	建设工程竣工验收备案表	▲	▲	▲	▲	▲
13	建设工程档案预验收意见	▲		△		▲
14	城市建设档案移交书	▲				▲
E2	竣工决算文件					
1	施工决算文件	▲		▲		△
2	监理决算文件	▲			▲	△
E3	工程声像资料等					
1	开工前原貌、施工阶段、竣工新貌照片	▲		△	△	▲
2	工程建设过程的录音、录像资料（重大工程）	▲		△	△	▲
E4	其他工程文件					

注：表中符号"▲"表示必须归档保存，"△"表示选择性归档保存。

附录 B 建设工程文件归档范围和保管期限表

序号	归档文件	保存单位和保管期限				
		建设单位	施工单位	设计单位	监理单位	城建档案馆
工程准备阶段文件						
一	立项文件					
1	项目建议书	永久				√
2	项目建议书审批意见及前期工作通知书	永久				√
3	可行性研究报告及附件	永久				√
4	可行性研究报告审批意见	永久				√
5	关于立项有关的会议纪要、领导讲话	永久				√
6	专家建议文件	永久				√
7	调查资料及项目评估研究材料	长期				√
二	建设用地、征地、拆迁文件					
1	选址申请及选址规划意见通知书	永久				√
2	用地申请报告及县级以上人民政府城乡建设用地批准书	永久				√
3	拆迁安置意见、协议、方案等	长期				√
4	建设用地规划许可证及其附件	永久				√
5	划拨建设用地文件	永久				√
6	国有土地使用证	永久				√

附录 B 建设工程文件归档范围和保管期限表

续表

序号	归档文件	保存单位和保管期限				
		建设单位	施工单位	设计单位	监理单位	城建档案馆
三	勘察、测绘、设计文件					
1	工程地质勘察报告	永久		永久		√
2	水文地质勘察报告、自然条件、地震调查	永久		永久		√
3	建设用地钉桩通知单（书）	永久				√
4	地形测量和拨地测量成果报告	永久		永久		√
5	申报的规划设计条件和规划设计条件通知书	永久		长期		√
6	初步设计图纸和说明	长期		长期		
7	技术设计图纸和说明	长期		长期		
8	审定设计方案通知书及审查意见	长期		长期		√
9	有关行政主管部门（人防、环保、消防、交通、园林、市政、文物、通信、保密、河湖、教育、白蚁防治、卫生等）批准文件或取得的有关协议	永久				√
10	施工图及其说明	长期		长期		
11	设计计算书	长期		长期		
12	政府有关部门对施工图设计文件的审批意见	永久		长期		√
四	招投标文件					
1	勘察设计招投标文件	长期				
2	勘察设计承包合同	长期		长期		√
3	施工招投标文件	长期				
4	施工承包合同	长期	长期			√
5	工程监理招投标文件	长期				
6	监理委托合同	长期			长期	√
五	开工审批文件					
1	建设项目列入年度计划的申报文件	永久				√

续表

序号	归档文件	保存单位和保管期限				
		建设单位	施工单位	设计单位	监理单位	城建档案馆
2	建设项目列入年度计划的批复文件或年度计划项目表	永久				√
3	规划审批申报表及报送的文件和图纸	永久				
4	建设工程规划许可证及其附件	永久				√
5	建设工程开工审查表	永久				
6	建筑工程施工许可证	永久				√
7	投资许可证、审计证明、缴纳绿化建设费等证明	长期				√
8	工程质量监督手续	长期				√
六	财务文件					
1	工程投资估算材料	短期				
2	工程设计概算材料	短期				
3	施工图预算材料	短期				
4	施工预算	短期				
七	建设、施工、监理机构及负责人					
1	工程项目管理机构（项目经理部）及负责人名单	长期				√
2	工程项目监理机构（项目经理部）及负责人名单	长期			长期	√
3	工程项目施工管理机构（施工项目经理部）及负责人名单	长期	长期			√
监理文件						
1	监理规划					
①	监理规划	长期			短期	√
②	监理实施细则	长期			短期	√
③	监理部总控制计划等	长期			短期	
2	监理月报中的有关质量问题	长期			长期	√
3	监理会议纪要中的有关质量问题	长期			长期	√

续表

序号	归档文件	保存单位和保管期限				
		建设单位	施工单位	设计单位	监理单位	城建档案馆
4	进度控制					
①	工程开工/复工审批表	长期			长期	√
②	工程开工/复工暂停令	长期			长期	√
5	质量控制					
①	不合格项目通知	长期			长期	√
②	质量事故报告及处理意见	长期			长期	√
6	造价控制					
①	预付款报审与支付	短期				
②	月付款报审与支付	短期				
③	设计变更、洽商费用报审与签认	长期				
④	工程竣工决算审核意见书	长期				√
7	分包资质					
①	分包单位资质材料	长期				
②	供货单位资质材料	长期				
③	试验等单位资质材料	长期				
8	监理通知					
①	有关进度控制的监理通知	长期			长期	
②	有关质量控制的监理通知	长期			长期	
③	有关造价控制的监理通知	长期			长期	
9	合同与其他事项管理					
①	工程延期报告及审批	永久			长期	√
②	费用索赔报告及审批	长期			长期	
③	合同争议、违约报告及处理意见	永久			长期	√
④	合同变更材料	长期			长期	√
10	监理工作总结					
①	专题总结	长期			短期	
②	月报总结	长期			短期	
③	工程竣工总结	长期			长期	√

续表

序 号	归档文件	保存单位和保管期限				
		建设单位	施工单位	设计单位	监理单位	城建档案馆
④	质量评价意见报告	长期			长期	√
施工文件						
一	建筑安装工程					
(一)	土建（建筑与结构）工程					
1	施工技术准备文件					
①	施工组织设计	长期				
②	技术交底	长期	长期			
③	图纸会审记录	长期	长期	长期		√
④	施工预算的编制和审查	短期	短期			
⑤	施工日志	短期	短期			
2	施工现场准备					
①	控制网设置资料	长期	长期			√
②	工程定位测量资料	长期	长期			√
③	基槽开挖线测量资料	长期	长期			√
④	施工安全措施	短期	短期			
⑤	施工环保措施	短期	短期			
3	地基处理记录					
①	地基钎探记录和钎探平面布点图	永久	长期			√
②	验槽记录和地基处理记录	永久	长期			√
③	桩基施工记录	永久	长期			√
④	试桩记录	长期	长期			√
4	工程图纸纸变更记录					
①	设计会议会审记录	永久	长期	长期		√
②	设计变更记录	永久	长期	长期		√
③	工程洽商记录	永久	长期	长期		√
5	施工材料预制构件质量证明文件及复试试验报告					
①	砂、石、砖、水泥、钢筋、防水材料、隔热保温、防腐材料、轻集料试验汇总表	长期				√

附录 B 建设工程文件归档范围和保管期限表

续表

序号	归档文件	保存单位和保管期限				
		建设单位	施工单位	设计单位	监理单位	城建档案馆
②	砂、石、砖、水泥、钢筋、防水材料、隔热保温、防腐材料、轻集料出厂证明文件	长期				√
③	砂、石、砖、水泥、钢筋、防水材料、轻集料、焊条、沥青复试试验报告	长期				√
④	预制构件（钢、混凝土）出厂合格证、试验记录	长期				√
⑤	工程物资选样送审表	短期				
⑥	进场物资批次汇总表	短期				
⑦	工程物资进场报验表	短期				
6	施工试验记录					
①	土壤（素土、灰土）干密度试验报告	长期				√
②	土壤（素土、灰土）击实试验报告	长期				√
③	砂浆配合比通知单	长期				
④	砂浆（试块）抗压强度试验报告	长期				√
⑤	混凝土配合比通知单	长期				
⑥	混凝土（试块）抗压强度试验报告	长期				√
⑦	混凝土抗渗试验报告	长期				√
⑧	商品混凝土出厂合格证、复试报告	长期				√
⑨	钢筋接头（焊接）试验报告	长期				√
⑩	防水工程试水检查记录	长期				
⑪	楼地面、屋面坡度检查记录	长期				
⑫	土壤、砂浆、混凝土、钢筋连接、混凝土抗渗试验报告汇总表	长期				√
7	隐蔽工程检查记录					

续表

序 号	归档文件	保存单位和保管期限				
		建设单位	施工单位	设计单位	监理单位	城建档案馆
①	基础和主体结构钢筋工程	长期	长期			√
②	钢结构工程	长期	长期			√
③	防水工程	长期	长期			√
④	高程控制	长期	长期			√
8	施工记录					
①	工程定位测量检查记录	永久	长期			√
②	预检工程检查记录	短期				
③	冬施混凝土搅拌测温记录	短期				
④	冬施混凝土养护测温记录	短期				
⑤	烟道、垃圾道检查记录	短期				
⑥	沉降观测记录	长期				√
⑦	结构吊装记录	长期				
⑧	现场施工预应力记录	长期				√
⑨	工程竣工测量	长期	长期			√
⑩	新型建筑材料	长期	长期			√
⑪	施工新技术	长期	长期			√
9	工程质量事故处理记录	永久				√
10	工程质量检验记录					
①	检验批质量验收记录	长期	长期		长期	
②	分项工程质量验收记录	长期	长期		长期	
③	基础、主体工程验收记录	永久	长期		长期	√
④	幕墙工程验收记录	永久	长期		长期	√
⑤	分部（子分部）工程质量验收记录	永久	长期		长期	√
（二）	电气、给排水、消防、采暖、通风、空调、燃气、建筑智能化、电梯工程					
1	一般施工记录					
①	施工组织设计	长期	长期			
②	技术交底	短期				
③	施工日志	短期				

续表

序号	归档文件	保存单位和保管期限				
		建设单位	施工单位	设计单位	监理单位	城建档案馆
2	图纸变更记录					
①	图纸会审	永久	长期			√
②	设计变更	永久	长期			√
③	工程洽商	永久	长期			√
3	设备、产品质量检查、安装记录					
①	设备、产品质量合格证、质量保证书	长期				√
②	设备装箱单、商检证明和说明书、开箱报告	长期				
③	设备安装记录	长期	长期			√
④	设备试运行记录	长期				√
⑤	设备明细表	长期				√
4	预检记录	短期				
5	隐藏工程检查记录	长期	长期			√
6	施工试验记录					
①	电气接地电阻、绝缘电阻、综合布线、有线电视末端等测试记录	长期				√
②	楼宇自控、监视、安装、视听、电话等系统调试记录	长期				√
③	变配电设备安装、检查、通电、满负荷测试记录	长期				√
④	给排水、消防、采暖、通风、空调、燃气等管道强度、严密性、灌水、通水、吹洗、漏风、试压、通球、阀门等试验记录	长期				√
⑤	电气照明、动力、给排水、消防、采暖、通风、空调、燃气等系统调试、试运行记录	长期				√

续表

序号	归档文件	保存单位和保管期限				
		建设单位	施工单位	设计单位	监理单位	城建档案馆
⑥	电梯接地电阻、绝缘电阻测试记录；空载、半载、满载、超载试运行记录；平衡、运速、噪声调整试验报告	长期				√
7	质量事故处理记录	永久	长期			√
8	工程质量验收记录					
①	检验批质量验收记录	长期	长期		长期	
②	分项工程质量验收记录	长期	长期		长期	
③	分部（子分部）工程质量验收记录	永久	长期		长期	√
（三）	室外工程					
1	室外安装（给水、雨水、污水、热力、燃气、电信、电力、照明、电视、消防等）施工文件	长期				√
2	室外建筑环境（建筑小品、水景、道路园林绿化等）施工文件	长期				√
二	市政基础设施工程					
（一）	施工技术准备					
1	施工组织设计	短期	短期			
2	技术交底	长期	长期			
3	图纸会审记录	长期	长期			√
4	施工预算的编制和审查	短期	短期			
（二）	施工现场准备					
1	工程定位测量资料	长期	长期			√
2	工程定位测量复核记录	长期	长期			√
3	导线点、水准点测量复核记录	长期	长期			√
4	工程轴线、定位桩、高程测量复核记录	长期	长期			√
5	施工安全措施	短期	短期			
6	施工环保措施	短期	短期			
（三）	设计变更、洽商记录					
1	设计变更通知单	长期	长期			√

附录 B　建设工程文件归档范围和保管期限表

续表

序号	归档文件	保存单位和保管期限				
		建设单位	施工单位	设计单位	监理单位	城建档案馆
2	洽商记录	长期	长期			√
(四)	原材料、成品、半成品、构配件、设备出厂质量合格证及试验报告					
1	砂、石、砌块、水泥、钢筋（材）、石灰、沥青、涂料、混凝土外加剂、防水材料、粘接材料、防腐保温材料、焊接材料等试验汇总表	长期				√
2	砂、石、砌块、水泥、钢筋（材）、石灰、沥青、涂料、混凝土外加剂、防水材料、粘接材料、防腐保温材料、焊接材料等质量合格证书和出厂检（试）验报告及现场复试报告	长期				√
3	水泥、石灰、粉煤灰混合料，沥青混合料、商品混凝土等试验汇总表	长期				√
4	水泥、石灰、粉煤灰混合料，沥青混合料、商品混凝土等出厂合格证和试验报告、现场复试报告	长期				√
5	混凝土预制构件、管材、管件、钢结构构件等试验汇总表	长期				√
6	混凝土预制构件、管材、管件、钢结构构件等出厂合格证书和相应的施工技术资料	长期				√
7	厂站工程的成套设备、预应力混凝土张拉设备、各类地下管线井室设施、产品等汇总表	长期				√
8	厂站工程的成套设备、预应力混凝土张拉设备、各类地下管线井室设施、产品等出厂合格证书及安装使用说明	长期				√

续表

序号	归档文件	保存单位和保管期限				
		建设单位	施工单位	设计单位	监理单位	城建档案馆
9	设备开箱报告	短期				
(五)	施工试验记录					
1	砂浆、混凝土试块强度、钢筋（材）焊连接、填土、路基强度试验等汇总表	长期				√
2	道路压实度、强度试验记录					
①	回填土、路床压实度试验及土质的最大干密度和最佳含水率试验报告	长期				√
②	石灰类、水泥类、二灰类无机混合料基层的标准击实试验报告	长期				√
③	道路基层混合料强度试验记录	长期				√
④	道路面层压实度试验记录	长期				√
3	混凝土试块强度试验记录					
①	混凝土配合比通知单	短期				
②	混凝土试块强度试验报告	长期				√
③	混凝土试块抗渗、抗冻试验报告	长期				√
④	混凝土试块强度统计、评定记录	长期				√
4	砂浆试块强度试验记录					
①	砂浆配合比通知单	短期				
②	砂浆试块强度试验报告	长期				√
③	砂浆试块强度统计评定记录	长期				√
5	钢筋（材）焊、连接试验报告	长期				√
6	钢管、钢结构安装及焊缝处理外观质量检查记录	长期				
7	桩基础试（检）验报告	长期				√
8	工程物资选样送审记录	短期				
9	进场物资批次汇总记录	短期				

附录 B 建设工程文件归档范围和保管期限表

续表

序号	归档文件	保存单位和保管期限				
		建设单位	施工单位	设计单位	监理单位	城建档案馆
10	工程物资进场报验记录	短期				
(六)	施工记录					
1	地基与基槽验收记录					
①	地基钎探记录及钎探位置图	长期	长期			√
②	地基与基槽验收记录	长期	长期			√
③	地基处理记录及示意图	长期	长期			√
2	桩基施工记录					
①	桩基位置平面示意图	长期				√
②	打桩记录	长期				√
③	钻孔桩钻进记录及成孔质量检查记录	长期				√
④	钻孔（挖孔）桩混凝土浇灌记录	长期				√
3	构件设备安装和调试记录					
①	钢筋混凝土大型预制构件、钢结构等吊装记录	长期	长期			
②	厂（场）、站工程大型设备安装调试记录	长期	长期			√
4	预应力张拉记录					
①	预应力张拉记录	长期				√
②	预应力张拉孔道压浆记录	长期				√
③	孔位示意图	长期				√
5	沉井工程下沉观测记录	长期				√
6	混凝土浇灌记录	长期				
7	管道、箱涵等工程项目推进记录	长期				√
8	构筑物沉降观测记录	长期				√
9	施工测温记录	长期				
10	预制安装水池壁板缠绕钢丝应力测定记录	长期				√

续表

序 号	归档文件	保存单位和保管期限				
		建设单位	施工单位	设计单位	监理单位	城建档案馆
(七)	预检记录					
1	模板预检记录	短期				
2	大型构件和设备安装前预检记录	短期				
3	设备安装位置检查记录	短期				
4	管道安装检查记录	短期				
5	补偿器冷拉及安装情况记录	短期				
6	支(吊)架位置、各部位连接方式等检查记录	短期				
7	供水、供热、供气管道吹(冲)洗记录	短期				
8	保温、防腐、油漆等施工检查记录	短期				
(八)	隐蔽工程检查(验收)记录	长期	长期			√
(九)	工程质量检查评定记录					
1	工序工程质量评定记录	长期	长期			
2	部位工程质量评定记录	长期	长期			
3	分部工程质量评定记录	长期	长期			√
(十)	功能性试验记录					
1	道路工程的弯沉试验记录	长期				√
2	桥梁工程的动、静载试验记录	长期				√
3	无压力管道的严密性试验记录	长期				√
4	压力管道的强度试验、严密性试验、通球试验等记录	长期				√
5	水池满水试验	长期				√
6	水化池气密性试验	长期				√
7	电气绝缘电阻、接地电阻测试记录	长期				√
8	电气照明、动力试运行记录	长期				√
9	供热管网、燃气管网等管网试运行记录	长期				√

续表

序 号	归档文件	保存单位和保管期限				
		建设单位	施工单位	设计单位	监理单位	城建档案馆
10	燃气储罐总体试验记录	长期				√
11	电信、宽带网等试运行记录	长期				√
（十一）	质量事故及处理记录					
1	工程质量事故报告	永久	长期			√
2	工程质量事故处理记录	永久	长期			√
（十二）	竣工测量资料					
1	建筑物、构筑物竣工测量记录及测量示意图	永久	长期			√
2	地下管线工程竣工测量记录	永久	长期			√
竣 工 图						
一	建筑安装工程竣工图					
（一）	综合竣工图					
1	综合图					√
①	总平面布置图（包括建筑、建筑小品、水景、照明、道路、绿化等）	永久	长期			√
②	竖向布置图	永久	长期			√
③	室外给水、排水、热力、燃气等管网综合图	永久	长期			√
④	电气（包括电力、电信、电视系统等）综合图	永久	长期			√
⑤	设计总说明书	永久	长期			√
2	室外专业图					
①	室外给水	永久	长期			√
②	室外雨水	永久	长期			√
③	室外污水	永久	长期			√
④	室外热力	永久	长期			√
⑤	室外燃气	永久	长期			√
⑥	室外电信	永久	长期			√
⑦	室外电力	永久	长期			√

续表

序号	归档文件	保存单位和保管期限				
		建设单位	施工单位	设计单位	监理单位	城建档案馆
⑧	室外电视	永久	长期			√
⑨	室外建筑小品	永久	长期			√
⑩	室外消防	永久	长期			√
⑪	室外照明	永久	长期			√
⑫	室外水景	永久	长期			√
⑬	室外道路	永久	长期			√
⑭	室外绿化	永久	长期			√
（二）	专业竣工图					
1	建筑竣工图	永久	长期			√
2	结构竣工图	永久	长期			√
3	装修（装饰）工程竣工图	永久	长期			√
4	电气工程（智能化工程）竣工图	永久	长期			√
5	给排水工程（消防工程）竣工图	永久	长期			√
6	采暖通风空调工程竣工图	永久	长期			√
7	燃气工程竣工图	永久	长期			√
二	市政基础设施工程竣工图					
1	道路工程	永久	长期			√
2	桥梁工程	永久	长期			√
3	广场工程	永久	长期			√
4	隧道工程	永久	长期			√
5	铁路、公安、航空、水运等交通工程	永久	长期			√
6	地下铁道等轨道交通工程	永久	长期			√
7	地下人防工程	永久	长期			√
8	水利防灾工程	永久	长期			√
9	排水工程	永久	长期			√
10	供水、供热、供气、电力、电信等地下管线工程	永久	长期			√

续表

序号	归档文件	保存单位和保管期限				
		建设单位	施工单位	设计单位	监理单位	城建档案馆
11	高压架空输电线工程	永久	长期			√
12	污水处理、垃圾处理处置工程	永久	长期			√
13	场、厂、站工程	永久	长期			√
竣工验收文件						
一	工程竣工总结					
1	工程概况表	永久				√
2	工程竣工总结	永久				√
二	竣工验收记录					
（一）	建筑安装工程					
1	单位（子单位）工程质量验收记录	永久	长期			√
2	竣工验收证明书	永久	长期			√
3	竣工验收报告	永久	长期			√
4	竣工验收备案表（包括各专项验收认可文件）	永久				√
5	工程质量保修书	永久	长期			√
（二）	市政基础设施工程					
1	单位工程质量评定表及报验单	永久	长期			√
2	竣工验收证明书	永久	长期			√
3	竣工验收报告	永久	长期			√
4	竣工验收备案表（包括各专项验收认可文件）	永久	长期			√
5	工程质量保修书	永久	长期			√
三	财务文件					
1	决算文件	永久				√
2	交付使用财产总表和财产明细表	永久	长期			√
四	声像、缩微、电子档案					
1	声像档案					
①	工程照片	永久				√

续表

序 号	归档文件	保存单位和保管期限				
		建设单位	施工单位	设计单位	监理单位	城建档案馆
②	录音、录像材料	永久				√
2	缩微品	永久				√
3	电子档案					
①	光盘	永久				√
②	磁盘	永久				√

注:"√"表示该文件应向城建档案馆移交。

参 考 文 献

岗位培训教材编委会，2012. 工程文件与工程档案实务［M］. 北京：中国建筑工业出版社．

郝增锁，郝晓明，高成琪，等，2011. 建筑工程档案资料快速编制、组卷与范例［M］. 上海：上海科学技术出版社．

全国二级建造师执业资格考试用书编写委员会，2019. 建设工程法律法规选编［M］. 北京：中国建筑工业出版社．

王丽群，朱锋，2019. 建筑工程资料管理实训［M］. 3 版. 北京：北京理工大学出版社．